成都大学人文社会科学出版资助基金资助

（编号：CBZZ202405）

辩护律师保守委托人秘密：

生成机理与秩序建构

徐 冉◎著

BIANHULÜSHI BAOSHOU WEITUOREN MIMI

SHENGCHENG JI LI YU ZHIXUJIANGOU

中国政法大学出版社

2025·北京

图书在版编目（CIP）数据

辩护律师保守委托人秘密：生成机理与秩序建构 / 徐冉著. -- 北京：中国政法大学出版社，2025. 5. -- ISBN 978-7-5764-2148-4

Ⅰ. D926.54

中国国家版本馆 CIP 数据核字第 2025TF0269 号

出 版 者	中国政法大学出版社
地 　 址	北京市海淀区西土城路 25 号
邮寄地址	北京 100088 信箱 8034 分箱　邮编 100088
网 　 址	http://www.cuplpress.com（网络实名：中国政法大学出版社）
电 　 话	010-58908586(编辑部) 58908334(邮购部)
编辑邮箱	zhengfadch@126.com
承 　 印	固安华明印业有限公司
开 　 本	880mm×1230mm　1/32
印 　 张	8.25
字 　 数	240 千字
版 　 次	2025 年 5 月第 1 版
印 　 次	2025 年 5 月第 1 次印刷
定 　 价	49.00 元

序

徐小帆

徐冉博士是成都大学法学院的青年教师，主要研究方向为
诉讼法与司法制度、律师学等。《辩护律师保守委托人秘密：生
成机理与秩序建构》不仅对律师刑事辩护权利及其相关法律义
务的司法保护具有重要意义，而且对公检法机关及其相关办案
人员依法依规正当履职具有指导意义，更对案件委托人及其他
诉讼参与人全面客观地行使或履行法律法规确定的诉讼权利和
义务具有重要指引意义，从而服务于实现法律和社会的公平正
义。当然，这一切不仅在其引言和结语以及内文的字里行间得
到了充分的呈现和体现，而且体现了徐冉老师的责任担当和人
文情怀。实际上，这也是《辩护律师保守委托人秘密：生成机
理与秩序建构》的重要主题和生命力之所在。毕竟，公平正义
不仅是道德价值的起点，而且是法律价值的终点，更是社会价
值的高点。换言之，公平主义是道德、法律、法治社会、法治
国家、法治化、现代化的根本连接点、根本内涵，而不是相反。
这是其一。

其二，《辩护律师保守委托人秘密：生成机理与秩序建构》
在写作方法上采取分析实证主义、比较主义等综合方式方法，
首先对辩护律师保守委托人秘密制度的历史演进进行了古今中
外式的论述，以探寻中国式辩护律师保密制度特别是保守委托
人秘密制度的纵横脉络及其重要意义。其次，从广义解释的角

度，《辩护律师保守委托人秘密：生成机理与秩序建构》将辩护律师放在保密主体范围之中，并结合自然人犯罪的委托人、单位犯罪的委托人的不同性质及其司法认定等进行了有针对性、差异性的比较论述，不仅对保密主体的责任划分、性质认定、法律边界等具有理论意义，而且对诸如涉密类犯罪构成要件要素的司法实践具有重要现实意义。再次，该书进一步从保密对象、保密程序、保密期限及其保密的实现方面进行了深度论述、有效解读，从而形成了辩护律师保守委托人秘密关于"生成机理与秩序建构"的法理和情理的有效闭环，对丰富和发展刑事法律涉密类理论和实践经验提供了重要范式。当然，这一切不仅体现了徐冉老师严谨治学、字斟句酌之类的优秀品质和学者风格，而且也是《辩护律师保守委托人秘密：生成机理与秩序建构》基于中外律师保密制度进行比较式论述为理论起点，结合中国式法律法规、司法解释、司法文件的相关规定进行科学论证，从而达到以小见大、以微见著、与众不同、与时俱进的独特魅力之所在。毕竟，毫不夸张地讲，在当今法学界，就看上去不起眼甚至鲜有大部头著作论述的"辩护律师保守委托人保密问题"进行深度研究并能够著书立说，实为不易。

其三，进一步讲，站在新时代中国式法治化、现代化的战略高地，中国式保密制度体系具有广义性、时代性、全球性等基本特征。从刑事司法制度的角度看，对诸如《刑法》涉密类罪名以及《监察法》《保守国家秘密法》等相关法律法规、部门规章、司法解释、司法文件以及刑事司法典型案例及其裁判要旨，也应该引起更多的关注，以进一步提升辩护律师、公安司法工作人员以及当事人保密认知水准或保密觉悟，规避涉密方面的法律风险或社会风险问题，特别对实现依法治国、建设法治国家、尊重和保障人权、维护国家安全和公民权益、保障社会主义改革开放和现代化建设事业具有深远的现实和历史意义。当然，这也是当今法学界进行跨学科交叉研究的重要课题之一。

目 录

引　言

　　在律师执业活动中，保守委托人秘密是贯穿始终的基本问题。[1]辩护律师只有掌握了详尽的案件事实，方能运用其专业知识，运筹帷幄，提供优质法律建议与辩护方案。而辩护律师全面掌握案件事实的关键是委托人能够与辩护律师进行坦诚、充分的沟通，这需要以获得委托人信任为前提。委托人"基于其对专业或者其他因素的考量而给予律师高度之信赖"，在信赖关系下，委托人能够"毫无保留地将家丑、社会交际、业务秘密以及本人不为人知的行为或心理状态等"告知辩护律师。[2]而"对这些情况和信息予以保密，是辩护律师取信于委托人甚至取信于社会的一个基本要求和条件"。[3]如果辩护律师不能将委托人告知的情况和信息保密，那么委托人将不得不因提防辩护律师泄密而在与辩护律师的交流中有所保留。相应地，辩护

---

　　〔1〕　本书所言"委托人"，是指实际上接受辩护律师提供的法律服务的刑事诉讼中的被追诉人。实践中被追诉人被采取强制措施的，往往由其近亲属与律师签订委托合同，此时签订合同的人并非本书所言"委托人"。

　　〔2〕　参见姜世明：《律师伦理法》，新学林出版股份有限公司2008年版，第171页。

　　〔3〕　王尚新、李寿伟主编，全国人大委员会法制工作委员会刑法室编著：《〈关于修改刑事诉讼法的决定〉释解与适用》，人民法院出版社2012年版，第36页。

律师则因为与委托人的交流不充分而难以充分把握案情，难以有效地履行职责，进而有可能从根本上动摇律师职业存在的社会基础。

自 2007 年起，我国从保密义务出发，逐步确立律师保密制度。虽然保守委托人秘密已经成为辩护律师的法定义务与权利，但是立法有待完善，辩护律师保守委托人秘密面临诸多问题，包括保密义务与保密权利之间的关系有待梳理、保密主体的范围过于局限、保密对象的范围不够清晰、保密程序缺乏规定等，在具体实践中保密如何实现也亟待研究。

本书除引言外，正文部分共分五章。

第一章为辩护律师保守委托人秘密概述。一是辩护律师保守委托人秘密的规范考察。世界各代表性法治国家均在不同程度上确立了律师保密的义务和权利，但在保密的主体、内容方面又略有差异。二是辩护律师保守委托人秘密的性质。以分析实证主义法学理论为研究工具，保守委托人秘密是辩护律师的义务，要求辩护律师履行保密义务是委托人的权利，并且此权利具有狭义权利（请求权）属性。保守委托人秘密是辩护律师的权利，该权利有作证豁免权、保密特权属性。在保密义务与保密权利的关系上，保密权利的行使应当服务于保密义务的履行，辩护律师不享有放弃保密权利的自由。三是辩护律师保守委托人秘密的意义。辩护律师保守委托人秘密既是实现委托人获得律师帮助权的需要，又是增强司法公信力的需要，也是律师职业发展的需要。

第二章为保密主体的认定。一是应对委托人承担保密义务的"律师"的范围的明确。辩护律师是当然的保密主体。此外，辩护律师聘请的辅助人员、实习律师以及辩护律师所在律师事务所的其他律师与职员也应当对委托人承担保密义务。因为上述人员在正常的工作中会不可避免地获悉委托人的情况和信息，如不要求其承担保密义务，那么辩护律师保守委托人秘密将难以实现。二是单位犯罪中"委托人"的认定。单位与个人都可能成为委托人，但是在单位犯罪中，律师在为单位提供法律服务时不可避免地要接触单位中的个人。单位员工在为单位委托的律师提供信息后是否能够要求律师保密尚无定论。域外提供了"诚实且合理相信标准"和"贝维尔方法"两种方案。当单位员工为单位利益向单位委托的律师提供相关信息时，为兼顾单位与个人的利益，其应有权要求律师保密。

第三章为保密对象的范围。对于辩护律师应当保守的"委托人秘密"，如何判断尚缺乏客观标准。域外实践中对委托人主动作为和第三方参与的合理且必要提出要求。为防止委托人秘密的不必要泄露，同时避免司法资源的浪费，保密对象的认定应遵循有利于委托人的原则，同时兼顾公安司法机关发现案件真实信息。当委托人与辩护律师在看守所会见室交流时，应推定双方交流的信息均为秘密。但当客观环境和具体条件发生明显改变时，委托人需采取必要的应对措施来表达保密意图。当第三人参与交流时，其在场目的应当是协助辩护律师为委托人提供法律服务。此外，在符合法律特殊规定时，辩护律师对外披露委托人信息的范围尚不明晰。过度披露必然有损委托人的正当权益，披露不足则容易浪费司法资源，有碍公安司法机关履行客观义务。应在程序公正与实体公正并重的基础上，明确辩护律师可以向谁披露、披露多少信息，以及不当披露信息后的救济与惩戒措施。

第四章为保密程序与保密期限。一是律师行使保密权的程序设置。美国司法实践分不同场景演示了律师主张保密权利的途径。权利的有效行使应有相应的程序支撑。应保障辩护律师主张保密权的独立性，明确控诉方承担信息应当披露的证明责任，辩护律师仅对控诉方要求其披露相关情况和信息的理由进行回应。客观义务之下法官也无权对委托人秘密进行秘密审查。此外，侵权救济也应得到明确。二是保密义务形成和存续的时间。为维护委托人对辩护律师的信赖，排除委托关系的存续与否对保密的不利影响，保密主体应当在潜在委托人以寻求专业法律服务为目的与辩护律师展开初次交流时即开始承担保密义务。案件办理终结并非意味着律师保密义务的终结，保密义务应始终存续，不因律师的死亡、律师事务所的消灭而消失。

第五章为保密如何实现。本章以实务中常见的保密问题为研究目标，主要从三点展开：其一，辩护律师如何应对公安司法机关的取证权力。公安司法机关向律师取证鲜有约束。律师的人身、住宅以及通信自由作为公民基本权利尚不能发挥约束公安司法机关取证权力的作用。应强调律师权利对公安司法机关取证权力的约束，在制度设计中，赋予整个律师职业保密权，严格考察针对律师展开的搜查与扣押的必要性、明确搜查与扣押的对象、严格遵守搜查与扣押的程序。其二，如何克服电子通讯与书信交流的固有弊端。辩护律师与委托人可以通过书信或者电子通讯手段联络，但是书信可能会被开启、电话可能会被窃听、传真与邮件可能会被第三方中途截获。域外以精细的信息保障立法和技术支持规避此问题。回归实践，当委托人与辩护律师使用电子通讯设备交流时，不建议涉及对委托人不利的信息，鼓励双方采取必要的技术手段防止泄密。当在押委托人与辩护律师以书信交流时，应设置新的检查规则，特殊对待委托人与辩护律师的往来信件。其三，委托人伪证信息的保密。当明知委托人提供虚假证据与虚假信息时，辩护律师如何兼顾保守委托人秘密、规避执业风险以及不阻碍法庭发现真实的三重利益应得到关注。域外提供了九种处理方案，但都根植于当事人主义的司法文化。结合我国实际情况，本书认为，实践中，律师应对上述信息消极保密：一是积极劝说委托人放弃伪证意图，如果劝阻无效，也不宜轻易拒绝辩护；二是不得代为提交虚假证据或引出虚假证言；三是不得使用委托人提供的虚假证据。

第一章
辩护律师保守委托人秘密概述

辩护律师保守委托人秘密，无外乎辩护律师保密义务与保密权两个方面，这两个问题是律师职业秘密诸问题中最基本的问题。绝大多数法治国家都要求辩护律师对委托人承担保密义务，也在不同程度上确立了辩护律师保密权。保守委托人秘密对于辩护律师而言既是权利也是义务，但这种权利的性质、权利与义务的关系都有待我们一一解读。辩护律师保守委托人秘密对于委托人权利的保障、辩护律师职业的发展都有重要意义，本章也会对其加以讨论。

第一节　辩护律师保守委托人秘密的规范考察

传统的观点认为辩护律师保守委托人秘密问题最早源于古罗马，当时的皇室认为法庭不能在诉讼中传唤律师作为对其委托人不利的证人。[1]后来发展至禁止律师在其参与代理的诉讼中作证，并完全否定律师证言的证据能力。即使律师的证言对委托人有利，抑或委托人要求律师作证，律师的证言也不能被

---

〔1〕　See Max Radin, "The Privilege of Confidential Communications Between Lawyer and Client", *California Law Review*, 1928（16）, p. 487.

采纳。[1]这种否定律师作证能力的做法被认为是最早关于辩护律师保守委托人秘密的规定。此后，辩护律师保守委托人秘密制度形成并成熟于具有对抗制度诉讼文化的英美法系，并因其科学性逐渐为其他国家立法和国际人权公约所采纳。[2]

现代社会，言及辩护律师保守委托人秘密问题，无外乎辩护律师保密权与保密义务问题。绝大部分法治国家都规定了辩护律师保守委托人秘密的义务，也在不同程度上赋予辩护律师保密权，比如英美法系的律师—委托人特权（lawyer—client privilege）、法律职业特权（legal professional privilege），大陆法系的辩护律师保密权、辩护律师拒绝证言权等。在保密义务与保密权的相互作用下，委托人秘密得以保守，委托人不用担心与辩护律师交流之内容被披露，并在此信任下与辩护律师展开坦诚且充分的交流，以助益辩护律师在充分掌握案情的情况下提供优质辩护，在实现委托人之合法权益的基础上，实现更广泛的公共利益。以下将介绍我国以及英美法系与大陆法系具有代表性的法治国家关于辩护律师保密权与保密义务的规定，并尝试从宏观上归纳各国关于保密制度的共性与区别。

一、我国的辩护律师保密制度

早在 2007 年，我国《律师法》[3]第 38 条便规定了律师保

---

[1]　在当时看来，律师和委托人的关系如此密切，如果律师作有利于其委托人的证言，其可信性是值得怀疑的；如果律师作不利于其委托人的证言，那么就与其委托关系相冲突——违背这种委托关系的律师会被认为是"名誉不佳的人"。See John Wiliam Gergacz, *Attormey—Corporate Client Privilege*, New York: Garland Law Publishing, 1987, pp. 1~4.

[2]　葛同山：《辩护律师保密特权研究》，上海交通大学 2009 年博士学位论文，第 7 页。

[3]　《律师法》，即《中华人民共和国律师法》。为表述方便，本书中涉及我国法律文件，直接使用简称，省去"中华人民共和国"字样，全书统一，后不赘述。

守委托人秘密的义务，现行《律师法》第38条在原规定基础上进行了修改，要求律师保守在执业活动中知悉的国家秘密、商业秘密，不得泄露当事人的隐私。律师对在执业活动中知悉的委托人和其他人不愿泄露的有关情况和信息，应当予以保密。但是，委托人或者其他人准备或者正在实施危害国家安全、公共安全以及严重危害他人人身安全的犯罪事实和信息除外。[1]

我国2012年《刑事诉讼法》首次规定辩护律师保密权，时间上要晚于《律师法》对律师保密义务的规定。在《刑事诉讼法》未规定辩护律师保密权之前，辩护律师执业面临着义务冲突：一方面，辩护律师作为一名律师要履行职业保密义务；但另一方面，辩护律师作为公民又应当履行举报作证义务。1996年《刑事诉讼法》第48条（现行《刑事诉讼法》第62条）规定了公民的作证义务：凡是知道案件情况的人，都有作证的义务；第84条（现行《刑事诉讼法》第110条）又规定了公民的举报义务：个人在发现有犯罪事实或者犯罪嫌疑人后，有权利也有义务向公安司法机关报案或者举报。如果委托人将公安司法机关尚未掌握的犯罪事实告知辩护律师，辩护律师就面临着义务冲突：是应当履行对委托人的保密义务，将信息保密，还是应当履行作为一名公民的举报作证义务，向公安司法机关披露这些信息？为妥善处理好辩护律师作为一般公民的举报作证义务与作为法律执业人员的保密义务之间的关系，进一步减少辩护律师保守委托人秘密的障碍，2012年《刑事诉讼法》第46

---

[1] 2007年《律师法》第38条首次规定律师保守委托人秘密的义务："律师应当保守在执业活动中知悉的国家秘密、商业秘密，不得泄露当事人的隐私。律师对在执业活动中知悉的委托人和其他人不愿泄露的情况和信息，应当予以保密。但是，委托人或者其他人准备或者正在实施的危害国家安全、公共安全以及其他严重危害他人人身、财产安全的犯罪事实和信息除外。"在例外规定上，现行《律师法》已经删除"严重危害他人财产安全"的规定。

条从权利的角度规定了辩护律师保密权，现行《刑事诉讼法》第48条沿袭以往规定，赋予辩护律师保守委托人秘密的权利：辩护律师对在执业活动中知悉的委托人的有关情况和信息，有权予以保密。但是，辩护律师在执业活动中知悉委托人或者其他人，准备或者正在实施危害国家安全、公共安全以及严重危害他人人身安全的犯罪的，应当及时告知司法机关。

二、英美法系国家的辩护律师保密制度

英美法系中，辩护律师保密权与保密义务具有丰富的内涵，但是保密权的形成要早于保密义务。由于历史上的渊源关系，英美法系国家关于辩护律师保守委托人秘密问题的规定又具有相当高的一致性。本书将选取最具典型性的美国以及最早形成并发展此制度的英国作为讨论样本。其中，英美两国均使用"privilege"一词定义保密权，本书在此将"privilege"进行直译，取其"特权"之义。但此"特权"仅用于权利名称的使用，不存在权利性质的意义。

（一）英国的法律职业特权与律师保密义务

英美法系采用的保密特权制度最早在16世纪伊丽莎白一世统治时期为英国衡平法院以判例形式正式确立。在这一时期，对于在自己参与代理的案件中获悉的事实，律师有权免于作证和接受询问。[1]在该特权确立之初，律师是特权的享有者，特权的宗旨是维护"律师的誓言和尊严"，律师有权利对从委托人处获取的信息保密。[2]现代理论则认为这一特权的宗旨"是鼓励律师和客户之间充分而坦诚（full and frank）地沟通，以便律

---

〔1〕　See Jonathan Aubum, *Legal Profestonol Privilege*: *Law and Theory*, England: Hart Publishing, 2000, p. 5.

〔2〕　参见王进喜：《律师职业秘密问题研究》，载陈光中、江伟主编：《诉讼法论丛》（第3卷），法律出版社1999年版，第308页。

师能够更好地提供坦诚的建议和有效的辩护，从而在遵守法律和司法行政中促进更广泛的公共利益"。[1]若特权的主体是律师，"委托人可能会顾虑律师是否会违背承诺而吐露通讯内容"，并因为此顾虑不去寻求律师的帮助或不敢向律师"作完整及诚实的陈述"。[2]所以，现代英美法系中保密特权的主体为委托人。

1984年《英国警察与刑事证据法》确立了法律职业特权（legal professional privilege）并沿用至今，法律职业特权之下，委托人与律师可就受特权保护的信息或文件拒绝作证或提交书面证据。法律职业特权有两类：一是咨询交流特权，该特权为律师和委托人就为寻求法律服务而进行的秘密交流提供保护，此种交流不以涉及诉讼程序为必需；二是诉讼特权，该特权为就已经存在或准备进行的诉讼进行的交流提供保护，主体包括律师、委托人和律师为提供法律帮助所涉及的第三人。该特权不仅适用于委托人与律师间的交流，还适用于为委托人提供法律服务所涉及的文件和意见。其中，应受特权保护的文件不仅包括律师为准备辩护而自己制作的文件，也包括委托人或第三方提供的可以被用来支持辩护意见的文件。[3]基于公共利益的考虑，当事人所持有的特权材料（privileged material）一般不会

---

[1] See Upjohn Co. v. United States, 449 U. S. 383, p. 389 (1981).

[2] 参见王兆鹏：《辩护权与诘问权》，华中科技大学出版社2010年版，第93~94页。

[3] 1984年《英国警察与刑事证据法》第10条规定了"法律特免权"："（1）职业法律顾问与其委托人或者与委托人的代理人就有关向委托人提供法律建议方面的交流内容；（2）职业法律顾问与其委托人或者委托人的代理人，或者职业法律顾问或其委托人或其委托人的代理人与其他与诉讼程序相关的人进行的为该诉讼所做的准备过程中的交流；（3）在上述交流中所涉及的与提供法律建议相关或者是为该诉讼程序做准备的，在有权拥有它们的所有人的手中的文件和物品。"

被强制要求披露，也不会被要求提交作为证据。[1]

法律职业特权的理论背景主要有两点：一是确保律师与委托人之间的信任关系。"律师与客户之间的信任关系建立在对法治社会的信仰之上，而法治正是我们这个社会所有规则和治理的基石。因此，需要保证当事人向律师寻求法律援助的权利不受任何行政、警察机构、调查机构等的干扰。"[2]二是迎合英国对抗制诉讼模式的需要。"在英国对抗制的诉讼模式下，法院不能也不愿承担调查争点的责任，而仅仅是充当公平仲裁人的角色，法院以及法官以保障当事人的诉讼自由为己任"，[3]因此当事人在进入诉讼之前有权（当然存在一定的限制）拒绝开示与案件有关的各种材料。不过，随着对抗制诉讼模式的式微，基于提高诉讼（特别是民事诉讼）效率的考虑，法院开始倾向于鼓励那些知道案件事实的人尽量详尽和坦白地把相关事实陈述出来。[4]

英国律师的保密义务规定在律师职业守则中。因为英国的执业律师分为事务律师与大律师，所以关于保密义务的规定又各有渊源：2007 年《英格兰及威尔士事务律师行为守则》第4.01 条规定了事务律师的保密义务："律师及律师所在的律师事务所必须对委托人及前委托人的事务保守秘密，除非法律或者委托人（或前委托人）要求或者允许披露。"[5]《英格兰及威尔

---

〔1〕　齐树洁主编：《英国证据法》（第 2 版），厦门大学出版社 2014 年版，第168 页。

〔2〕　See Three Rivers District Council v. Bank of England, 1AC610, p. 6（HL. 2005）.

〔3〕　齐树洁：《英国民事司法改革及其借鉴意义》，载《河南省政法管理干部学院学报》2001 年第 4 期，第 35 页。

〔4〕　齐树洁主编：《英国证据法》（第 2 版），厦门大学出版社 2014 年版，第170 页。

〔5〕　北京市律师协会组编：《境外律师行业规范汇编》，中国政法大学出版社2012 年版，第 72 页。

士大律师行为守则》第 702 条规定了大律师的保密义务："无论律师与委托人的关系是否存续，大律师必须对委托人的事务保守秘密。未经委托人事先同意或者法律准许，不得将任何委托事务中有关文件的内容提供或者披露给第三人，也不得就委托人秘密告知的信息与第三人进行交流，或者使用该信息损害委托人的利益或者促进其自己或者其他委托人的利益。"

（二）美国的律师—委托人特权、律师工作成果原则与保密义务

从权利的维度出发，美国辩护律师保密权包含两方面内容：一是"律师—委托人特权"（lawyer—client privilege），二是"律师工作成果原则"（work product principle）。

"律师—委托人特权"的内容边界具有不确定性，"很难给其下一个准确的定义"。[1]如今，律师—委托人特权被用来保护委托人与其律师之间的关于法律事务方面的秘密交流（confidential communication），享有特权者可以拒绝提供证言或者阻止其他人对同一事项提供证明。[2]威格摩尔（Wigmore）以分解构成要件的方式对律师—委托人特权作出定义，认为律师—委托人特权应当包含如下因素：①委托人秘密与律师展开交流；②交流的目的是在律师的能力范围内寻求任何形式的法律意见；③委托人未放弃对交流之内容的保密意图；④委托人与律师交流之内

---

〔1〕 See Ronald. J. Desiatnik, *Legal Professional Privilege in Australia*, London : LexisNexis Butterworths, 2005, p. 21.

〔2〕 1891 年出版的《布莱克法律词典》（Black's Law Dictionary）（第 1 版）在证据法中将"特权交流"（privileged communication）定义为：与法律顾问、事务律师或代理律师基于职业信任而为交流，并且不允许后者泄露（to be a communication made to a counsel, solicitor, or attorney, in professional confidence, and which he is not permitted to divulge）；又称为"秘密交流"（confidential communication）。

容将永久性地不被二者披露。[1]

"律师工作成果原则"也被称为"律师卷宗原则"(solicitor's brief principle)、"诉讼预期原则"(anticipation of litigation principle),最早确立于美国联邦最高法院希克曼诉泰勒案(Hickman v. Taylor),[2]后为《美国联邦民事诉讼规则》第 26 条 b 项和《美国联邦刑事诉讼规则》第 16 条第 2 款所承认,指律师为将要进行的诉讼而为委托人所制作的文件或工作内容,可免于通过证据开示程序披露。律师工作成果原则主要适用于民事诉讼中,近年来争议的重点是如何认定"工作成果"。虽然这一原则在刑事诉讼中适用较少,但是法院往往倾向于保护作为辩护律师"工作成果"的材料。并且对于辩护律师为准备诉讼而收集的信息,包括证人证言、被告人供述等,也倾向于认为应当受到律师工作成果原则的保护。[3]确立律师工作成果原则的目的在于支持对抗式审判的进行——使律师安心准备诉讼材料而不必担心工作成果被对方不劳而获。但律师工作成果原则并非禁止一切工作成果的披露,如果主张披露方能够提出证据达到了"实质需要"的标准,即证明希望被披露的材料对其非常重要并且得不到有效的替代物,法庭可以要求律师披露部分工作成果。[4]不同于律师—委托人特权对委托人秘密的专业保护,保

---

[1] See J. H. Wigmore, *Evidence in Trails at Commom Law*, Boston: Little, Brown, 1961, §2295, pp. 566~567. 《美国法律协会律师法重述》第 68 条亦以关键条件的形式定义律师—委托人特权:①交流(communication);②在受特免权保护的人之间进行(made between privileged persons);③秘密(in confidence);④为获得或者为委托人提供法律帮助目的(for the purpose of obtaining or providing legal assistance for the client)。

[2] See Hickman v. Taylor, 329 U. S. 495 (1947).

[3] See Jeffrey F. Ghent, J. D. Development, "since Hickman v. Taylor, of attorney's 'work—product doctrine'", *American Law Reports*, 2019, p. 21.

[4] 吴丹红:《特免权制度研究》,北京大学出版社 2008 年版,第 126 页。

守委托人秘密并不是律师主张律师工作成果原则的主要目的。

从义务的维度出发，美国律师职业保密义务形成于19世纪末，时间上晚于职业保密特权。早在1969年，《美国律师协会职业责任示范守则》第4条即规定："律师应当保守委托人的机密（confidence）和私密（secret）。"其中，"机密是指根据有关法律受律师—委托人特权保护的信息"；"私密是指律师在执业中获得的委托人要求不得公开或公开该信息将会令委托人尴尬或有损于委托人其他利益的信息"。[1]此后，虽然1983年《美国律师协会职业行为示范规则》取代了《美国律师协会职业责任示范守则》，但是《美国律师协会职业责任示范守则》在保密问题上的规定为后期发展提供了重要基础。现行《美国律师协会职业行为示范规则》序言（律师的职责）第4条即规定：律师应当对与代理委托人有关的信息保密，但该规则或者其他法律要求或者允许披露者除外。该规则第1.6条[2]进一步规定了律师保密义务之保密对象的范围，其中"为了遵守其他法律或者法庭命令而不对相关信息保密"的规定实际上为判例法在适用律师保密制度时界定保密对象范围预留了充分空间。

---

〔1〕 ABA Model Code of Professional Responsibility, EC4—1 (1969).

〔2〕《美国律师协会职业行为示范规则》第1.6条规定了律师保密的信息范围："a除非委托人作出了明智同意、为了执行代理对信息的披露已经得到默示授权或者披露为b款所允许，律师不得披露与代理委托人有关的信息。b在下列情况下，律师可以在其认为合理必要的范围内披露与代理委托人有关的信息：①为了防止合理确定的死亡或者重大身体伤害；②为了防止委托人从事对其他人的经济利益或者财产产生重大损害并且委托人已经利用或者正在利用律师的服务来加以促进的、合理确定的犯罪或者欺诈；③为了防止、减轻或者纠正委托人利用律师的服务来促进的犯罪或者欺诈对他人的经济利益或者财产产生的合理确定的或者已经造成的重大损害；④为了就律师遵守本规则而获得法律建议；⑤在律师与委托人的争议中，律师为了自身利益起诉或者辩护，或者为了在因与委托人有关的行为而对律师提起的刑事指控或者民事控告中进行辩护，或者为了在任何与律师对委托人的代理有关的程序中针对有关主张作出反应的；⑥为了遵守其他法律或者法庭命令。"

三、大陆法系国家的辩护律师保密制度

大陆法系国家对辩护律师保守委托人秘密问题的规定主要借鉴了英美法系的经验。"在大陆法系国家，律师的保密权和保密义务通常是由法律直接和明确规定。"[1]但是，以德国、日本为代表的国家通常以多主体的形式规定律师保密权与保密义务，意即关于保守职业秘密的法律并不只是调整律师与委托人之间的关系，同时适用于所有由于其身份或专业，或者临时或固定职业而掌握有关秘密的人。不同于英美法系先发展保密权利再发展保密义务，大陆法系首先强调保守职业秘密是律师的义务，律师的保密权利是在保密义务的基础上发展而来，并且律师泄露职业秘密要承担相应的刑事责任。

（一）德国的辩护律师沉默义务与拒绝证言权

从义务的维度出发，《德国联邦律师条例》第43a条规定了律师的沉默义务，亦即律师的保密义务：律师负有沉默义务，该义务涉及律师在执业中知悉的一切事务。已经公开的事实或按其意义不再需要保密的事实，不在此限。德国律师协会出台的《德国律师执业规范》第2条则同时规定律师的保密权利与义务：①律师有权利有义务保守秘密；②律师自其开始行使律师执业权利起直至委托代理结束都有保守秘密的权利和义务；③该义务涉及律师在执业中知悉的一切事务，但经公开的事实或按其意义不再需要保密的事实，不在此范围内；③在执业过程中与律师共同合作的其他人也应明确保证保守秘密。[2]鉴于

---

〔1〕　参见王进喜：《律师职业秘密问题研究》，载陈光中、江伟主编：《诉讼法论丛》（第3卷），法律出版社1999年版，第312页。

〔2〕　北京市律师协会组编：《境外律师行业规范汇编》，中国政法大学出版社2012年版，第544页。

律师保守职业秘密所带来的公众信任被认为是重要的社会利益，《德国刑法典》第 203 条第 1 款确立了辩护律师违反保密义务的刑罚，即 1 年以下自由刑或罚金。[1]

为避免作证义务与保守职业秘密义务发生冲突，《德国刑事诉讼法》第 53 条赋予了辩护律师拒绝证言权，该条第 1 款第 2 项规定"被告之辩护人，对于其以此身份被信赖告知或所知悉之事项，有权拒绝提供证言"；第 3 项规定"律师及律师公会之其他成员、专利师、公证人、法定审计师、已宣誓之查账员、税务顾问及税务代理人……对于其以此身份被信赖告知或所知悉事项"，有权拒绝提供证言。对于顾问律师（《德国联邦律师法》第 46 条第 2 项）及顾问专利师（《德国专利师法》第 41 条第 2 项），在保留《德国刑事诉讼法》第 53 条 a 的前提下，不适用于"以此身份被信赖告知或所知悉之事项，有权拒绝提供证言"的规定。此外，《德国刑事诉讼法》第 97 条第 1 款规定了与职业秘密有关的文件不受搜查和扣押的权利。根据《德国刑事诉讼法》第 97 条第 1 款之规定，以下文件不得被扣押：①被告人与根据该法第 52 条或第 53 条第 1 款第 1 项至第 3b 项规定可拒绝作证的人之间的书面函件；②第 53 条第 1 款第 1 项至第 3b 项所指明人士就被告人委托他们的保密资料或拒绝作证权所涵盖的其他情况所作的说明；③第 53 条第 1 款第 1 项至第 3b 项所述人员拒绝作证的权利所包括的其他对象，包括医疗检查的结果。[2]

---

〔1〕《德国刑法典》第 203 条第 1 款规定："律师及律师公会之其他成员、专利师、公证人、法定审计师、已宣誓之查账员、税务顾问及税务代理人……对于其以此身份被信赖告知或所知悉事项，没有权限而泄露的，将处 1 年以下自由刑或罚金。"

〔2〕 连孟琦译：《德国刑事诉讼法》，元照出版有限公司 2016 年版，第 67 页。

（二）日本的辩护律师保密义务与拒绝证言权、拒绝扣押权

关于律师之保密义务，《日本律师法》第 23 条规定："除非法律另有规定，律师或前律师应有权并有义务对其在履行职责过程中了解的任何事实保密。"《日本律师执业基本准则》第 23 条也规定："对于执业中获悉的委托人秘密，律师无正当理由既不能向他人泄露，也不得另作他用。"违反保密规定不仅是律师获得纪律处分的理由，而且根据《日本刑法》可判处最高 6 个月监禁的刑罚。[1]

为确保辩护律师顺利履行保密义务，《日本刑事诉讼法》也赋予了辩护律师保密权。为防止信息被政府利用权力强制披露，日本在如何避免政府的入侵方面，学习了法国、德国的模式；在如何促进辩护律师与委托人之间的信赖利益方面，则学习了美国模式。总体而言，辩护律师保密权在《日本刑事诉讼法》中得到了较为详尽的规定。具体而言，对于辩护律师与委托人秘密交流过程中所涉信息与物品，一旦被辩护律师获得，便受到法律的保护。为确保辩护律师可以保守委托人秘密，《日本刑事诉讼法》第 149 条赋予了辩护律师拒绝证言权："医师、牙科医师、助产师、护士、律师（包括外国法事务律师）、代办人、公证人、宗教在职人士或担任过上述职务之人，对由于受业务上之委托而得知之有关他人秘密之事项，得拒绝证言。但本人已经承诺的或拒绝证言可以认为仅为被告之利益而滥用权利的（被告为本人时除外）以及其他有法院规则中所规定之事由的，不在此限。"《日本刑事诉讼法》第 105 条赋予辩护律师拒绝扣押权：对于在履行职责过程中受托保管或拥有的、承载有委托

---

[1]《日本刑法》第 134 条（泄密）规定："医师、药剂师、医药品贩卖业者、助产师、律师、辩护人、公证人或曾就任各该职务之人，无正当理由泄露关于其业务上处理事务所得之他人秘密时，处六月以下拘役或十万日元以下罚金。"

人之秘密信息的物品，辩护律师可拒绝扣押。司法实务中，该条同样适用于虐待儿童或恐怖主义等案件。[1]此外，在辩护律师保密权的行使中，日本法律对公司内部的律师给予与外部律师同等的保护。

（三）法国的辩护律师保密义务与保密权

就保密义务而言，《法国律师法》2.1确立了律师保守职业秘密的基本原则：律师必须为客户保密；律师的职业秘密属于公序范畴，因此具有普遍性、绝对性且不受时间限制；除非出于其辩护的严格要求和事先预料到或者法律允许透露的情况，任何情况下律师都不得透露任何其在执业过程中获得的秘密。2.2规定了职业秘密的范围：律师的职业秘密包括咨询和代理诉讼方面的所有材料，无论这些材料的载体如何。

就权利维度而言，《法国刑事诉讼法》对辩护律师保密权的规定不甚明确，仅在第11条规定：在调查和预审程序中，任何参与此种程序的人，均有义务依《法国刑法典》第226—13条与第226—14条规定的条件保守职业秘密；违者，按照这两条的规定予以处罚。《法国刑法典》第4节第1小节规定了侵犯职业秘密罪，其中，第226—13条规定：因身份、职业或者临时性的职务或任务，受任保管机密情报的人泄露该机密情报的，处1年监禁并缴纳15 000欧元罚金；第226—14条第1款规定：在法律强制或允许披露秘密的情况下，不适用第226—13条之规定。[2]

---

〔1〕 如此规定自然激起日本国内大量反对意见，因为委托人大可将犯罪工具、犯罪所得等交予律师保管，办案机关在无法获取关键证据的情况下便难以破案。但是日本法院在实际裁判中选择支持此条之规定，同时也强调应区分合理的保密期望与办案机关破案的实际困难。See Hiroki Sasakura, "Right to Counsel and Confidentiality of Correspondence with Counsel as a Requirement of a Fair Trial in Japan", *Fukuoka: the 20th General Congress of the Academy*, July 26, 2018.

〔2〕 参见朱琳译：《最新法国刑法典》，法律出版社2016年版，第134页。

四、中外关于辩护律师保守委托人秘密规定的异同

总结而言，我国与域外国家关于辩护律师保守委托人秘密问题的规定存在明显差异：其一，立足点不同。英美法系立足于对抗制诉讼模式中诉讼双方的平等武装，关注辩护律师如何应对外部的信息披露要求，以权利为本位，更关注辩护律师保守委托人秘密对对抗制的影响。如法律伦理学家门罗（Monroe）所言：如果律师被要求泄露委托人罪行，那么保守秘密的义务就会被毁灭，一同被毁灭的，还有对抗制本身。而我国与大陆法系国家则采义务本位立场，自始更关注辩护律师对保密义务的履行，虽然不能将设置保密权的目的等同于助益保密义务的履行，但是保密权规则的逐步确立和完善的确离不开辩护律师履行保密义务需求的推动。其二，保密权的行使方式不同。英美法系中的保密特权属于委托人，委托人可以主张任何人不得披露特权所保护的内容，"即令知悉该内容而受法院传唤之证人，亦不得在法庭中陈述该内容"，[1]即使该内容已经被当庭陈述，也不能作为不利于委托人的证据。我国与大陆法系国家基本将保密权赋予辩护律师，辩护律师可以为保守委托人秘密而拒绝提供证言，但是该权利能否约束第三人尚未可知。

差异之外，我国与域外各国关于辩护律师保守委托人秘密问题的规定也存在多个共同点，这些共同点对于我们定义本书主题弥足珍贵。第一，价值追求一致。不论具体如何规定，立场如何，目的都是通过防止信息披露以形成与维系委托人与辩护律师间的信赖关系，进而促进委托人与辩护律师进行坦诚且充分的交流，使委托人在诉讼中的权益得以实现。《美国律师协

---

〔1〕 参见王兆鹏：《辩护权与诘问权》，华中科技大学出版社 2010 年版，第 93 页。

会职业行为示范规则》在关于律师保密义务的注释中即明确："律师遵守不侵犯委托人的秘密信息的道德义务，不仅有利于全面获得对于适当代理委托人非常重要的事实，而且有利于鼓励人们尽早寻求法律帮助。""委托人—律师关系的一个基本原则是，律师应当维持与代理有关的信息之秘密性。这样，才能鼓励委托人与律师进行充分、坦率的交流，即使是令人尴尬的或在法律上有破坏性的事项。""几乎没有例外，委托人找到律师，是为了在法律和法规的迷宫中确定他们的权利是什么以及什么被认为是合法的、正确的。普通法认识到委托人的秘密必须受到保护，免于公开。根据经验，律师们知道，几乎所有的委托人都采纳了他们的建议，并且法律得到了维护。"[1]同样，对于设置辩护律师保密权的原因，德国学界的解释是，"目的在于保护客户对从事上述职业和咨询工作的专业人士能够保守秘密的信任"，"由于公众对上述职业的信任被认为是重要的社会利益，因此，侵犯职业秘密是刑事犯罪"。[2]

第二，辩护律师不予泄露的，是其在执业中知悉的委托人的情况和信息。我国立法要求辩护律师对在执业中知悉的委托人的情况和信息保密。英美两国均将"寻求法律服务"或者"提供法律服务"作为限定应予保密之信息的前提。律师行业的本职即为委托人提供法律服务，不论是委托人向律师寻求法律服务所为之交流还是律师为委托人提供法律服务所为之交流，均属律师执业中与委托人进行的交流。《德国刑事诉讼法》第53条规定辩护律师有权予以保密之事项为辩护律师"依其身份被信赖告知或所知悉之事项"，其中的"以律师身份"即可理解为

---

〔1〕 ABA Model Rules of Professional Conduct, Rule 1.6, comment（1）—（4）（2012）.

〔2〕 ［德］托马斯·魏根特：《德国刑事诉讼程序》，岳礼玲、温小洁译，中国政法大学出版社2004年版，第174页。

律师执业中；《日本刑事诉讼法》《日本律师法》则分别用辩护律师"由于受业务上的委托而得知""履行职责过程中知悉"来限定应予保密的委托人信息，事实上也可以理解为"执业中"。

　　第三，为防止委托人信息被披露，辩护律师既可以拒绝提供证言，也可以拒绝提供承载委托人信息的载体。美国的律师—委托人特权保护委托人与辩护律师交流中所涉信息不被披露，不仅体现在辩护律师可以拒绝提供证言，也表现在辩护律师相关工作成果不得被扣押以及对律师事务所的谨慎搜查。[1]"律师因业务上知悉之'秘密'所制作之文书，应完全不得扣押。"[2]英国法律职业特权亦如是，律师从委托人处获取的信息不管以什么形式呈现，都可以受到职业特权的保护。英国法律"允许已获特免权保护的书面材料对抗任何人，即便该材料或摘要向某个陌生人提交过，也只要求对方保密且后来仍未被公众知晓"。[3]德国与日本的刑事诉讼法则在赋予辩护律师拒绝证言权的同时，直接规定受拒绝证言权保护的保密资料不得被扣押。我国虽没有如此细化的规定，但是赋予辩护律师保密权上述内涵应当也是《刑事诉讼法》设置辩护律师保密权的应有之义。各国的规定为辩护律师拒绝提供证言或者披露相关文件提供了可能，保密权利的设置成为保密义务的安全阀，使辩护律师可以免受外

---

〔1〕　参见王兆鹏：《美国刑事诉讼法》（第2版），北京大学出版社2014年版，第102页。在O'Connor v. Johnson案中，内华达州最高法院判决显示，律师的诸多文件中含有律师—委托人特权所保护的内容，此种关涉秘密信息的文件不得被扣押。并且，即使不扣押，警察在搜索其他文件时也有可能看到上述关涉秘密信息的文件，"一旦警察看到，就不可能自记忆中除去此讯息"，此时，律师—委托人特权亦遭受破坏。基于此，内华达州最高法院认为，当法院对律师事务所签发搜查令时，必须先签发提出命令（subpoena duces tecum），使律师提前将关涉秘密信息的文件提出。

〔2〕　参见王兆鹏：《美国刑事诉讼法》（第2版），北京大学出版社2014年版，第101页。

〔3〕　罗文禄：《委托人与律师交流权研究》，法律出版社2018年版，第133页。

部信息披露的压力，排除不当干扰履行保密义务。

第四，各国均设置了保密的例外，虽然具体内容上各有特点，但是"委托人同意"和"法律另有规定"是公认的保密例外。尽管辩护律师保守委托人秘密直接保护的是委托人的利益，但是最终仍有利于公共利益。荷兰最高法院曾指出："任何人必须能够自由地获得（被信托而知悉有关秘密信息的人的）帮助和建议，并且无须担心上述信息会被公开，这一社会利益，超过了在法庭上公开有关事实而获得的社会利益。"[1]法国律师色何勒-皮埃尔·拉格特（Serge-Pierre Laguette）也指出："这与其说是为了律师个人的利益，倒不如说是为了公众和社会的利益。"[2]但是，支持辩护律师保守委托人秘密始终要进行利益权衡，当披露委托人秘密所要保护的公共利益更重要时，委托人的个人利益就要作出让步。

第二节　辩护律师保守委托人秘密的性质

保守委托人秘密既是辩护律师的义务，也是辩护律师的权利。就辩护律师与委托人的关系而言，保守委托人秘密是辩护律师的义务；就辩护律师与公安司法机关的关系而言，保守委托人秘密又是辩护律师的权利。从此维度来看，二者并不存在逻辑上的冲突。考察国内已有研究，绝大部分学者也认为保守委托人秘密对于辩护律师而言既是权利也是义务："基于委托人与辩护律师之间的信赖关系，辩护律师对委托人负有保密义务。司法

---

〔1〕　参见王进喜：《律师职业秘密问题研究》，载陈光中、江伟主编：《诉讼法论丛》（第 3 卷），法律出版社 1999 年版，第 313 页。

〔2〕　参见王进喜：《律师职业秘密问题研究》，载陈光中、江伟主编：《诉讼法论丛》（第 3 卷），法律出版社 1999 年版，第 314 页。

机关与辩护律师具有不同的诉讼职能，辩护律师有权拒绝为司法机关提供其尚未掌握的并不利于委托人的案件事实，并享有拒绝作证的权利。对司法机关而言，辩护律师具有保密权利。"[1]虽然本书从辩护律师与委托人关系的视角展开分析，但是辩护律师与公安司法机关的关系是我们不能回避的问题，因为立法调整辩护律师与公安司法机关关系的目的即为保护和发展辩护律师与委托人的信赖关系。在讨论辩护律师保守委托人秘密的性质时，将此二者割裂开来并不适宜。但是应当承认辩护律师保守委托人秘密之义务的优先性，承认辩护律师保守委托人秘密应以保密义务为本位，如此，才能克服委托人不享有保密权所带来的弊端。

一、保守委托人秘密是辩护律师的义务

对委托人承担保密义务是现代社会律师职业得以存续的重要基础。以分析实证主义法学理论为研究工具，委托人基于律师的保密义务而享有对律师的保密请求权。而若要保密义务切实发挥保障委托人合法权益的作用，明确侵权救济才是问题的关键。

（一）保密是辩护律师的职业义务

就辩护律师与委托人的关系而言，保守委托人秘密是辩护律师的职业义务，这在世界范围内均无异议。辩护律师对委托人的保密义务是指辩护律师不得披露在执业活动中知悉的委托人不愿泄露的有关情况和信息的义务。我国《律师法》第 38 条

---

〔1〕 刘蕾：《保密义务与真实义务之间的较量——兼论我国辩护律师保密特权制度的完善》，载《西北大学学报（哲学社会科学版）》2014 年第 1 期，第 95 页；另见皮剑龙：《论律师在执业中的保密特权》，载《中国司法》2009 年第 4 期，第 62 页："辩护律师对其执业过程中所知悉的当事人的相关事实负有保密义务，并对此有拒绝作证的特权。"

规定了律师保守委托人秘密的义务：律师有义务将在执业活动中知悉的委托人和其他人不愿泄露的有关情况和信息予以保密。前文已述，世界范围内具有代表性的法治国家均规定了辩护律师保守委托人秘密的义务，比如《美国律师协会职业行为示范规则》第 1.6 条 a 款规定：除非委托人作出了明智同意、为了执行代理对信息的披露已经得到默示授权或者披露为 b 款所允许，律师不得披露与代理委托人有关的信息。《德国联邦律师条例》第 43a 条也规定了律师保守委托人秘密的义务：律师负有沉默义务。该义务涉及律师在执业中知悉的一切事务。已经公开的事实或按其意义不再需要保密的事实，不在此限。至于其他代表性国家的相关规定，本章第一节已经进行了介绍，此处不再赘述。其中，"律师在执业中知悉""委托人不同意披露"是各国定义律师保密义务时共用的元素。因此，本书在定义辩护律师保密义务时兼采"律师在执业中知悉""委托人不同意披露"两个元素。

随着社会主义法治与市场经济的发展，忠诚于委托人利益逐渐成为律师执业的首要目标。市场经济强调"平等""自由"，强调契约意识，讲究人和性，律师更多地成为委托人的代理人，基于商业契约为委托人提供法律服务。"在这种情况下，要求律师违背当事人的利益而对法律忠诚已经不能符合市场经济的利益法则了。"[1]为确保律师在执业中尽力维护当事人合法权益，2007 年《律师法》"有条件地确立了律师'保守职业秘密'的义务""强化了律师避免利益冲突的职责"，[2]要求律师对在执

---

[1] 强世功：《惩罚与法治：当代法治的兴起（1976—1981）》，法律出版社 2009 年版，第 166 页。

[2] 参见陈瑞华：《论辩护律师的忠诚义务》，载《吉林大学社会科学学报》2016 年第 3 期，第 9 页。

业中知悉的委托人不愿泄露的情况和信息予以保密。如今，作为"为当事人提供法律服务的执业人员"，[1]辩护律师承担保守委托人秘密的义务已经不存在任何立法与逻辑上的障碍。

（二）委托人享有保密请求权

既然辩护律师对委托人承担保密义务，那么要求辩护律师保密就成了委托人的权利。以分析实证主义法学理论为研究工具[2]，委托人的此项权利具有"狭义权利（请求权）"（right or claim）的属性。霍菲尔德（Hohfeld）认为，"狭义权利"与"请求权"（claim）相当，是"要求他人做什么或不做什么的权利"，[3]具体而言，"若某甲拥有令某乙不得进入前者土地的权利，某乙便对某甲负有不进入该地的相应义务"，[4]即"我要

〔1〕《律师法》第2条规定："本法所称律师，是指依法取得律师执业证书，接受委托或者指定，为当事人提供法律服务的执业人员。律师应当维护当事人合法权益，维护法律正确实施，维护社会公平和正义。"

〔2〕参见［美］霍菲尔德：《基本法律概念》，张书友编译，中国法制出版社2009年版，第27~28页。分析实证主义法学集大成者霍菲尔德在总结前人经验的基础上，将"权利"的概念进行了四种解读，包括"'狭义权利'（请求权）"（right or claim）、"特权"（liberty or privilege）、"权力"（power）和"豁免"（immunity），与之相对应的法律概念则是"义务"（duty）、"无权利"（no-rights）、"责任"（liability）与"无权力"（disability）。在四种"权利"之下，共有八对法律关系，其中相反（opposites）法律关系有四对，包括"狭义权利（请求权）"与"无权利""特权"与"义务""权力"与"无权力"以及"豁免"与"责任"；相关（correlatives）法律关系亦有四对，包括"狭义权利（请求权）"与"义务""特权"与"无权利""权力"与"责任"以及"豁免"与"无权力"。

〔3〕此处"请求权"（claim）不同于民法学上"请求权与其基础权利关系"理论中之"请求权"。根据"请求权与其基础权利关系"理论，请求权的概念主要侧重它是因原权利受侵犯而生的一种救济性的权利，而不是它是一种独立的权利元形式。而本书所言"请求权"（claim），是指要求他人做什么或者不做什么的权利。参见王涌：《法律关系的元形式——分析法学方法论之基础》，载《北大法律评论》1998年第2期，第591页。

〔4〕参见［美］霍菲尔德：《基本法律概念》，张书友编译，中国法制出版社2009年版，第32页。

求，你必须"。这种法律关系同样存在于辩护律师履行保密义务的过程中。辩护律师主动履行保密义务，不披露委托人不愿泄露的情况和信息自然最好，如果辩护律师无意主动履行保密义务，那么委托人则有权要求辩护律师对有关情况和信息予以保密。此时，委托人的此项权利即具有请求权的性质，在委托人与辩护律师之间，形成委托人要求辩护律师对在执业中获悉的委托人不愿泄露的情况和信息予以保密，辩护律师不得披露这些情况和信息的状态，即"我要求，你必须"。从这个角度来讲，将委托人要求辩护律师履行保密义务的权利理解为"狭义权利"（请求权）更为适宜。如果辩护律师拒绝履行保密义务，故意披露受保密义务保护的情况和信息，那么委托人应有权主张其不得披露此类情况和信息。

在此维度而言，委托人的此项保密请求权与域外国家将保密权直接赋予委托人有异曲同工之妙。英美法系国家一般将保密权赋予委托人，比如英国的法律职业特权（legal professional privilege）制度规定委托人可就受特权保护的信息或文件拒绝作证或提交书面证据。并且诉讼特权之下，"对于第三人而言，没有委托人的同意，第三人不能披露他与委托人或者律师之间交流的内容，如果其已经披露，委托人可以主张该言词证据无效"。[1]美国同样将委托人作为律师—委托人特权（lawyer—client privilege）的权利主体，只要是属于律师—委托人特权保护的内容，"国家机关便不得强迫当事人或律师披露该内容，当事人亦可以主张任何人不得揭露该内容或该内容不得为证据"。"只有委托人有权决定其与律师间的通讯是否得揭露于他人，如

---

〔1〕 See Andrew L－T Choo, *Evidence*, Oxford：Oxford University Press, 2012, p. 224.

律师违反委托人意思而揭露秘密通讯，所揭露之内容原则上不得成为对委托人不利之证据。"[1]从分析实证主义法学理论出发，不管是法律职业特权还是律师—委托人特权，都属于委托人的请求权，即"我要求，你必须"。委托人可以通过主张法律职业特权或者律师—委托人特权来拒绝辩护律师或者第三人披露相关情况和信息。

（三）明确侵权救济是避免委托人权益受损的关键

将保密权赋予委托人并不能避免因为辩护律师泄密而给委托人造成的损害。关键在于是否有相应的惩戒或者证据规则倒逼辩护律师不得泄密或者即使泄密也无法损害委托人的合法权益。如上文所言，不管是英国的法律职业特权制度还是美国的律师—委托人特权制度，都明确委托人有权利主张被不当泄露的内容无效或者不得作为证据，即否定被不当泄露的情况和信息的证据能力。如此，当委托人表示拒绝披露某些情况或信息时，即使辩护律师不愿受委托人意愿的约束，其披露行为在诉讼中也不会给委托人造成不利影响。反观我国，对于辩护律师侵犯委托人之保密请求权，亦及违反保密义务的行为，虽有相应的惩戒措施，但是惩戒力度有限，既不能完全禁止辩护律师的泄密行为，也无法为委托人提供相应救济。具体而言，我国《律师协会会员违规行为处分规则（试行）》第 24 条规定了律师泄露委托人的商业秘密或个人隐私的惩戒措施，包括警告、通报批评、中止会员权利等纪律处分；[2]司法部发布的《律师

---

〔1〕　参见王兆鹏：《美国刑事诉讼法》（第 2 版），北京大学出版社 2014 年版，第 655 页。

〔2〕　《律师协会会员违规行为处分规则（试行）》第 24 条规定：泄露当事人的商业秘密或者个人隐私的，给予警告、通报批评或者公开谴责的纪律处分；情节严重的，给予中止会员权利 3 个月以上 6 个月以下的纪律处分。

和律师事务所违法行为处罚办法》第 13 条规定了律师泄露委托人不愿泄露的情况和信息的惩戒规则，即律师可能面临警告、罚款或者被停止执业。[1]上述惩戒措施在很大程度上能够阻止辩护律师的泄密行为，但是显然不能够完全杜绝辩护律师的泄密行为。并且，此类惩戒措施将矛头指向辩护律师，并不能解决辩护律师违反保密义务后委托人的权益救济问题。如果辩护律师违背委托人意愿，自行披露委托人不愿泄露的情况和信息，那么委托人不可避免地要在诉讼中遭受不利益。因此，如果要切实发挥保密制度的作用，我们应当明确辩护律师侵犯委托人的保密请求权及违反保密义务后的救济措施，即限制或否定辩护律师所泄露的情况和信息的证据能力，从而达到保障委托人合法权益的目的。

二、保守委托人秘密是辩护律师的权利

为减少辩护律师履行保密义务的障碍，维护辩护律师与委托人之间的信赖关系，我国现行《刑事诉讼法》第 48 条将保密权赋予辩护律师。该权利是立法赋予辩护律师的、不可让渡的权利，调整的是辩护律师与公安司法机关之间的关系。关于辩护律师保密权，有人称之为"保密特权"，有人称之为"特免权"，有人称之为"拒证特权"。事实上，辩护律师保密权之"权利"具有丰富的内涵。"法律上的'权利'一词，本身就是一个内涵

---

〔1〕《律师和律师事务所违法行为处罚办法》第 13 条规定："律师未经委托人或者其他当事人的授权或者同意，在承办案件的过程中或者结束后，擅自披露、散布在执业中知悉的委托人或者其他当事人的商业秘密、个人隐私或者其他不愿泄露的情况和信息的，属于《律师法》第四十八条第四项规定的'泄露商业秘密或者个人隐私的'违法行为。"

相当含混的概念。"[1]霍菲尔德的四种权利类型理论为我们研究辩护律师保密权的性质提供了模型，借助该模型我们能够明晰保密权的具体内涵，以及该权利将在何种情况下发挥作用。与此同时，也有助于改善学界对此权利之称谓混乱的现状。

（一）辩护律师保密权具有豁免权属性

从否定公安司法机关向公民取证的权力的维度出发，辩护律师保密权具有作证豁免权属性。根据霍菲尔德的研究，"权力"（power）指"对他人、对特定法律关系的强制性'支配'"。[2]与"权力"相对应的法律概念为"责任"（liability），"责任"之本义乃是"受约束的"（bound）或"被迫的"（obliged），[3]承担责任即不可消灭地承受"权力"所有者的"支配"。对"责任"的否定，即为"豁免"。言及"豁免"，指"在特定法律关系中，某人免受他人强制性'支配'的自由"，[4]与"豁免"相对应的法律概念即为"无权力"。"权力—责任—豁免—无权力"才是正当的证成逻辑。想要证明某种权利是否属于"豁免权"，应当从构成"权力"谈起。

公安司法机关要求辩护律师披露其在执业中知悉的委托人的情况和信息的"权力"源于《刑事诉讼法》第54条与第193条。《刑事诉讼法》第54条第1款规定"人民法院、人民检察院和公安机关有权向有关单位和个人收集、调取证据……"此

---

[1] 万毅：《刑事诉讼权利的类型分析——以分析实证主义法学为视角》，载《政法论坛》2014年第2期，第17页。

[2] 参见［美］霍菲尔德：《基本法律概念》，张书友编译，中国法制出版社2009年版，第55页。

[3] 参见［美］霍菲尔德：《基本法律概念》，张书友编译，中国法制出版社2009年版，第67页。

[4] 参见［美］霍菲尔德：《基本法律概念》，张书友编译，中国法制出版社2009年版，第70页。

即公安司法机关此项"权力"的来源，基于此，公安司法机关有权向辩护律师收集、调取证据，辩护律师应当承担作证责任。除此之外，《刑事诉讼法》第193条又细化了人民法院对证人的"权力"，并明确了证人拒绝出庭或出庭后拒绝作证的法律后果。该法第193条规定："经人民法院通知，证人没有正当理由不出庭作证的，人民法院可以强制其到庭，但是被告人的配偶、父母、子女除外。证人没有正当理由拒绝出庭或者出庭后拒绝作证的，予以训诫，情节严重的，经院长批准，处以十日以下的拘留……"基于此，人民法院不仅有权力强制辩护律师出庭作证，还可以对不承担作证责任的辩护律师予以惩戒。"责任"与"权力"相伴，在确定公安司法机关"权力"来源的同时，"权力—责任"法律关系也就有了着落，将其具体到辩护律师与公安司法机关的法律关系中，表现为：公安司法机关作为权力主体，可以要求相关个人作证，此要求具有强制性，相关个人应当承担作证的责任，辩护律师也不例外。在落实了"权力—责任"法律关系后，谈"豁免"才有了基础。对于在执业中获悉的委托人的情况和信息，《刑事诉讼法》第48条赋予辩护律师保密权。基于此，即使公安司法机关行使"权力"，强制要求辩护律师向其作证，辩护律师也可因为《刑事诉讼法》第48条另有规定而依法免于承担作证责任，不予披露执业中知悉的委托人的情况和信息。这种"我可以免除，你不能强加"的状态，即"豁免—无权力"法律关系的表现形态，对应的权利类型为"豁免"。具体而言，辩护律师豁免的是作证的责任，与之相对应的，是司法机关的无权力，即司法机关有权强制"知道案件情况的人"作证，却不能强制知道案件情况的辩护律师作证。在这种情况下，辩护律师保密权就有了作证豁免权属性。

（二）辩护律师保密权具有特权属性

从免除《刑事诉讼法》第 62 条、第 110 条规定的一般公民的举报作证义务的维度出发，[1]辩护律师保密权又具有保密特权的属性。根据霍菲尔德的研究，"特权"（privilege）与"自由"表意一致，即"一个人可以做某事的自由"。[2]"特权"与"义务"相反而与"无权利"（no-right）相关，言及"特权"，就是我没有义务去做相反的事，相应地，你没有权利要求我做相反的事。"要表达对'义务'（duty）的单纯否定，'特权'便是最恰当也最令人满意之术语。"[3]而设置辩护律师保密权，就是对《刑事诉讼法》规定的一般公民举报作证义务的否定。并且《刑事诉讼法》规定辩护律师保密权所引起的法律关系变动与"特权—义务""特权—无权利"法律关系恰好相契合。2012 年《刑事诉讼法》第 46 条首次规定辩护律师保密权，全国人民代表大会常务委员会法制工作委员会在介绍立法背景时指出，赋予辩护律师保密权的理由之一是"为妥善处理好律师作为一般公民的义务和作为提供法律服务的执业人员的义务之间的关系"。辩护律师作为公民的作证义务与作为法律服务执业者的保密义务是一种非此即彼的关系。作为"知道案件情况的人"，从公民的角度而言，辩护律师自然应当履行作证义务；而从法律服务执业者的身份出发，辩护律师又应当对在执业中获

---

[1]《刑事诉讼法》第 62 条规定："凡是知道案件情况的人，都有作证的义务。生理上、精神上有缺陷或者年幼，不能辨别是非、不能正确表达的人，不能作证人。"第 110 条第 1 款规定："任何单位和个人发现有犯罪事实或者犯罪嫌疑人，有权利也有义务向公安机关、人民检察院或者人民法院报案或者举报。"

[2] 参见万毅：《刑事诉讼权利的类型分析——以分析实证主义法学为视角》，载《政法论坛》2014 年第 2 期，第 19 页。

[3] 参见［美］霍菲尔德：《基本法律概念》，张书友编译，中国法制出版社 2009 年版，第 44 页。

悉的委托人的情况与信息保密。赋予辩护律师保密权，则是在公民的作证义务与法律服务执业者的保密义务的冲突中选择了后者，即免除了辩护律师作为公民的作证义务。如全国人民代表大会常务委员会法制工作委员会在解读条文时所言，赋予辩护律师保密权，"意味着在法律上免除了辩护律师的举报作证义务"。[1]此时，以"特权"来定义辩护律师保密权便不存在逻辑上的障碍。保密"特权"之下，辩护律师有对在执业中知悉的委托人情况与信息保密的自由，没有义务去做相反的事情，即可以不再履行作证义务。这与"特权—义务"法律关系的表征一致。相应地，也在辩护律师与公安司法机关之间形成"特权—无权利"（我可以，你不能要求我不可以）法律关系，即辩护律师可以选择对在执业中知悉的委托人情况与信息保密，公安司法机关不可以要求其继续履行一般公民作证义务（不保守秘密）。[2]

应当明确的是，对于辩护律师保密权的"特权"属性，现有研究持否定态度。万毅教授肯定了该权利形式上的"特权"属性：《刑事诉讼法》规定了辩护律师保密权，该权利形式上似乎符合"自由"的特征，即"我可以（保密），你（公检法机关）不能要求我不可以（保密）"；但是又从立法目的上否定了该权利的"特权"属性："《刑事诉讼法》增设第46条的目的实际上就是从法律上免除辩护律师的举报作证义务，因此，该权利在类型上应属'豁免'"，亦即"我可以免除（举报作

---

〔1〕 王尚新、李寿伟主编，全国人大常委会法制工作委员会刑法室编著：《〈关于修改刑事诉讼法的决定〉释解与适用》，人民法院出版社2012年版，第37页。

〔2〕 参见［美］霍菲尔德：《基本法律概念》，张书友编译，中国法制出版社2009年版，第41~42页。

证义务），你不得强加（举报作证义务）"。[1]据此，"对于辩护律师而言，因为免除了作证义务，而构成一种'豁免'（我可以免除）；对于人民法院来说，因为无法强制其作证，而构成一种'无权力'（你不能强加）"。[2]

笔者认为，否定辩护律师保密权之特权属性的意见有两处不妥：一是曲解了《刑事诉讼法》增设辩护律师保密权的目的；二是将辩护律师保密权解读为举报作证豁免权的推演逻辑并不合理。首先，《刑事诉讼法》规定辩护律师保密权的目的是减少辩护律师履行保密义务的障碍，维护辩护律师与委托人之间的信赖利益。如全国人民代表大会常务委员会法制工作委员会在介绍立法目的时所言：辩护律师对在执业中获悉的委托人的情况和信息予以保密，"是律师取信于委托人甚至取信于社会的一个基本要求和条件"，"否则律师很难取得委托人信任，不利于律师有效地履行职责，有可能从根本上动摇律师职业存在的社会基础"。[3]意即基于对辩护律师与委托人之间的信赖利益的考量，辩护律师应当对在执业中获悉的委托人情况和信息保密，这是其作为提供法律服务的执业人员应当履行的义务。但是《刑事诉讼法》又规定了一般公民的举报作证义务，作为"知道案件情况的人"，辩护律师也不例外。这种情况下，要保障辩护律师与委托人之间的信赖利益，就应该妥善处理好辩护律师应

---

〔1〕　参见万毅：《刑事诉讼权利的类型分析——以分析实证主义法学为视角》，载《政法论坛》2014年第2期，第25页。

〔2〕　参见万毅：《刑事诉讼权利的类型分析——以分析实证主义法学为视角》，载《政法论坛》2014年第2期，第21页。

〔3〕　王尚新、李寿伟主编，全国人大常委会法制工作委员会刑法室编著：《〈关于修改刑事诉讼法的决定〉释解与适用》，人民法院出版社2012年版，第36页。

当履行的两种义务之间的关系。[1] 2012 年《刑事诉讼法》赋予辩护律师保密权，使得辩护律师作为一般公民，在与国家的法律关系中有了"自由"，在作为提供法律服务的执业人员的义务与作为一般公民的义务发生冲突时，辩护律师可以不再履行作为一般公民之作证义务。此时，"律师作为一般公民的义务和作为提供法律服务的执业人员的义务之间的关系"在一定程度上得到了处理，这将有利于实现辩护律师与委托人之间的信赖利益。换言之，免除辩护律师作为一般公民之举报作证义务只是手段，保障辩护律师与委托人之间的信赖利益才是目的。其次，根据霍菲尔德的研究，"豁免"与"义务"并不构成相反法律关系。对于"豁免"的相关法律概念，上文已经作出介绍，此处不再赘述。笔者认为，从《刑事诉讼法》第 62 条出发并不能合乎逻辑地推演出辩护律师保密权的举报作证豁免权属性。因为《刑事诉讼法》第 62 条规定的一般公民之作证义务并非公安司法机关要求"知道案件情况的人"作证的权力来源。"义务"（duty）并不会产生"权力"（power），《刑事诉讼法》第 62 条仅规定了"知道案件情况的人"作证的义务，并未赋予公安司法机关要求"知道案件情况的人"作证的权力。既然没有"权力"，也就没有"责任"，"豁免"也就无从谈起。故而，笔者仍坚持认为，就免除一般公民之作证义务而言，辩护律师保密权具有保密特权的属性。

三、辩护律师保守委托人秘密应以保密义务为本位

虽然保守委托人秘密既是辩护律师的权利，也是辩护律师

---

〔1〕 王尚新、李寿伟主编，全国人大常委会法制工作委员会刑法室编著：《〈关于修改刑事诉讼法的决定〉释解与适用》，人民法院出版社 2012 年版，第 36 页。

的义务，[1]但是在权利与义务的关系上，辩护律师保密权却具有从属性，从属于保密义务的履行。

（一）辩护律师保密权的行使服务于保密义务的履行

首先，辩护律师保密权本就具有服务性。律师辩护权从属于委托人辩护权，虽然立法将保密权赋予辩护律师，但是辩护律师亦不得随意处置该权利。从辩护权的本质来看，辩护是针对控告的一种本能反应。"从本原的意义上说，刑事辩护权应当归属于被指控人本人，它是被指控人基于被指控的特定事实而产生的一种反射性权利。"[2]从广义上来讲，现代刑事诉讼制度中的辩护权包括被指控人的辩护权和律师的辩护权。其中律师辩护权是以被指控人的诉讼地位和权利为基础的，辩护人制度的确立被认为是被指控人辩护权逐步扩张的结果。"被指控人的辩护权是第一性的权利，而律师辩护权则是第二性的权利"；"律师辩护权是依附于被指控人辩护权而存在的，并且前者是实现后者的手段与途径"。[3]以上所言"被指控人"，即为笔者所指"委托人"。从这个意义上来说，律师辩护权的行使应当服从

---

[1]　也有一部分学者认为保守委托人秘密对于辩护律师而言主要是一种法律义务，比如陈瑞华教授认为保守委托人秘密在本质上属于辩护律师的职业义务，参见陈瑞华主编：《刑事辩护制度的实证考察》，北京大学出版社 2005 年版，第 157 页；万毅教授认为如果如《刑事诉讼法》第 48 条一般视保密权为辩护律师的权利，"即使委托人本人允许或同意辩护律师放弃保密权，辩护律师仍可坚持行使保密权而拒绝作证，这就在一定程度上背离了该制度设计的目的和初衷"，建议"通过司法解释的方式对《刑事诉讼法》第 48 条进行实质性修正"，"以此将保密权的主体实质性地改造、还原为委托人本人"，参见万毅：《刑事诉讼权利的类型分析——以分析实证主义法学为视角》，载《政法论坛》2014 年第 2 期，第 26~27 页。

[2]　谢佑平主编：《刑事诉讼国际准则研究》，法律出版社 2002 年版，第 332 页。

[3]　陈兴良：《为辩护权辩护——刑事法治视野中的辩护权》，载《法学》2004 年第 1 期，第 3~19 页。

和服务于委托人辩护权的实现。[1]虽然在权利主体构造上，辩护律师是保密权的权利主体，但是该权利的功能实际应当是给委托人辩护权适当的支撑，促进委托人辩护权作用的发挥，防止辩护制度的虚置。因此，从法理上来讲，辩护律师行使保密权应当是为委托人行使辩护权做加法，不能任意而为。

其次，辩护律师保密权基于保密义务形成，这决定了辩护律师行使保密权应当服务于保密义务的履行。根据全国人民代表大会常务委员会法制工作委员会的解读，辩护律师的保密权是基于律师保密义务而在刑事诉讼法中派生的一项诉讼权利。[2]"基于对当事人的保密义务，辩护律师有权拒绝某些调查。"[3]因此，辩护律师保密制度的基点应当是辩护律师保密义务的履行。"所谓辩护律师'有权予以保密'，当然首先是辩护律师负有保密义务，这是《律师法》的规定，是律师必须承担的职业责任。""律师的这种权利同时又是其必须履行的义务，一个律师有义务不泄露他通过履行职务而获知的不利于其当事人的事实，如果他违反这一义务，法律也不允许法庭采纳他违反保密义务而进行的陈述作为证据，这是由现代刑事诉讼职能原理决定的。"[4]辩护律师对委托人的保密义务决定了辩护律师不得作为不利于其委托人的证人。因为一旦辩护律师提供不利于委托人的证言，

〔1〕参见汪建成、杨雄：《重塑辩护律师与当事人关系》，载《中国律师》2004年第10期，第73~75页。

〔2〕参见全国人大常委会法制工作委员会刑法室编：《关于修改中华人民共和国刑事诉讼法的决定：条文说明、立法理由及相关规定》，北京大学出版社2012年版，第37~38页。

〔3〕李贵方：《保密是律师的义务也是权利》，载《中国律师》2017年第9期，第38页。

〔4〕陈光中主编：《中华人民共和国刑事证据法专家拟制稿（条文、释义与论证）》，中国法制出版社2004年版，第198页。

那么辩护律师与委托人之间的信任基础随即崩塌，委托人必然不会完全坦诚地向辩护律师陈述案件事实。立法通过赋予辩护律师保密权，使得辩护律师可以在一般公民的作证义务与律师职业保密义务的冲突中依法履行保密义务，并通过切实保守委托人秘密获得委托人的信任。可以说，立法为确保辩护律师履行保密义务而设置了辩护律师保密权。就这一层面而言，辩护律师行使保密权当然应当服务于保密义务的履行。

（二）辩护律师保密权的放弃形成于保密义务的免除

首先，当委托人未免除辩护律师的保密义务时，辩护律师放弃行使保密权不符合立法目的。《刑事诉讼法》将保密权赋予辩护律师，从法理上讲，作为权利主体，辩护律师既可以主张该权利，也可以放弃该权利。如果辩护律师可以在未获得委托人同意的情况下放弃保密权，也就意味着在交流信息的保密问题上，辩护律师处于主动地位，委托人则处于被动地位。而虽然《律师法》规定了律师保守执业活动中知悉的委托人不愿泄露的有关情况和信息的义务，却不具有强制性。此时，如果与辩护律师坦诚相待，委托人不得不承担信息可能被辩护律师披露的风险。《刑事诉讼法》规定保密权原本是要带给委托人安全感，通过减少辩护律师履行保密义务的障碍，促进委托人与辩护律师之间的信赖关系，鼓励委托人与辩护律师进行坦诚且充分的交流；进而促使辩护律师为委托人提供更好的法律服务，在维护委托人利益的同时，实现更广泛的公共利益。但如果委托人不享有保守本人秘密的决定权，那么安全感从何而来？在没有制度保障的情况下，委托人与辩护律师之间的信赖关系犹如空中楼阁，愿景美好却又不现实。《刑事诉讼法》规定保密权并未给委托人与辩护律师之间的信赖关系做加法，我们也就无法奢求委托人与辩护律师进行充分、坦白的沟通，辩护律师便也"无法得知完整之事实，既不能在法庭中代替当事人提出充分之事实及法律辩护，也可能戕害审判之真实发现作用"。[1]所以，当委托人要求辩护律师履行保密义务时，辩护律师就不应放弃行使保密权，意即在保密义务尚未免除时，辩护律师不得放弃行使保密权。否则，立法赋予辩护律师保密权的目的将难以实现。

其次，保密权的放弃形成于保密义务的免除是国际社会通行做法。从域外法治国家关于保密权的制度设计来看，辩护律师即使享有保密权，也不享有放弃保密权的自由，辩护律师能否放弃保密权由委托人是否要求辩护律师履行保密义务决定。将保密权赋予委托人的英美法系国家自无需多言，委托人放弃法律职业特权或者律师—委托人特权的行为同样也是免除辩护律师保密义务的行为，辩护律师因为保密义务的免除而不可拒绝提供证言。而将保密权赋予辩护律师的国家往往以立法形式明确：当委托人免除辩护律师的保密义务时，保密权被自动放弃。

以德国为例，一方面，委托人免除辩护律师保密义务的，辩护律师便不得主张拒绝证言权。虽然《德国刑事诉讼法》第53条第1项[2]明确赋予辩护律师拒绝作证权，但该条第2项同时规定："第一项第二款至第三款 a 之情形，如其已被免除保守秘密之义务者，不得拒绝证言。"对此，德国学界的解释是，

---

〔1〕 参见王兆鹏：《美国刑事诉讼法》（第 2 版），北京大学出版社 2014 年版，第 101 页。

〔2〕《德国刑事诉讼法》第 53 条第 1 项规定："对于下列情形，证人亦有拒绝证言权：①宗教师，就其因神职之地位所受信托或知悉之事项；②被告之辩护人，就其地位所受信托或知悉之事项；③律师、专利律师、公证人、经营审核人、已宣誓之簿册审核人、租税顾问、租税代理人、医师、牙医、药剂师及助产士，就其地位所受信托或知悉之事项。"

"这一特权的目的在于保护客户对从事上述职业和咨询工作的专业人士能够保守秘密的信任"，"既然免证特权仅仅是为了保护客户的利益，如果客户允许有关专业人士作证，该专业人士就不能再主张该特权"。[1]换言之，辩护律师获得拒绝证言权的基础是辩护律师应当对委托人履行保密义务。当委托人不需要辩护律师履行保密义务时，辩护律师便自动放弃行使拒绝证言权。从这一角度来看，辩护律师保密义务的免除是辩护律师放弃拒绝证言权的充分条件。另一方面，委托人未免除辩护律师的保密义务的，辩护律师不得放弃主张拒绝证言权。若委托人不存在免除辩护律师保密义务的意愿，也无需担心辩护律师违背委托人意愿故意放弃拒绝证言权。因为在德国，公众对律师等职业的信任被认为是重要的社会利益，侵犯职业秘密的行为被认为是犯罪。[2]如果委托人不愿泄露相关信息，那么辩护律师便不能摆脱保密义务的约束，如强行披露相关信息，便属违法犯罪。这同样意味着，只有保密义务的免除才能导致拒绝证言权的放弃。日本亦如是，虽然《日本刑事诉讼法》第149条赋予辩护律师等特殊职业人员拒绝证言权，[3]但是委托人对辩护律师保密义务的免除直接导致辩护律师拒绝证言权的放弃，并且由于违反保密义务是违法犯罪行为，辩护律师亦不存在主动放

---

〔1〕　参见万毅：《刑事诉讼权利的类型分析——以分析实证主义法学为视角》，载《政法论坛》2014年第2期，第26页。

〔2〕　《德国刑法典》第203条第1款规定："律师及律师公会之其他成员、专利师、公证人、法定审计师、已宣誓之查账员、税务顾问及税务代理人……对于其以此身份被信赖告知或所知悉事项，没有权限而泄露的，将处1年以下自由刑或罚金。"

〔3〕　《日本刑事诉讼法》第149条规定："医师、牙科医师、助产师、护士、律师（包括外国法事务律师）、代办人、公证人、宗教在职人士或担任过上述职务之人，对于受业务上之委托而得知之有关他人秘密之事项，得拒绝证言。但本人已经承诺的或拒绝证言可以认为仅为被告之利益而滥用权利的（被告为本人时除外）以及其他有法院规则中所规定之事由的，不在此限。"

弃拒绝证言权的自由。

综上所述，从域外法治国家关于保密权的制度设计来看，辩护律师即使享有保密权，也不具备放弃保密权的自由，辩护律师能否放弃保密权由委托人是否要求辩护律师履行保密义务决定。所以，笔者认为，辩护律师保密权的放弃形成于保密义务的免除。

第三节　辩护律师保守委托人秘密的意义

从辩护律师与委托人关系的视角出发，辩护律师保守委托人秘密既承载着实现委托人诉讼权利的需要，也包含着辩护律师职业发展的需求。就维护委托人权益而言，辩护律师保守委托人秘密是保障委托人获得律师帮助权的需要，辩护律师不能保守委托人秘密将可能成为委托人利益的相对方，委托人难以借助辩护律师提供的专业法律服务行使各项诉讼权利，其在刑事诉讼程序中的主体地位也难以得到有力维护与展现。[1]就辩护律师而言，辩护律师保守委托人秘密又是完善律师职业伦理的需要，是发挥律师辩护职能的需要，是提高辩护律师职业社会评价的需要，是降低辩护律师执业风险的需要。法律是一门具有高度专业性和复杂性的学科，为了在社会生活和纠纷中更好地使用法律，社会成员需要专业辩护律师为其提供帮助。基于此，辩护律师成为刑事司法中的重要人物，成为社会成员和法院之间的媒介。而如果辩护律师与委托人之间的信任基础崩塌，那么辩护律师职业存在和发展的基础将受到影响。

---

〔1〕　参见陈效：《"律师—委托人"免证特权之理论探析》，载《西部法学评论》2011 年第 3 期，第 106 页。

一、实现委托人获得律师帮助权的需要

获得律师帮助权是委托人的基本权利。从基本人权的视野出发，联合国《公民权利和政治权利国际公约》第 14 条第 3 款第 4 项即规定了委托人自行辩护或获得辩护人帮助的权利：被告应到庭受审，亲自答辩或由其选任辩护人答辩；未经选任辩护人者，应告以有此权利；法院认为审判有此必要时，应为其指定公设辩护人，如被告无资力酬偿，得免付之。联合国《关于律师作用的基本原则》第 1 条规定了委托人获得律师帮助的权利：所有的人有权请求由其选择的一位律师协助保护和确立其权利并在刑事诉讼的各个阶段为其辩护。回归到我国，《宪法》第 130 条规定"被告人有权获得辩护"。我国《刑事诉讼法》第 33 条规定"犯罪嫌疑人、被告人除自己行使辩护权以外，还可以委托一至二人作为辩护人"。犯罪嫌疑人自被采取强制措施之日起即可委托律师作为辩护人，其获得律师帮助的权利覆盖到整个刑事诉讼过程中。

实践证明由律师充当辩护人是委托人行使辩护权的最优方案。基于专业与职业上的便利，辩护律师的参与能够有效弥补委托人自行辩护的不足。不管是心理上还是能力上，委托人都需要辩护律师为其提供有质量的法律帮助，帮其认识权利、行使权利、维护权利，以实现控辩双方力量的对等。侦查阶段，人身自由的丧失、信息的闭塞以及审讯的"场压力"将委托人置于无助与被动的一方。[1]辩护律师的及时、有效介入对于打破这种不平衡、维护犯罪嫌疑人合法权益益处颇多。我们要坚

---

〔1〕　日本著名心理学家浜田教授认为：即使是在不存在任何刑讯逼供的场合，审讯的"场压力"也足以使绝大多数的受训者变得极其软弱和不堪一击。

持在法治轨道上推进国家治理体系和治理能力现代化，"天下之事，不难于立法，而难于法之必行"，要求我们强化全民法治观念。而面对复杂的法律，公民想要遵守法律、运用法律，就离不开掌握专业法律知识的律师的帮助。这也是现代律师保密制度的理论基础之一。也正因如此，理论界通过文义解释、比较研究、实证研究等手段，致力于将辩护律师调查取证权、阅卷权扩大至侦查阶段，呼吁辩护律师实质性地参与到审查逮捕过程中，以期尽可能减少委托人讼累。尤其在检察机关进行"捕诉合一"改革的背景下，辩护律师对案件的充分把握以及实质性参与被认为是有效行使委托人辩护权、减少审查行政性、节约司法资源的关键。至于审查起诉阶段，当前形势下，对于适用"认罪认罚从宽制度"的案件，辩护律师在保障委托人认罪认罚的真实性、自愿性以及程序选择的允当性问题上发挥着重要作用。权利意识与法律知识的缺乏，对公权力的天然畏惧与依赖，[1]使得绝大多数委托人对权利受到的侵害不敏感、不擅于运用法律维权，即使进行认罪协商也缺乏基本的协商能力。辩护律师能够在与委托人的会见交流中为委托人是否认罪认罚提供信息与智力支持。"经验丰富的辩护律师，能够准确预测案件结果，向委托人和检察机关提供理性建议。"[2]审判阶段，对于适用普通程序审理的案件，在庭审实质化与律师辩护全覆盖的背景下，辩护律师针对案件事实与法律适用进行的高质量辩护就成为实现委托人合法权益最大化的主要依托。

　　保密是落实委托人获得律师帮助权的关键。委托人是最清

---

〔1〕　参见谢佑平：《社会秩序与律师职业——律师角色的社会定位》，法律出版社 1998 年版，第 183 页。

〔2〕　陈瑞华：《论被告人的阅卷权》，载《当代法学》2013 年第 3 期，第 130~131 页。

楚案件真相的人，与辩护律师秘密交流空间的获得以及交流信息免受披露是委托人能够与辩护律师进行坦诚且充分交流的前提。[1]也正基于此，为了保障在押委托人与辩护律师秘密交流的空间，我国《刑事诉讼法》明确规定辩护律师会见委托人时不被监听。而为保障交流信息不被披露，我国《刑事诉讼法》与《律师法》确立了律师保密制度。因为委托人想要获得辩护律师的帮助，就应当坦诚地与辩护律师交流，否则辩护律师在帮助委托人时会无从下手。而交流所涉内容多为委托人不愿被他人知悉的秘密，辩护律师接触到委托人秘密，自然就有保密义务，而为防止被动披露信息，其应享有保密权。[2]只有辩护律师能够保守委托人秘密，委托人才能在毫无心理障碍的情况下与辩护律师交流案情和意见，辩护律师才能充分掌握案情，进而制定优质辩护策略，根据事实和法律，从"当事人有理"的角度，协助委托人充分行使辩护权，在诉讼中尽可能多地为委托人争取利益。如果辩护律师不能保守委托人秘密，委托人就要时刻担心与辩护律师交流的信息被泄露，那么双方就可能因为信赖基础的缺乏而无法进行坦诚、充分的沟通，辩护律师也就无法利用自身专业知识为委托人争取最大合法权益。[3]所以，辩护律师能够保守委托人秘密，与委托人建立良好合作关系，对内忠诚于委托人，对外区别于办案机关，是实现委托人获得律师帮助权的关键。[4]相应地，如果辩护律师不能保守委托人秘密，那么委托人之律师帮助权将遭受损害。

---

〔1〕　参见［日］田口守一：《刑事诉讼法》（第7版），张凌、于秀峰译，法律出版社2019年版，第183~184页。

〔2〕　参见王惠光：《法律伦理学讲义》（第2版），元照出版有限公司2012年版，第119页。

〔3〕　参见王兆鹏：《辩护权与诘问权》，华中科技大学出版社2010年版，第94页。

〔4〕　［日］河合弘之：《律师职业》，康树华译，法律出版社1987年版，第107页。

二、增强司法公信力的需要

司法公信力，是指对司法的判断和评价不是个别人或少数人作出的，而是社会公众的集合性判断与评价。[1]"司法公信力是当事人和社会公众内心深处对司法的感触和体验，属于道德范畴和心理状态，不能用强制手段来构建。"[2]在当下中国，司法公信力仍有提升空间。提升司法公信力，不仅对司法有重要意义，而且可以在一定程度上挽救政府的公信力，挽救执政党的公信力，因此对我们国家来讲具有更加深远的意义。[3]辩护律师保守委托人秘密并不仅仅具有保护私权或者约束公权的功能，对于提高司法公信力也具有重要意义。律师辩护制度能够保障正义以看得见的方式实现，在确保以法治国家为基础的刑事司法系统拥有公信力方面发挥关键作用。[4]"辩护律师参与刑事诉讼，为传统上由国家官员和个人组合而成的审判格局带来一股新的力量：独立的社会力量。这种力量在国家和个人之间、裁判与被裁判、追诉与被追诉的对立中注入了一种缓冲力，它一方面有助于增强社会公众和被告人对刑事司法公正的信任感；另一方面又可以确保国家机关真正地关注公民的利益和人权，在客观上承担维护正义的责任。"[5]

---

〔1〕 参见胡铭：《司法公信力的理性解释与建构》，载《中国社会科学》2015年第4期，第85页。

〔2〕 陈光中：《略谈司法公信力问题》，载《法制与社会发展》2015年第5期，第51页。

〔3〕 参见何家弘：《如何提升司法公信力》，载《国家检察官学院学报》2014年第5期，第158页。

〔4〕 参见高其才：《多元司法：中国社会的纠纷解决方式及其变革》，法律出版社2009年版，第412页。

〔5〕 王宇、钱小平：《论律师特免权》，载《渝州大学学报（社会科学版）》2001年第1期，第30~32页。

首先，辩护律师保守委托人秘密能够促进委托人对刑事司法的认同感。法律是一门专业性极强的繁杂事务，为了在社会生活和纠纷中更好地运用法律，社会成员需要专业辩护律师为其提供帮助。基于此，辩护律师在刑事司法中成为人民和法院之间的媒介。社会成员对律师提供有效辩护的能力保持信心即意味着其信任国家的刑事司法系统，相信法院能够对案件作出公正审判，反之，则意味着社会成员对国家刑事司法的不信任。[1]保密制度的设置能够形成并促进委托人与辩护律师之间的信赖关系，使辩护律师获得委托人的认可，辩护律师可以凭借委托人的信任参与到刑事诉讼中，并进行有质量的辩护。而因为获得本人信任的辩护律师提供的优质法律服务，委托人更容易对刑事司法的公正性产生心理认同，更容易接受在辩护律师辩护意见影响下形成的裁判结果。

其次，辩护律师保守委托人秘密能够促进司法公正。提高司法公信力的关键在于案件实现司法公正。虽然辩护律师保守委托人秘密在一定程度上有碍法庭探究案件真实功能的发挥，但是最终结果却是有利于司法公正的实现。因为委托人在律师办公室的坦诚交流给审判带来的利益远远超出律师拒绝披露委托人秘密可能造成的损害。[2]美国华尔兹（Waltz）教授就指出：社会期望通过保守秘密来促进辩护律师与委托人之间的信赖关系，甚至不惜失去与案件结局关系重大的信息。[3]辩护律师能够保守委托人秘密是委托人能够对其坦诚相待的关键。波

---

〔1〕　See ECHR 2015, Morice v. France, no. 29369/10, §132.

〔2〕　参见［美］约翰·W. 斯特龙主编，［美］肯尼斯·S. 布荣等编著：《麦考密克论证据》（第5版），汤维建等译，中国政法大学出版社2004年版，第175页。

〔3〕　［美］乔恩·R. 华尔兹：《刑事证据大全》（第2版），何家弘等译，中国人民公安大学出版社2004年版，第356页。

斯纳（Posner）曾经在《证据法的经济分析》一书中作出分析，如果废除律师保守委托人秘密的权利，产生的后果之一便是"委托人向律师陈述时更加警惕"。正因于此，"通过强制传唤律师作为对其委托人不利的证人，并不能获取多少有价值的证据"。[1] 而如果获得委托人坦诚相待，辩护律师便能在充分掌握案件事实的基础上有效发挥辩护职能，助益法庭审判职能的发挥。"在法庭审判中，律师以辩护人的身份，与公诉机关、裁判机关进行交涉、抗辩和对话，成为被告人人权的最大维护者，这是实现司法正义的制度保证。"[2] 一场充分的辩护更有益于公正裁判结果的产生，而"公正的处理结果通常能使当事人与社会公众对司法裁判真诚信服，从而尊重司法、信赖司法"。[3]

最后，辩护律师保守委托人秘密是推进刑事案件律师辩护全覆盖的必然要求。因为我国刑事案件辩护率低，出于保障委托人辩护权的需要，我国正全力推进刑事案件律师辩护全覆盖试点工作，希望通过加大法律援助覆盖率来弥补刑事案件中委托辩护的不足，使每一位委托人都能获得律师提供的法律帮助。目前而言，试点的重点仍是形式上满足"全覆盖"要求，尽可能为每一位有需要的委托人指派辩护律师或者提供值班律师。但是这种缺乏事先合意且由国家付费的律师帮助很难获得委托人信任，而缺乏信任的咨询与交流必然流于形式，法律援助律师也难以提供优质法律服务。基于此，法律援助制度的功能就难以得到发挥。"刑事案件律师辩护全覆盖"可能难逃形式化

---

〔1〕 ［美］理查德·A. 波斯纳：《证据法的经济分析》（第 2 版），徐昕、徐昀译，中国法制出版社 2004 年版，第 149 页。

〔2〕 陈瑞华：《独立辩护人理论的反思与重构》，载《政法论坛》2013 年第 6 期，第 18 页。

〔3〕 陈光中：《略谈司法公信力问题》，载《法制与社会发展》2015 年第 5 期，第 52 页。

滥觞。

三、律师职业发展的需要

当代在定义"职业"时通常会强调其道德责任和特殊专业技能，而这两者又衍生出其他关键特征，如自我管理、行业准则、垄断特定工作等。[1] 保守委托人秘密，首先是律师的职业义务。而正确履行保密义务又是律师职业有序、健康发展不可或缺的重要保障。

（一）完善律师职业伦理体系

保密义务属于职业伦理的范畴，确立与发展律师保密义务有利于律师职业伦理体系的完善。"职业人员区别于其他行业人员的一个重要特征就在于其所从事的业务具有高度专业性，这一专业性使其业务质量的控制更多的是通过职业人员的自律和自治来实现的。外界的干预非但无助于提升法律职业的业务质量，反倒可能导致外行领导内行的尴尬处境。"[2] 律师职业伦理是律师行业内部引导和约束律师执业的道德与行为规范，与律师的执业行为息息相关。涂尔干（Durkheim）就指出：职业伦理越发达，它们的作用就越先进，职业群体自身的组织就越稳定、越合理。[3]

但由于我国律师职业发展时间较短，律师社会身份也不断变迁，加之法学教育的不足，律师职业伦理体系尚不成熟，观

---

〔1〕 参见［美］德博拉·L. 罗德、小杰弗瑞·C. 海泽德：《律师职业伦理与行业管理》（第 2 版），许身健等译，知识产权出版社 2015 年版，第 2 页。

〔2〕 吴洪淇：《美国律师职业危机：制度变迁与理论解说》，载《环球法律评论》2010 年第 1 期，第 102 页。

〔3〕 参见［法］爱弥尔·涂尔干：《职业伦理与公民道德》，渠东、付德根译，梅非、渠东校，上海人民出版社 2001 年版，第 7 页。

念、价值的外延尚不周全，对律师执业行为的规范与引导功能有限。虽然实践中"要求律师违背当事人的利益而对法律忠诚已经不能符合市场经济的利益法则"，[1]立法也将"维护当事人合法权益"逐步提到律师职业定位的首要位置，但律师"维护法律正确实施""维护社会公平正义"的公益定位一直未改变。实践中，委托人与办案人员更倾向于将律师定义为逐利的商业体，相当一部分律师在自身定位时也在公益与私益间徘徊，执业中面对价值冲突往往难以平衡与取舍：委托人利益至上还是平衡社会利益？是秉持对法庭的真实义务还是坚持保守委托人秘密？本想寄希望于法学教育正本清源，而过度强调实证条文诠释的主流法学教育方式也使得律师职业形成一种"工匠式传承"：更关注律师队伍文化水平的提高和律师对法律专业知识的了解，缺乏对律师从事法律事务的行为方式、心理素质、道德伦理的培养。[2]

律师保密义务是律师职业伦理体系中的重要部分，立法在赋予律师保密义务的同时，还应厘清保密的具体内容，从正面给出辩护律师执业中"应当为何"以及面对价值冲突时的正确引导，如此才能发挥律师职业伦理对律师执业行为的规范与引导作用。强调律师保密义务，将其作为辩护律师行为的准则并为辩护律师如此行为扫清障碍，不仅有利于打造专业化刑事辩护队伍，还有利于律师职业形象的建立与维护。此时保密义务对辩护律师带来的道德伦理约束就显得更为重要。当履行保密义务成为辩护律师执业中根深蒂固的东西，刑事辩护队伍，甚至是整个律师队伍会逐渐形成对执业中"得当的行动"的共同

---

〔1〕 苏力：《法治及其本土资源》（第3版），北京大学出版社2015年版，第162页。

〔2〕 参见［美］德博拉·L.罗德、小杰弗瑞·C.海泽德：《律师职业伦理与行业管理》（第2版），许身健等译，知识产权出版社2015年版，第15页。

认知与认同。单个律师在执业中面临伦理问题时，出于适应环境、成为团队成员和捍卫团队声誉的需要，往往愿意主动接受"同伴影响"（peer influence）。"在不同的环境下，这种影响可能会造成强化、重塑、压制道德承诺的后果。"[1]

（二）发挥律师辩护职能

保守委托人秘密，有利于律师辩护职能的高质量发挥。辩护律师为委托人进行辩护，归根到底是在提供一种服务，"一种包含法律知识的服务、将信息以法律的方式表达出来的服务"，该服务以维护委托人合法权益为立足点。[2]辩护律师将维护委托人合法权益置于首位，忠诚于委托人的利益，这与其职业定位相匹配，也能防止辩护律师在有意无意中损害委托人的利益。[3]而在提供服务的过程中，信息的充分获取是律师能够发挥辩护职能的重要基础，否则辩护律师无法运用其专业知识为委托人排忧解难，律师职业的高度专业性也无从展现。从这一点出发，应当鼓励委托人向辩护律师坦诚地提供案件信息。但是如果辩护律师无法保守委托人秘密，那么我们就无法奢望委托人与辩护律师进行坦诚且充分的沟通。刑事辩护律师的专业知识与特殊身份便利是犯罪嫌疑人、被告人赖以仰仗的关键，也是刑事辩护市场赖以持续发展的关键。如果委托方与被委托方互不信任成为行业常态，辩护律师无法从委托人处获取真实案件信息，那么辩护律师便难以为案件准确"把脉"，制定的辩护策略必然存在瑕疵，辩护效果难免不尽如人意。律师如不能

---

　　[1]　参见王永杰：《律师伪证罪的存废之争》，载《复旦学报（社会科学版）》2011年第4期，第111~118页。

　　[2]　参见衡静：《律师拒证特免权研究》，法律出版社2011年版，第7页。

　　[3]　参见陈瑞华：《独立辩护人理论的反思与重构》，载《政法论坛》2013年第6期，第23页。

在案件中有效发挥辩护职能，既不利于委托人的权益保护，更不利于司法公正的实现。

（三）提高律师职业社会评价

保守委托人秘密，是辩护律师获得良好社会评价的需要。作为服务接受者，委托人有权利对辩护律师的表现作出评价。"职业主义的理论模型不以系统的知识为基础，客户有能力对律师的表现作出评价。"[1]与委托人之间的信义关系程度高是律师职业的一大特点，除了提供法律意见、起草法律文件，律师还代表委托人从事法律行为，行为结果在委托范围内对委托人产生约束力。但不同于其他专业方向的律师，刑事辩护律师若要获得委托人的完全信任可能稍显困难。[2]"辩护律师认为，相较于被告人，他们从起诉方获取的案件信息更多。遇到麻烦的人们经常通过撒谎保护自己，被告人尤其会对他们的律师说谎，特别是在辩护关系建立一开始，许多被告人就是不信任他们的律师。"[3]这种情况下，如果委托人向辩护律师吐露实情，既告知辩护律师对本人有利的信息，也告知辩护律师对本人不利的信息，那么委托人在选择相信辩护律师会保守其秘密时必然下了很大决心。如果辩护律师不能对在执业中知悉的委托人的情况和信息保密，则是对委托人的不忠与背弃，是不专业的表现，这必然影响到委托人对辩护律师的评价，也关乎社会对律师职业的认可。当社会公众不信任律师的时候，律师制度存在的基

---

〔1〕 ［美］迪特里希·鲁施迈耶：《律师与社会：美德两国法律职业比较研究》（第2版），于霄译，上海三联书店2014年版，第9页。

〔2〕 参见［美］迪特里希·鲁施迈耶：《律师与社会：美德两国法律职业比较研究》（第2版），于霄译，上海三联书店2014年版，第19页。

〔3〕 ［美］爱伦·豪切斯泰勒·斯黛丽、南希·弗兰克：《美国刑事法院诉讼程序》，陈卫东、徐美君译，何家弘校，中国人民大学出版社2002年版，第241~243页。

础就受到了挑战。面对一个随时可能泄露自己秘密的服务提供者，委托人在需要向律师寻求帮助时可能会心存疑虑。"推动法律职业发展的原动力，是整个社会对法律职业所产出的法律服务的数量和质量的要求。"[1]如果社会上对律师提供的法律服务需求不断降低，长此以往，并不利于律师职业的发展。[2]但需要明确的是，当律师职业整体不能够被信赖的时候，利益受害最深的其实是社会公众。辩护律师队伍发展的停滞不前或者退后均不利于我国刑事辩护制度的发展，有需求的被追诉人可能因为辩护律师数量的缺乏或者辩护律师队伍管理的混乱而无法获得一名能力与案件性质相匹配的辩护律师的帮助。[3]

（四）降低辩护律师执业风险

保守委托人秘密，是降低辩护律师执业风险的需要。在律师行业内，刑事辩护律师的执业风险最大。在发挥刑事辩护职能的过程中，辩护律师容易因涉嫌犯罪而面临刑事追诉。不管是故意还是过失，辩护律师不适当的核实证据行为、取证行为、庭内外言论等都有可能遭受《刑法》的否定评价。以伪证罪为例，辩护律师一方面要防范办案人员对其"毁灭、伪造证据""帮助串供"的指控风险，一方面还需警惕证人在作证时"倒戈相向"，指证其威胁、引诱自己改变证言或作伪证。[4]辩护律师在与委托人的交流中既有可能知悉已经发生的、办案机关尚未

---

〔1〕　参见［美］迪特里希·鲁施迈耶：《律师与社会：美德两国法律职业比较研究》（第2版），于霄译，上海三联书店2014年版，第21页。

〔2〕　参见易延友：《证据法学：原则 规则 案例》，法律出版社2017年版，第398~399页。

〔3〕　参见司莉：《律师保密义务有关理论问题探讨》，载《河南财经政法大学学报》2015年第2期，第109页。

〔4〕　参见王永杰：《律师伪证罪的存废之争》，载《复旦学报（社会科学版）》2011年第4期，第111~118页。

掌握的委托人的违法犯罪信息，也有可能知悉委托人将要或正在进行的违法犯罪信息，并且辩护律师提供的法律服务可能在其不知情的情况下已经被委托人用来促进本人将要或正在进行的违法犯罪行为（比如，委托人提供的证人作伪证，但虚假证言是通过辩护律师的发问引出的，而辩护律师并不知情）。这些都可能导致辩护律师面临执业风险。[1]律师保密制度的确立和完善为辩护律师规避职业风险提供了可能，一方面，保密义务的确立使得辩护律师即使隐瞒委托人的有罪证据也不必遭受道德上的谴责、法律上的追究；另一方面，未来保密内容上的完善将有助于辩护律师从技术上规避执业风险。

---

[1] 为规避职业风险，部分辩护律师可能会逐渐打消在与委托人的交流中尽可能获悉案件事实的渴望，甚至还会有技巧地防止委托人向其披露犯罪事实。这种现象显然不利于辩护律师辩护职能的发挥，有碍辩护律师维护当事人合法权益、维护法律正确实施职责的实现。参见刘蕾：《保密义务与真实义务之间的较量——兼论我国辩护律师保密特权制度的完善》，载《西北大学学报（哲学社会科学版）》2014年第1期，第96页。

第二章
保密主体

前文已述，辩护律师保守委托人秘密虽然既是义务又是权利，但应以保密义务为本位。辩护律师对委托人承担保密义务，委托人拥有要求辩护律师履行保密义务的请求权。那么应当享有这份保密请求权的"委托人"包括哪些主体？应当承担保密义务的"律师"又包括哪些主体？上述问题都将在本章得到解答。

第一节　承担保密义务的主体

我国《律师法》仅规定律师应当对委托人承担保密义务，并未对"律师"的范围作出详细解读：是仅包括承办案件的律师，还是也包括律师聘请的辅助其办案的人员？与承办案件律师同一律师事务所的其他律师、律师助理和其他职员是否也应对委托人承担保密义务？此外，如果被咨询人是不具备执业律师资格的实习律师，但是委托人却将其视作执业律师并展开交流以寻求法律帮助，此时被咨询人是否应当如执业律师一般对委托人承担保密义务？既然研究辩护律师保守委托人秘密问题，我们就有必要对"辩护律师"的范围予以厘清。

一、保密义务中"律师"认定的立法与实践

我国《律师法》第 38 条仅规定"律师"应当对委托人承担保密义务，并未对"律师"的外延作出解释。2021 年出台的《法律援助法》也是要求"律师"不得泄露法律援助过程中知悉的国家秘密、商业秘密和个人隐私。不管是从字面上还是文义上解释，我们只能将"律师"理解成《律师法》第 2 条所规定的"依法取得律师执业证书，接受委托或者指定，为当事人提供法律服务的执业人员"。辩护律师应当对委托人承担保密义务，这一点毋庸置疑。但是"现代专业之复杂与分工，已不可能由律师一人总揽一切事务"。[1]实践中，律师在执业中知悉的委托人的情况和信息会被其团队或者同一律师事务所的其他人员在正常工作中不可避免地知悉。这其中既包括律师聘请的辅助人员，也包括与该律师同一律师事务所的其他律师与职员。对于上述人员是否应当如"律师"一般承担保密义务，我国现有规范性文件并未作出相应解释。此外，实习律师可能在法律援助中心的法律援助窗口或者看守所、法院等地值班，其在值班过程中应当接受咨询并提供法律帮助，此时其是否应当对在值班中获悉的情况与信息保密？义务虽不具有强制性，却能约束和规范义务主体的行为。上述人员不承担相应的保密义务，就可能在正常的工作、生活中因为缺乏约束而泄露委托人不愿泄露的相关情况和信息。这必然有损委托人与律师之间信赖关系的形成，既不利于委托人向律师寻求法律帮助，也无益于律师行业的良性发展。

---

〔1〕 参见王兆鹏：《美国刑事诉讼法》（第 2 版），北京大学出版社 2014 年版，第 656 页。

（一）律师聘请的辅助人员的保密义务不明确

律师聘请的辅助人员可能在正常工作中知悉委托人的情况和信息。一方面，因为团队分工与合作的原因，律师在执业中知悉的委托人情况和信息不可避免地要被自己团队的律师、律师助理等知悉。律师与团队成员可能共同与委托人展开交流，可能在一起讨论案情并共同制定代理或辩护方案，在这个过程中，团队成员不可避免地要知悉委托人的相关情况和信息。而即便是不涉及主要业务的行政助理，也可能在接待中、在案卷整理归档中或多或少知悉委托人的情况和信息。另一方面，由于专业、技术上的原因，律师想要为委托人提供服务可能需要专业技术人员的辅助。比如，对于语言不通的委托人，律师与其进行顺利交流需要翻译人员的全程配合；对于涉及审计、税务等知识的案件，律师充分理解案情、制定代理或辩护方案可能需要借助会计师的专业知识；对于需要鉴定机构出具鉴定意见的关键证据，律师则要寻求鉴定人员的技术支持。这一类专业辅助人员在为律师提供专业或者技术支持的同时，也不可避免地要知悉委托人的相关情况和信息。[1]既然律师聘请的辅助人员在正常工作中不可避免地知悉委托人的全部或部分情况和信息，那么此类人员就成为可能泄露委托人秘密的源头。事实上，早在2004年，中华全国律师协会颁布的《律师执业行为规范（试行）》第56条就规定了律师辅助人员的保密义务："律师事务所、律师及其辅助人员不得泄露委托人的商业秘密、隐私，以及通过办理委托人的法律事务所了解的委托人的其他信息。但是律师认为保密可能会导致无法及时阻止发生人身伤亡

---

〔1〕参见吴丹红：《特免权制度研究》，北京大学出版社2008年版，第122~123页。

等严重犯罪及可能导致国家利益受到严重损害的除外。"但是
2009 年修订《律师执业行为规范》时却将此规定删除。虽已删
除，但也足以说明律师聘请的辅助人员的保密问题受到一定
关注。

（二）同一律师事务所的其他律师与职员的保密义务不明确

律师所在律师事务所的其他律师与职员可能在正常工作中
知悉律师之委托人的情况和信息。其一，对于涉黑恶势力犯罪
案件，若承办律师准备作无罪辩护或改变案件定性，则其所在
律师事务所要组织集体研究。这是中华全国律师协会发布的
《关于律师办理黑恶势力犯罪案件辩护代理工作若干意见》的要
求，此后各省市律师协会也不同程度上将这一要求予以细化。
比如，四川省律师协会确立了律师事务所办理涉黑恶势力犯罪
案件集体讨论制度，将集体讨论的各项流程与条件细化，集整个
律师事务所之力助力承办律师提出合理处理方案和辩护代理意
见。[1]在集体讨论中，承办律师必应介绍案情、辩护代理思路
及作无罪辩护或者改变案件定性辩护的根据和理由，此时参与
讨论的律师、律师助理等也就必然会知悉委托人的相关情况和
信息。其二，对于重大疑难案件，部分律师事务所确立了集体
讨论制度。对于案情复杂、社会影响面广的重大疑难案件，部
分律师事务所会安排所内律师在主任或合伙人带领下集体研究
案件。承办律师需汇报基本案情以及案件难点、争点以供集体
研究，必要时，还应提供纸质案件材料。在群策群力为委托人
提供优质法律服务的同时，参与讨论的律师也不可避免地知悉

---

〔1〕《关于转发省律协〈关于加强律师办理涉黑案件备案管理和集体研究工作
的通知〉的通知》，载 http://cdslsxh. org/article/1720. html，最后访问时间：2024 年
11 月 30 日。

此类案件中委托人的情况和信息。[1]其三，律师事务所内基础办公资源共享，同一事务所的律师或职员总有可能在正常工作中接触到案件相关信息。比如，因为打印机共享，此团队的案件资料可能在打印过程中被彼团队人员获悉；案卷材料归档需经律师事务所内部档案管理人员审核，并且归档案卷在履行特殊审批手续后可由事务所内人员共享，这当然也为与承办律师同一事务所的其他律师或职员知悉委托人的相关情况和信息提供了可能。其四，律师事务所会组织律师集体学习，研究典型案例，分享办案经验。部分律师对律师事务所开展的内部学习往往警惕性不高，对自己承办的典型案例的相关信息不做技术处理，这就难以避免参与学习的事务所其他人员知悉委托人的相关情况和信息。

（三）实习律师的保密义务不明确

实习律师可能被误认为是执业律师，在独立执业中知悉委托人的相关情况和信息，但其显然不属于《律师法》中的"律师"范畴。实践中，实习律师并非总是在团队中担任执业律师的辅助人员，其也有机会独立为委托人提供法律帮助。具体主要有两种情况：一是参与法律援助中心窗口值班；二是认罪认罚从宽制度适用下到法院、检察院、看守所值班。首先，由实习律师协助法律援助中心窗口值班是各地法律援助中心的普遍做法。实习律师在提供法律帮助的同时，当然也会不同程度上知悉受援者的相关情况和信息。其次，实习律师可能到法院、看守所值班，为犯罪嫌疑人、被告人提供法律帮助。随着认罪认罚从宽制度改革的持续推进，值班律师制度得到全面铺开，

---

〔1〕《盈科资讯 | 律所业指委组织疑难案件集体讨论》，载微信公众号"盈科洛阳律师事务所"2021年8月27日，最后访问时间：2024年11月30日。

而实践中律师事务所并非总安排具备执业资格的律师到法院或看守所值班，如果团队中有实习律师，一般也会安排值班。并且部分律师事务所往往倾向于安排实习律师值班，原因很简单，一是因为实习律师在团队中并不承担主要业务，时间较为宽松，安排值班容易协调；二是因为值班律师主要提供基本法律咨询，实习律师的专业能力足以应对；三是因为实践中向值班律师寻求法律帮助的委托人并不多。[1]实习律师在值班过程中可能提供法律咨询，在此过程中当然也可能知悉犯罪嫌疑人、被告人的相关情况和信息。实习律师并非《律师法》中具有相应执业资格的律师，当然也不必受《律师法》第38条规定的保密义务的约束。但是犯罪嫌疑人或被告人仍可能基于对实习律师法律援助律师或者值班律师身份的信赖而向其披露相关情况和信息，若不要求实习律师承担相应的保密义务，则难以避免因为实习律师不当泄露相关情况和信息而对上述人员的合法权益带来损害。进言之，如果受援者不得不承担信息可能被泄露的风险，那么其对法律援助便可能持消极态度，这当然有损法律援助制度的持续发展。

二、承担保密义务的主体范围的域外实践

对于律师所在律师事务所的其他律师与职员、律师聘请的辅助人员以及实习律师是否应当与律师一样承担保密义务问题，域外代表性国家既有相关法律规定，也有判例中的鲜活经验。

（一）关于辩护律师的辅助人员

在英美法系代表性国家美国，所谓的"律师"，既包括执业

---

[1] 参见徐冉：《正当程序视野下的认罪协商与权利救济——以美国弗莱伊案、库珀案为例的分析》，载《西北民族大学学报（哲学社会科学版）》2019年第1期，第41~50页。

律师本人，也包括律师为开展业务所聘请的辅助人员。《美国联邦证据规则》第 503 条 a 项将此类人员定义为"律师代表"（Representative of the lawyer），是指律师雇用的或者律师合理地相信是委托人雇用的，用以协助律师提供专业法律服务的人。如上文所言，现代专业之复杂与分工，已不可能由律师一人总揽一切事物，绝大多数情况下，辩护律师在执业中要借助第三人的力量，由第三人辅助其完成刑事辩护事务。这种承担辅助辩护职能的人员包括律师助理、秘书、接待人员、律师所聘医生、翻译、会计师等。上述人员在辅助辩护律师办理案件时，不可避免地要获悉部分或全部委托人情况和信息，当然也就构成委托人情况和信息可能被披露的又一渠道。所以，此类人员被认为属于律师—委托人特权中的"律师"范畴，也应当与辩护律师一同对委托人承担保密义务。[1]

　　大陆法系国家采取义务本位立场，大都规定了上述辅助人员与辩护律师一样对委托人承担保密义务。比如，德国单独规定律师雇员的保密义务，并且要求律师应明示共同处理案件的律师或者其雇员对案件信息保密，并承担特殊的监督责任。具体而言，《德国律师执业规范》第 2 条第 4 款即规定律师应明示其共事者以及其他协助其执业之人共同承担保密义务。"据此，律师在聘请雇员时应在雇佣契约中明示此一保密义务，或者另立保密契约。"[2]除了通知到位，律师还应督促其雇员注意保守委托人秘密："在雇佣期间，律师亦应就此一义务为经常性及个案性之具体告谕，以确保其受雇人能坚守秘密，因而律师应当

〔1〕　参见王兆鹏：《美国刑事诉讼法》（第 2 版），北京大学出版社 2014 年版，第 656 页。

〔2〕　姜世明：《律师伦理法》，新学林出版股份有限公司 2008 年版，第 170 页。

在每次告谕时要求签名，以保全证据。"[1]再比如，法国的《巴黎律师公会规程》第2.3条即要求，"律师必须要求其律师事务所成员及其业务中相关的合作人员同样保守职业秘密。对于其律师事务所成员或者合作人员造成的泄密，律师应承担责任。当律师是以团队的方式或者以参与公共管理机构的方式执业时，所有与其一同执业的律师以及公共管理机构中与其执业相关的人员都必须遵守保密原则"。这实际上也将承办案件的律师之保密义务同样分配给律师聘请的辅助人员。要求律师之辅助人员承担保密义务，其实也是承认在与这些辅助人员交流时，委托人应当获得主张保密权的资格。

（二）关于同一律师事务所的其他律师与职员

对于与承办案件的律师同一律师事务所的其他律师与职员，域外代表性国家均认为其应当与承办案件的律师承担一样的保密义务。比如，《德国律师执业规范》第3条第3款规定，律师事务所中的律师与其他职员对同一律师事务所中律师承办的案件，与承办律师负有同样的保密义务。并且，实践中，即使某一律师离开律师事务所，其仍受保密义务的约束。但是律师事务所转让时，受让者是否有权知悉原律师事务所的资料成为问题。原则上认为除非委托人同意，否则律师事务所不得将委托人资料让与受让者。"且未得客户同意便让与此类资料之契约，均属违反法所禁止及公序良俗之行为，应归于无效。理由是违反资讯自我决定自由权及律师保密义务。"[2]在日本，如果律师事务所中有一位律师受保密义务的约束，同一事务所的其他律师与职员对于负担保密义务之律师在执业中所知悉的委托人秘

---

〔1〕 姜世明：《律师伦理法》，新学林出版股份有限公司2008年版，第170页。

〔2〕 姜世明：《律师伦理法》，新学林出版股份有限公司2008年版，第171页。

密，也同样负有保密义务。对于律师事务所内承办案件律师以外的其他律师的保密义务，《日本律师职务基本准则》第 56 条规定：律师事务所所属律师对于工作中得知的有关其他所属律师的委托人的秘密，无正当理由不得向他人泄露或利用。即使不再是共同事务所的律师，亦受相同限制。对于律师事务所内职员的保密义务，《日本律师职务基本准则》第 62 条规定，律师事务所的职员对于承办案件的律师、其他律师事务所职员或者作为雇佣人之外的律师因职务得知的有关委托人的秘密，除非有正当理由，否则不得泄露给其他人或者供其他人利用，即使已经不再是律师事务所之职员，亦受相同限制。

美国同样关注与办案律师同一律师事务所的其他律师与职员的泄密问题。《美国法律协会律师法重述》第 60 条就规定：律师必须根据具体情况采取合理措施来保护委托人秘密信息免遭律师的同事未经允许予以使用或披露。[1]而为规范与办案律师同一律师事务所的其他律师与职员的行为，《美国律师协会职业行为示范规则》第 1.9 条 c 项规定：律师如果以前在某事务中代理过某委托人，或者该律师现在或者以前所在的律师事务所曾代理过某委托人，则此后该律师不得：①使用与上述代理有关的信息来损害该前委托人，除非该规则允许或者要求使用与该前委托人有关的信息，或者该信息已经为公众所知；②披露与上述代理有关的信息，除非该规则允许或者要求公开与该前委托人有关的信息。《英格兰及威尔士事务律师行为守则》第 4.01 条同样要求律师及其所在的律师事务所应当对委托人的事务予以保密。

---

〔1〕 北京市律师协会组编：《境外律师行业规范汇编》，中国政法大学出版社 2012 年版，第 277 页。

（三）关于实习律师（被误认为具有律师身份的人员）

对于实习律师是否应当对其在执业中知悉的情况和信息保密，域外国家对此单独作出规定的并不多。《法国律师法》第12—2条的规定比较具有代表性："接受培训的个人对于其在培训及实习期间在职业场所、法院及各种机构所了解的事实及行为均应严守。律师学员进入培训后，即应在培训中心所在地的上诉法院宣誓，誓词如下：'本人宣誓在此后的培训及实习期间，严守所获悉的一切事实及行为的秘密。'"[1]此外，《英格兰及威尔士大律师行为守则》第801条第（c）款对大律师实习阶段的保密义务作出规定：作为学徒的大律师，应当对学徒期间看到的任何法律文件以及获悉的委托人的信息保密。[2]《澳大利亚律师协会示范规则》第106条也对出庭律师实习阶段的保密义务作出规定：出庭律师作为实习律师，承担与接受约束的出庭律师同样的保密职责。[3]

美国成文法虽对此问题未有涉猎，但是其判例法却给出了更为实用的认定规则。美国判例法认为，如果被咨询人本不具有执业律师身份，而委托人基于某种信任认为其是执业律师并与其展开交流，此时双方的关系仍可被认为是委托人与律师之间的关系，被咨询人应当对委托人承担保密义务。此规则不仅可以处理本书所述实习律师为委托人提供法律服务的情况，也可以处理委托人向律师、实习律师之外的人寻求法律服务的情况。当被咨询人不具有律师身份时，如果委托人能够证明其诚

---

〔1〕 施鹏鹏：《法律改革，走向新的程序平衡?》，中国政法大学出版社2013年版，第253页。

〔2〕 北京市律师协会组编：《境外律师行业规范汇编》，中国政法大学出版社2012年版，第148页。

〔3〕 北京市律师协会组编：《境外律师行业规范汇编》，中国政法大学出版社2012年版，第405页。

实且合理地相信被咨询人是律师，[1]并向被咨询人寻求专业法律服务，可以推定被咨询人具有"准律师"（quasi—lawyer）身份，

---

[1]　在美国判例法中，"诚实且合理相信标准"（Honest and reasonable belief test）在认定委托人与律师的关系问题上发挥着重要作用。该标准的核心要素是：如果当事人诚实且合理地相信将获得律师的代理，并为寻求律师的法律建议或法律帮助而与律师展开对话，那么双方便成立律师—委托人关系，律师应当对当事人承担保密义务，当事人有权拒绝披露与律师交流所涉信息。该标准最经典的用法是判断单位员工是否有权拒绝披露其与单位律师交流所涉信息。当单位律师未表明自己身份，未向单位员工提示风险，导致单位员工有合理理由相信该律师会为其代理并与律师进行秘密交流时，法院倾向于认定单位员工与律师形成事实委托关系。在蒙哥马利学院诉科恩案（Montgomery Academy v. Kohn）中，律师科恩（Kohn）在与蒙哥马利学院员工交流时表示其可能会代理该学院，但是该员工认为在学院董事会正式批准前，科恩尚无法成为学院的代理人。随后，该员工与律师科恩讨论了个人事务，向其披露了包括个人投资、保险范围等信息。新泽西州法院认为，由于科恩曾代理该员工处理个人事务，在科恩未表明其作为学校代理人的身份、未提示信息被披露的风险的情况下，该员工有合理理由相信科恩已准备好与其继续形成委托代理关系，并且科恩将保护其利益。该员工在与科恩交流时的表现也证明了其已经将科恩视为代理人，并向科恩寻求法律建议。此时，应当认定科恩与该员工之间存在事实委托关系，辩护律师应当对该员工承担保密义务，该员工有权利拒绝辩护律师对外披露二者交流的内容。在 US 诉美国案（Under Seal v. United States）中，美国联邦第四巡回法院也采用了传统的"诚实且合理相信标准"来判断企业员工与企业法律顾问之间的关系。本案中，联邦第四巡回法院着眼于企业法律顾问在与企业员工交流时的表现，最终否定了企业员工认定与企业法律顾问存在委托关系的合理性。法院认为，考察企业法律顾问的做法，他们在与企业员工交流之前，便表明其代表企业与企业员工展开对话，对话内容受律师—委托人特权保护，但权利人是企业，企业可以放弃特权。此外，企业法律顾问也表示，企业员工随时可以咨询自己的律师。最后，企业法律顾问从未表示要代理某位企业员工，企业员工也从未表示要委托企业法律顾问代理自己。企业法律顾问既表明了自己的身份，也解释了律师—委托人特权保护的范围，此时，企业员工将企业法律顾问认定为自己的代理人并不合理。此案例对于平衡个人利益与单位利益作了很好的示范，即要求律师承担解释义务，向单位员工交代清楚双方的关系以及在什么情况下交流所涉信息会被披露，使单位员工知悉律师仅与单位存在委托关系并且单位员工无权拒绝单位披露双方秘密交流时所涉信息。如果律师没有向单位员工清楚地解释其处境，使单位员工产生的错误认识，那么法院可以采取的公平的做法就是认定单位及单位员工与该律师共同形成委托关系，单位不再单独享有是否披露律师与单位员工间秘密交流所涉信息的决定权。

认定委托人与被咨询人之间的交流同样受律师—委托人特权保护，被咨询人也应当如律师一般对委托人承担保密义务。《美国法律协会律师法重述》第 72 条即采纳了上述立场，认为律师—委托人特权中的"律师"应当是"律师或者委托人或者潜在委托人合理地认为是律师的人"，并且"委托人或潜在委托人与此人沟通是为了寻求专业法律服务"。

这种推定应当符合两个条件：一是委托人有寻求专业法律服务的目的；二是委托人诚实且合理地认为被咨询人具有律师身份。关于此问题，美国诉博法案（United States v. Boffa）便是经典例证。[1]在该案中，委托人声称他们已经与一名他们确信是律师的人交流过，并主张律师—委托人特权以保护交流中所涉信息免于披露。法院准许了委托人的申请，并指出：当委托人诚实且合理地相信对方是一名律师，并以寻求专业法律服务为目的与对方进行秘密交流时，双方交流的信息就应当受到律师—委托人特权的保护。这是由律师—委托人特权的理论基础决定的，即通过确保律师与委托人间交流的信息不被强制披露以促进双方信赖关系的形成，进而鼓励委托人与律师进行坦诚而充分的沟通。但谨慎起见，委托人的这种确信必须是合理的，并且在接受所谓"律师"的服务时必须表现出"可期待的谨慎"（respectable degree of precaution）。如果所谓"律师"的欺骗手段非常拙劣，正常人稍加注意便可发现问题，那么此时法院就不能认定委托人的确信是合理的。但是，只要证明了确信的合理性，并且委托人是真诚地向对方提供信息以寻求法律建议，那么委托人便可不再承担信息被披露的风险，其与所谓"律师"间的交流就应当受到律师—委托人特权的保护。

---

[1] See United States v. Boffa, 513 F. Supp. 517（D. Del. 1981）.

美国诉泰勒案（United States v. Tyler）更是为如何运用"诚实且合理相信标准"提供了鲜活素材。[1]在该案中，委托人因确信其监狱室友是律师，便向其室友咨询了关于本案的法律问题。此后，虽被告知其室友并不具有律师身份，但是委托人仍主张其与该室友为寻求法律建议所为之交流应当受到律师—委托人特权的保护，该室友应当对委托人承担保密义务，对在此前交流中获悉的委托人情况和信息予以保密。为证明自己是诚实且合理地相信该室友是律师，委托人提出三点证据以支持其主张：其一，该室友将法学院毕业文凭挂在了监狱的墙上；其二，监狱里的其他囚犯均称呼该室友为律师，并且该室友也协助其他囚犯处理各类法律事务；其三，也是最重要的一点，委托人在监狱管理人员的协助下向该室友支付了法律服务费用。基于以上事实，法院认可了委托人确信该室友为律师的合理性，认为如果客观环境引导委托人产生被咨询人具有律师身份的认知，并且委托人也为其寻求专业法律服务的行为支付了相应费用，应当推定该被咨询人具有律师身份，要求该被咨询人对委托人承担保密义务，允许委托人拒绝披露二者交流的信息。

三、明晰保密义务主体的路径与可行性

"当事人向律师敞开的是心灵的深处，阐述的是自己的无辜，自己的堕落、不愿为他人所知的耻辱，连同私生活和家庭日常生活的所有细节也都向他倾诉。对此，司法女神不仅被蒙上了双眼，还应该耳朵发聋。"[2]律师保守委托人秘密是职业特

---

[1] See United States v. Tyler, 745 F. Supp. at 423（W. D. Mich. 1990）.

[2] ［俄］尤·彼·加尔马耶夫：《俄罗斯刑事诉讼律师违法活动面面观》，刘鹏、从凤玲译，中国政法大学出版社 2013 年版，第 294 页。

性使然，也是司法正义的内在要求。律师所在律师事务所的其他律师与职员、律师聘请的辅助人员以及实习律师因为委托人对律师职业的信任而享有获取信息的便利，当然应当承担相应的义务。

（一）明确辩护律师聘请的辅助人员的保密义务

首先，应明确辩护律师聘请的辅助人员与辩护律师同属对委托人承担保密义务的主体。之所以如此建议，主要原因如前文所述，辩护律师不可能一个人独揽所有辩护事务，团队合作与分工在辩护律师办理案件中不可避免。辩护律师欲得到辅助人员之帮助，当然不能避讳辅助人员获悉委托人之情况与信息。辩护律师为办理案件而聘请的辅助人员实际上与辩护律师应属一体，委托人向辩护律师寻求专业法律服务也难以避免与上述辅助人员产生交流。"基本上，将律师之缄默权或缄默义务扩及对于其合伙人、受雇人等主体，应属合理，否则律师与当事人间之信赖关系亦无从建立，而缄默权利之规范目的亦无从贯彻及达成。"[1]如果不能避免辩护律师聘请的辅助人员主动或被动披露其在工作中知悉的委托人情况和信息，那么委托人寻求专业法律服务的难度将会增加，委托人也可能基于对"家贼难防"的担心而惧于向辩护律师袒露实情，这有违立法设置辩护律师保密制度的初衷。事实上，早在2004年，中华全国律师协会颁布的《律师执业行为规范（试行）》第56条就规定了律师辅助人员的保密义务："律师事务所、律师及其辅助人员不得泄露委托人的商业秘密、隐私，以及通过办理委托人的法律事务所了解的委托人的其他信息。但是律师认为保密可能会导致无法及时阻止发生人身伤亡等严重犯罪及可能导致国家利益受到严重损

---

〔1〕 姜世明：《律师伦理法》，新学林出版股份有限公司2008年版，第177页。

害的除外。"但是 2009 年修订《律师执业行为规范》时却将此规定删除。未来立法或者职业规范的制定中，可以参考上述规定。当然，如果辅助人员并非在工作中获悉委托人的情况和信息，那么其便无需承担保密义务。如有学者所言："但若该等共事者基于其他渠道获知委托人之秘密资讯，而与其执行职务无关者，亦非利用其职务空间或资源所取得者，则是否仍有拒绝作证之权利，则恐属未必。"[1]

此外，为支持建议的合理性，笔者在对律师群体发放的网络问卷中设置问题如下："《律师法》第 38 条规定了律师保守委托人秘密的义务。您认为辩护律师聘请的辅助人员，包括辩护律师聘请的助理、秘书、接待人员、医生、会计师、翻译人员等，是否应当与辩护律师一样，对委托人承担保密义务?"问卷结果显示，有 92.04% 的被调查者认为辩护律师聘请的辅助人员应当如辩护律师一般承担保密义务（如表 1）。如此高的支持率也在一定程度上表明笔者如此建议符合我国司法实践。

表 1

A. 应当承担	208 人	92.04%
B. 无需承担（保密只是律师的义务）	18 人	7.96%
本题有效填写人次	226 人	

（二）确立辩护律师的监督职责

在明确辩护律师聘请的辅助人员应当如辩护律师一般对委托人承担保密义务之后，应要求辩护律师承担提示与监督责任：一是提示，以口头形式或者在签订聘用合同时即在合同中明确，

[1]　姜世明：《律师伦理法》，新学林出版股份有限公司 2008 年版，第 177 页。

被聘用人应当与承办案件的辩护律师一样承担保密义务，不得泄露在工作中知悉的委托人的情况和信息；二是监督，如果此类辅助人员在工作中知悉了委托人的情况和信息，辩护律师应当提醒并监督此类辅助人员履行保密义务。必要时可借鉴德国经验，辩护律师可以选择以书面形式履行监督职责，并要求被监督人签字留证。

其中，对于聘请的医生、翻译人员、会计师等具有专门知识的人，辩护律师尤其应当履行监督职责，可在聘请之初就表明将监督其对在工作中知悉的委托人情况和信息履行保密义务。我们知道，像医生、翻译人员、会计师、鉴定人员等具有专门知识的人，因其职业的特殊性本就会承担保密义务。比如，会计师的保密义务：2009年出台的《中国注册会计师职业道德守则第1号——职业道德基本原则》第5条规定，"注册会计师应当履行保密义务，对职业活动中获知的涉密信息保密"。再比如，鉴定人的保密义务：最高人民法院印发的《关于人民法院司法鉴定工作暂行规定》第8条将保守案件秘密明确作为鉴定人的义务。《司法鉴定人管理办法》（已失效）第29条也规定司法鉴定人执业应保守在执业活动中知悉的国家秘密、商业秘密和个人隐私。此外，《译员职业道德准则与行为规范》第4.5条亦规定了翻译人员的保密义务：无论是否与翻译活动各参与方签订保密协议，译员都应严格遵守保密原则。未经许可，不应披露因翻译工作所接触到的相关信息或资料。[1]这类辅助人员

---

〔1〕 翻译人员不履行保密义务有可能获刑。《刑法》第308条之一规定："司法工作人员、辩护人、诉讼代理人或者其他诉讼参与人，泄露依法不公开审理的案件中不应当公开的信息，造成信息公开传播或者其他严重后果的，处三年以下有期徒刑、拘役或者管制，并处或者单处罚金。有前款行为，泄漏国家秘密的，依照本法第三百九十八条的规定定罪处罚。公开披露、报道第一款规定的案件信息，情节严重的，依照第一款的规定处罚……"

本就应当对其在执业中知悉的信息予以保密，因此即使不要求其如辩护律师一般对委托人承担保密义务，其言行也应受到自身职业义务的约束。但是此类辅助人员因自身职业的特殊性所承担的保密义务在保密范围上却非常有限，比如《司法鉴定人管理办法》仅要求司法鉴定人员对在执业活动中知悉的国家秘密、商业秘密和个人隐私保密，相较于《律师法》要求律师应当将"委托人和其他人不愿泄露的有关情况和信息"保密的规定，在保密对象范围的设置上远远不足。此时，贸然要求此类辅助人员履行保密义务容易造成对保密对象认识上的混淆，此类辅助人员可能基于对自身职业义务的认知而忽视对部分委托人情况和信息的保密。因此，有必要强调辩护律师的监督职责，要求辩护律师提示此类辅助人员应当保密的内容，着重监督此类辅助人员与辩护律师一样履行保密义务。

（三）明确与辩护律师同一律师事务所的其他律师与职员的保密义务

同一律师事务所的其他律师与职员应当与承办案件的辩护律师一样，对委托人承担保密义务，保守承办案件律师在执业中知悉的委托人的情况和信息。如有学者所言：同一事务所人员有机会接触其他办案人员所接触之秘密，例如相互切磋讨论案情、为办案参考而借阅卷宗、在案情资料及相关文件传送过程中被非承办人员接触到资讯等，因而保密义务不仅约束承办案件之律师，也约束同一事务所之其他律师。[1]"如果事务所中的其他律师负有相同的保密义务，则对于承办案件的卷宗资料或者秘密一定会比较慎重，如果没有相同义务的约束，就比较

---

〔1〕参见王惠光：《法律伦理学讲义》（第2版），元照出版有限公司2012年版，第124页。

容易轻忽。"[1]为避免同一律师事务所的其他律师与职员成为泄露委托人情况和信息的源头、防止同一律师事务所的其他律师与职员为辩护律师履行保密义务"拖后腿"，有必要约束与辩护律师同一律师事务所的其他律师与职员的言行。并且，对保密主体的明确规定也可以避免认知上的混淆，切实减少承办案件的律师对委托人履行保密义务的障碍。因此，有必要明确：与辩护律师同一律师事务所的其他律师与职员，对于辩护律师在执业中知悉的委托人的情况和信息，应当予以保密。

为论证此建议的合理性，笔者同样对律师群体进行了网上问卷调查。在涉及"您认为与辩护律师同一律师事务所的其他律师和职员是否应当与辩护律师一样，对辩护律师之委托人承担保密义务？"问题的问卷调查中，调查结果显示，有90.7%的被调查者认为与辩护律师同一律师事务所的其他律师和职员应当如辩护律师一般承担保密义务（如表2）。这也在一定程度上说明，要求与辩护律师同一律师事务所的其他律师和职员与辩护律师一样承担保密义务确有必要。

表 2

A. 应当承担	205 人		90.7%
B. 无需承担	21 人		9.3%
本题有效填写人次	226 人		

（四）明确实习律师的保密义务

实习律师应当对实习期间在工作中知悉的相关情况和信息

---

〔1〕 参见王惠光：《法律伦理学讲义》（第2版），元照出版有限公司2012年版，第125页。

保密。实践中，实习律师既可能作为团队成员辅助办案律师处理案件，也可能独立对外提供法律服务。对此应明确实习律师应当对实习期间在工作中知悉的相关情况和信息保密，确保委托人不会因为实习律师不当泄露相关情况和信息而利益受损，尽可能排除因实习律师泄密而损害律师队伍可信度的风险。美国判例法确立的判断律师身份的"诚实且合理相信标准"虽然可以为委托人提供更为全面的保护，确保委托人基于信赖利益而向被咨询人披露的情况和信息免遭泄露风险，[1]但是此标准以委托人"诚实且合理地相信对方是具有相应执业资格的律师"为前提，并不能解决实习律师明示其实习律师身份后而获取的委托人的情况和信息的保密问题。在实习律师单独为委托人提供法律服务的情况下，如此建议也为委托人要求实习律师履行保密义务提供了正当性基础。如前文所言，在认罪认罚从宽制度改革的推进中，有相当一部分值班律师是尚未获得执业律师资格的实习律师。从犯罪嫌疑人、被告人的角度出发，当其需要获得法律帮助并向值班律师求助时，其没有理由怀疑值班律师的律师身份。但是如果我们严格地对《律师法》第 38 条中的"律师"进行解释，实习律师又因为尚未获得执业律师资格而不必成为应当承担保密义务的主体。这种情况下，如果实习律师不对犯罪嫌疑人、被告人承担保密义务，法律咨询将失去信任基础，进而愈发形式化。面对这种情况，以立法形式明确规定实习律师的保密义务应是最为周全的应对措施。

---

〔1〕　如果承认此类被咨询人可以自由披露在交流中获悉的委托人情况和信息，那么办案机关完全可以办理案件为由，伪装成向委托人提供法律服务的律师，在获得委托人信任后从委托人处套取其犯罪信息。面对这种侦查手段，委托人处于被动地位，稍不留神便可能自证其罪。而这种境遇将会使委托人对自己的律师更加警惕，难以与律师展开坦诚且充分的交流。

第二节　单位犯罪中"委托人"的认定

笔者所述"委托人"指向较为简单，即刑事诉讼中的犯罪嫌疑人、被告人及其代理人。但是刑事诉讼中的犯罪嫌疑人、被告人可以是自然人，也可以是法人或其他组织，包括单位、企业、事业单位、机关、团体（以下统称为"单位"）。单位犯罪中，单位与个人都有向辩护律师披露信息的可能和需要，但是辩护律师是否对单位和个人均承担保密义务却有待考察。

一、单位犯罪中认定委托人的实践

在互不干涉的自然人犯罪和单位犯罪中，自然人和作为拟制的"人"的单位在要求辩护律师履行保密义务时不存在逻辑或制度上的障碍。但是，在单位犯罪中，单位委托的辩护律师为办理案件而向单位员工收集信息时，单位员工能否要求辩护律师承担保密义务？如果不能，那么单位可以允许律师对外披露从单位员工处获取的信息。但如果被披露的信息对单位员工不利，既对单位员工不公平，又容易产生刻板效应，使单位员工不再信任单位委托的律师，不再予以配合。如果单位员工能够要求辩护律师履行保密义务，那么其就可以拒绝律师对外披露其向律师提供的信息，由此辩护律师无法自主运用与单位员工交流所获信息准备服务方案，当然可能不利于单位利益的维护。尤其在刑事合规机制探索中，律师的参与是企业合规顺利进行的重要影响因素。如果不能较为妥善地解决上述问题，则不利于律师作用的发挥。因此，如何认定单位犯罪中的"委托人"，应当得到明确。

笔者在对 S 省 15 位资深刑事律师进行的深度访谈中也提及此问题，受访律师表示，虽然在实践中并未出现单位员工要求单位聘请的辩护律师履行保密义务的情况，但是这种问题是实际存在的，不排除将来单位员工主张保密的情况。一方面，单位聘请的辩护律师的确存在获取信息的强烈需求，往往不会提示单位员工避免"祸从口出"。单位聘请的辩护律师一般不会向单位员工调查情况，一旦调查，往往已经准备好相关问题，带有明确的目的性，希望尽可能多地从单位员工处获取有利于单位的信息，以期实现单位无罪、罪轻或者无需承担刑事责任的辩护目的。另一方面，大部分接受单位聘请的辩护律师调查的单位员工配合度较高，认为辩护律师是"自己人"。这主要有两点原因，一是单位员工往往是在单位领导的安排下接受辩护律师的调查，配合辩护律师的调查一定程度上成为单位员工的工作需求，单位员工披露信息的自主性受到影响。二是辩护律师在介绍情况时往往使用"我们受你单位委托处理某某事项，现有几个问题，请你配合"这种表述，也容易误导单位员工，使其认为其与辩护律师处于"同一战线"。接受访谈的成律师表示："如果调查对象是单位员工，所谓的'辩护律师调查取证难'并不存在，被调查者一般会认为我们是'自己人'。"一定程度上讲，单位员工在这种情况下存在被误导的嫌疑。当涉及不利于己的信息被披露时，权益有被保护的需求。

二、单位犯罪中认定委托人的域外实践

在美国司法实践中，当单位委托的律师（以下简称"单位律师"）为单位事务与单位员工展开交流时，单位员工对于其与律师的对话是否可以主张律师—委托人特权存在争议。在1981年约翰诉美国案（Upjohn v. United States，以下简称"Upjohn案"）之前，[1]

---

〔1〕　See Upjohn v. United States , 449 U. S. 383（1981）.

美国面对此类案件一般使用"管理层标准"（Control Group Test），即单位与单位管理层可以作为律师—委托人特权的主体。Upjohn案则否认了"管理层标准"，首次承认单位与单位各级员工均可作为律师—委托人特权的主体。本案中，美国联邦最高法院要解决的问题是，根据联邦证据规则，美国国家税务局是否可以要求开示单位法律顾问向各中层经理人发放的书面调查问卷。上诉法院认为，律师—委托人特权仅适用于单位与单位的管理层，单位其他员工并不享有此权利。对于上述调查问卷，法律保护单位拒绝披露的权利，但是如果单位不主张律师—委托人特权，那么就应当予以开示。然而，美国联邦最高法院并不认同上诉法院的意见，认为上诉法院忽略了一个重要事实，即律师—委托人特权不仅保护委托人向律师寻求专业建议的能力，也保护律师通过充分获取信息以提供明智、成熟的法律建议的能力。律师在为单位提供法律服务的过程中可能需要与单位管理层交流，也可能需要与单位普通工作人员交流，但这些最终都将服务于律师为单位提供更好的法律服务。所以，美国联邦最高法院最终裁定，律师—委托人特权可以适用于单位以及单位各级员工与律师的交流。Upjohn案为单位员工与单位法律顾问之间的交流提供了有效保护，但该案并没有得到广泛的关注，部分美国法院仍坚持"管理层标准"。但是也有一部分美国法院在Upjohn案之后，逐渐发展出"主题标准"（Subject matter Test）。后来主流的裁判标准是"诚实且合理相信标准"（Honest-and-reasonable-belief Test），并一直沿用至今。但是近些年美国判例法对诚实且合理相信标准的使用减少，转而采用新的裁判标准——"贝维尔方法"（Bevill approach）。"诚实且合理相信标准"与"贝维尔方法"在解决单位员工是否可以就其与单位律师之交流主张律师—委托人特权问题上均形成了较为成熟的裁判思路。

（一）诚实且合理相信标准

在判断单位员工是否能够就其向单位律师披露的信息与单位一样享有律师—委托人特权问题上，诚实且合理相信标准（Honest-and-reasonable-belief Test）是美国判例法中传统的裁判标准，但近些年较少被采用。美国判例法显示，法院可能以诚实且合理相信标准来判断当事人与律师是否成立委托关系，并在此基础上判断当事人与律师所为之交流可否受律师—委托人特权的保护。该标准的核心是：当事人诚实且合理地相信将获得律师的代理，并为寻求律师的法律建议或法律帮助而与律师展开对话。

1. 单位律师未表明身份导致的信赖利益

当单位律师未表明自己身份，未向单位员工提示风险，导致单位员工有合理理由相信该律师会为其代理并与律师进行秘密交流时，法院倾向于认定单位员工与律师形成事实委托关系。[1] 在蒙哥马利学院诉科恩案（Montgomery Academy v. Kohn）中，[2]

---

〔1〕《美国律师协会职业行为示范规则》第1.13条 f 项"在与企业的董事，管理人员、雇员、成员，股东或其他合作人员打交道时，当律师知道或理应知道企业的利益不利于与之打交道的对象的利益时，律师应当提示风险。"

〔2〕 See Montgomery Academy v. Kohn, 82 F. Supp. 2d 312 (D. N. J. 1999). 美国诉鲁尔案（United States v. Ruehle）也是很好的例证。本案中，律师表示已经告诉鲁尔（Ruehle），在场的律师将代表博通（Broadcom）公司与其就博通公司股票期权授予程序展开交流。但是，律师并没有明示在场的律师不是鲁尔的代理人，没有提醒鲁尔去咨询另一位律师，也没有告诉鲁尔他当日向在场的律师陈述的内容可能会被透露给第三方，并可能在刑事诉讼中作为对鲁尔不利的证据使用。地区法院保护鲁尔的信赖利益，认为即使律师口头告知鲁尔其代表博通公司与鲁尔展开交流，也无法排除鲁尔对于其与该律师之间代理关系的合理期待，因为该律师所在事务所的律师曾在多起案件中担任鲁尔的代理律师。所以，地区法院认定律师与鲁尔交流的内容是委托人向律师寻求法律帮助时所述内容，应当受到律师—委托人特权的保护。但是美国联邦第九巡回法院不同意地区法院的结论，因为其采用贝维如方法来判断是否应当认定鲁尔与该律师成立代理关系。因为鲁尔不能证明其与律师交流的保密性，所以鲁尔不能就其与该律师之交流主张律师—委托人特权。参见 United States v. Ruehle, 583 F. 3d 600, 602 (9th Cir. 2009).

律师科恩在与蒙哥马利学院员工交流时表示其可能会代理该学院，但是该员工认为在学院董事会正式批准前，科恩尚无法成为学院的代理人。随后，该员工与律师科恩讨论了个人事务，向其披露了包括个人投资、保险范围等信息。新泽西州法院认为，由于科恩曾代理该员工处理个人事务，在科恩未表明其作为学校代理人的身份、未提示信息被披露的风险的情况下，该员工有合理理由相信科恩已准备好与其继续形成委托代理关系，并且科恩将保护其利益。该员工在与科恩交流时的表现也证明了其已经将科恩视为代理人，并向科恩寻求了法律建议。对此，应当认定科恩与该员工之间存在事实委托关系，二者交流的内容应受到律师—委托人特权的保护。

在 US 诉美国案（Under Seal v. United States）中，[1]美国联邦第四巡回法院也采用了传统的"诚实且合理相信标准"来判断企业员工是否可以就其与企业法律顾问的对话主张律师—委托人特权。本案中，美国联邦第四巡回法院着眼于企业法律顾问在与企业员工交流时的表现，最终否定了企业员工认定与企业法律顾问存在委托关系的合理性。法院认为，考察企业法律顾问的做法，他们在与企业员工交流之前，便表明其代表企业与企业员工展开对话，对话内容受律师—委托人特权保护，但权利人是企业，企业可以放弃特权。此外，企业法律顾问也表示，企业员工随时可以咨询自己的律师。最后，企业法律顾问从未表示要代理某位企业员工，企业员工也从未表示要委托企业法律顾问代理自己。企业法律顾问既表明了自己的身份，也解释了律师—委托人特权保护的范围，此时，企业员工将企业法律顾问认定为自己的代理人并不合理。此案例对平衡个人利

---

〔1〕 See Under Seal v. United States, 415 F. 3d 333 (4th Cir. 2005).

益与单位利益作了很好的示范，即要求律师承担释明义务，向单位员工交代清楚双方的关系以及在什么情况下交流所涉信息会被披露，使单位员工知悉律师仅与单位存在委托关系并且单位员工无权拒绝单位披露双方秘密交流时所涉信息。如果律师没有向单位员工清楚地解释其处境，使单位员工产生的错误认识，那么法院可以采取的公平的做法就是认定单位及单位员工与该律师共同形成委托关系，单位不再单独享有是否披露律师与单位员工秘密交流所涉信息的决定权。

2. 单位的行为导致的信赖利益

如果单位的行为让单位员工有合理理由相信其与单位律师已经形成委托关系，那么单位员工便可针对其与单位律师之秘密交流主张律师—委托人特权，拒绝披露交流所涉信息。主要有两种情况：一是单位以下达工作要求的方式要求单位员工接受单位律师的询问（即上文提到的"主题标准"）。如果单位的员工是在上级的指示下与单位律师展开秘密交流，并且单位安排此次交流的目的也是寻求单位律师提供的法律服务，该单位员工与律师交流就可以被理解为单位员工正常履行职责的行为，其对单位律师产生信赖是基于单位的安排，此时应当保护该单位员工对单位律师产生的信赖利益，认定该单位员工也可以针对其与律师的交流主张律师—委托人特权。[1]二是单位以明示或者暗示的方式表明单位律师与单位员工存在委托关系。例如，在曼苏尔诉PO案（Mansur v. Podhurst Orseck, P. A）中，[2]佛罗里达州上诉法院依据曼苏尔家族企业之行为判定该家族企业所聘请的律师同时代理鲁本·曼苏尔（Ruben Mansur）和他

〔1〕 See Falk, Jack A. Jr, "Fiduciary's Lawyer-Client Privilege – Does It Protect Communications from Discovery by a Beneficiary", *Florida Bar Journal*, 2003（3）, pp. 18~27.

〔2〕 See Mansur v. PODHURST ORSECK, PA , 994 So. 2d 435（2008）.

的三位兄弟。因为有证据表明，该家族企业曾以鲁本·曼苏尔及其三位兄弟的名义向第三方写信，要求第三方作出回复。此外，该家族企业也曾在书信中作出"我们代表四个曼苏尔兄弟"这样的表述，这些足以使鲁本·曼苏尔和他的三位兄弟相信该家族企业的代理律师也是他们的代理律师。所以，佛罗里达州上诉法院判定鲁本·曼苏尔和他的三位兄弟与该家族企业的代理律师存在委托关系，他们四人可以针对自己与律师交流的内容主张律师—委托人特权。

但是，当本可以认定单位与单位员工作为共同委托人（joint-client）享有律师—委托人特权时，如果单位员工主张特权会对单位明显不利，那么法院将不再支持单位员工的主张。在 SVLP 诉 ATX 案（Sky Valley Limited Partnership v. ATX Sky Valley, Ltd.）中，不同于以往单位主张放弃律师—委托人特权、同意披露相关信息而单位员工却主张特权来阻止相关信息披露的情况，本案中单位员工在单位不愿披露相关信息的情况下，试图通过主张律师—委托人特权来要求律师披露其与律师秘密交流的信息。如果法官认定单位员工享有律师—委托人特权并批准其披露信息的申请，那么单位的合法权益将受到损害。法院基于此发展出了"共同委托人例外"标准，即当共享律师—委托人特权会对其中一方委托人不利时，那么会对另一方造成不利的委托人便不可主张律师—委托人特权。法院认为，不管适用于共同委托人还是单个委托人，律师—委托人特权的基本原理一致，即鼓励委托人与律师充分沟通，以便委托人获得更好的法律帮助。如果特权的行使会对委托人不利，那就不如没有特权。

（二）贝维尔方法

近年来，单位员工就其向单位律师披露的信息主张律师—

委托人特权的情况并不经常发生，但是如果发生即基本存在同一背景：面对外部信息披露的要求，单位往往放弃律师—委托人特权，同意向第三方披露单位员工与律师交流的内容。但是单位员工却以披露其与单位律师交流的内容可能对其不利为由而拒绝披露。对于单位员工主张律师—委托人特权以拒绝单位向第三方披露其与单位律师交流的内容的情况，近年来越来越多的法院不再使用诚实且合理相信标准进行裁判。正如 2006 年美国诉斯坦因案（United States v. Stein）中法官所言：对于如何认定单位、单位员工与单位律师之间的关系，法院已经在这个问题上讨论了相当长的时间。[1]面对这种情况，许多法院采取了严格的态度。相较于普通个人主张律师—委托人特权的认定，法院对单位员工就其向单位律师披露的信息主张律师—委托人特权的认定要求更高，并且往往倾向于拒绝承认单位员工与单位律师之间的交流受律师—委托人特权保护。

相较于"诚实且合理相信标准"，"贝维尔方法"以其逻辑上层层递进的五步判断法著称：[2]①单位员工与单位律师交流的目的是寻求法律帮助；②单位员工与单位律师都清楚地知道单位员工以个人身份寻求法律帮助；③即使有可能出现利益冲突，单位律师也以个人身份与单位员工展开交流；④交流具有

---

〔1〕　See United States v. Moscony, 927 F. 2d 742, 752（3d Cir. 1991）；United States v. Bay State Ambulance & Hosp. Rental Serv. , Inc. , 874 F. 2d 20, 29（1st Cir. 1989）（法院认为单位员工的合理相信是关键问题）.

〔2〕　See Bevill, Bresler & Schulman Asset Management Corporation, a New Jersey Corporation, Debtor-In-Possession v. City of Allentown, 805 F. 2d 120（3d Cir. 1986）. 本案中，州最高法院给出了判断个人是否享有律师—委托人特权的五步判断法：①个人与律师交流的目的是寻求法律意见；②个人与律师清楚地知道他或她以个人身份寻求法律咨询；③即使有可能出现利益冲突，律师也以个人身份与个人进行了沟通；④交流具有秘密性；⑤交流内容与公司内部事务或公司日常事务无关。

秘密性；⑤交流内容与单位内部事务或单位日常事务无关。在此证明要求下，只要单位员工与单位律师交流的内容"与单位或单位的日常事务有关"，即使该交流涉及单位员工的个人事项和个人责任，也不能认定单位员工与单位律师存在委托关系，单位员工便无法就其与单位律师的交流主张律师—委托人特权。并且，单位员工承担主张律师—委托人特权的证明责任：如果单位员工不能证明其与单位律师交流的目的是寻求法律帮助，或者不能证明其与单位律师都是以个人身份进行交流，抑或不能证明交流是秘密进行的，法院也不会承认单位员工与单位律师存在委托关系，单位员工同样无法就其与单位律师的交流主张律师—委托人特权。相较于"诚实且合理相信标准"，"贝维尔方法"更为严苛，单位员工很难证明其与律师存在委托关系，关于律师—委托人特权的主张往往被驳回。但是，实际上单位律师又经常既代理单位，也为单位的管理人员或者普通员工提供代理。"贝维尔方法"如此严苛，基本上否认了单位律师代理单位员工的可能性，这是不符合常理的。但是这也反映了绝大多数法院的立场：承认单位员工享有律师—委托人特权将使部分信息无法被披露，这不利于法院探究事实真相职能的发挥。所以，在这种情况下，法院倾向于否定单位员工就其与单位律师之交流主张律师—委托人特权的行为，鼓励信息披露。

应当明确的是，不管用什么方法，对于政府职员与政府聘请的律师之间有关涉嫌违法犯罪等不当行为的通信是否受律师—委托人特权的保护，否定意见都占多数。一些法院认为，政府职员与政府律师就政府或其自身不法行为进行的交流不受律师—委托人特权保护。"允许联邦政府使用政府律师作为屏蔽，以阻止联邦当局对政府不法行为的调查严重损害公共资源。"〔1〕"担心自己可能违反刑法并希望与律师进行秘密交流的政府官员应与私人律师而非政府律师展开对话。"〔2〕当然，也有法院持相反意见，认为虽然政府官员被社会寄予守法的期待，但是当其面临刑事追诉时，其作为一名普通公民应当享有的获得律师帮助的权利应得到保障。如果政府官员就其不法行为与政府律师展开秘密交流，并意图获得专业法律帮助，那么二者交流的内容应当受到律师—委托人特权的保护。

三、认定单位犯罪中委托人范围的路径与可行性

在单位犯罪中，判断单位员工是否有权主张其与单位委托的辩护律师之交流应予保密问题时，可以将以下两点作为参考标准：

（一）保护单位员工的信赖利益

在符合一定条件的情况下，单位员工可以就其向单位委托的辩护律师披露的信息主张律师履行保密义务。其中，单位员工既包括单位管理层，也包括普通员工。单位律师在为单位委托事项准备服务方案时可能存在与单位普通员工交流的需求，并且实践中很多问题可能只有作为一线执行者的单位普通员工提供的信息才能为单位律师提供智力支持。在单位犯罪中，辩护律师接受委托后就要着手准备辩护方案、出具辩护意见。针对具体问题，辩护律师极有可能需要与单位员工核实，这其中既有可能是单位管理层人员，也有可能是负责执行管理层决策的一线普通员工。如果单位普通员工基于某种信任向辩护律师

〔1〕　In re Grand Jury Subpoena Duces Tecum（8th Cir. 1997）112 F3d 910, 921.

〔2〕　In re Witness Before Special Grand Jury 2000-2（7th Cir. 2002）288 F3d 289, 293.

披露其不愿被第三人获悉的信息，以助益辩护律师更好地为单位犯罪辩护，法律应当保护这种信赖利益。一律否定单位普通员工作为保密权主体的资格并不符合司法实践，也无益于律师辩护职能的发挥。

如果客观情况导致单位员工诚实且合理地相信单位委托的辩护律师也会代表自己的利益，认为其与辩护律师交流的内容不会被披露，那么法院应当保护单位员工的这种信赖利益，承认单位员工与单位一样，可以就其与辩护律师之交流主张保密权。而至于如何判断单位员工是"诚实且合理相信"，除了考察单位员工与辩护律师交流的客观环境，最重要的是看辩护律师是否尽到释明义务。首先，辩护律师因为处理单位犯罪事项与单位员工交流时，应当向单位员工表明其身份与目的。即该律师受单位委托，为单位所涉之犯罪进行辩护，并为准备辩护而与单位员工展开交流。其次，辩护律师在为单位利益与单位员工交流时，应当向单位员工表明，二者交流之内容有可能被披露给第三方，单位员工对其与辩护律师之交流不享有保密权。如果辩护律师在为单位利益与单位员工交流时未向单位员工阐明前两项要求，则应保护单位员工之信赖利益，推定单位员工对其与辩护律师之交流的保密性存在合理期待，将单位员工视为保密权之主体。原因很简单，作为单位委托的辩护律师，其身份本就容易使单位员工产生误解，使单位员工认为其也会代表自己的利益、与其交流之内容都会获得保密。如果辩护律师在交流时未释明自己的身份以及单位员工的处境，使单位员工对辩护律师的身份产生错误认知，并在此错误认知的基础上与单位律师坦诚相待，那么法律应当保护这种信赖利益，不能允许单位员工基于这种信赖利益而披露的信息给单位员工带来不利。

此外，如果单位员工接受上级领导指派与辩护律师交流，应当直接认定单位员工与单位在保密问题上享有同等权利，可以拒绝单位委托的辩护律师对外披露其提供的信息。如此安排的原因是，当与辩护律师交流是单位员工的工作任务时，配合辩护律师就成了单位员工应尽的职责。并且因为是上级的安排，单位员工对辩护律师的信任要多于怀疑。此时，法律应当保护单位员工的信赖利益，确保其不因与辩护律师交流而处于不利境地。

(二) 法院应当持开放态度

法院应当持开放态度，不得为鼓励信息披露而对单位员工形成偏见。虽然如今在美国，只有少数法院采取传统的"诚实且合理相信标准"，并且法院也倾向于认定单位员工不得就其与单位律师的交流主张律师—委托人特权，但是我们应当认识到，即使有碍于法院发现真实（Truth-finding），律师—委托人特权在过去的几个世纪里一直被接受，"这种接受表明人们认为保密制度的好处最终会超过成本"。[1]当然，也正是因为保密制度有碍法院发现真实，法院将对律师—委托人特权的认定"严格限制在与其原则逻辑一致的最窄范围内"。[2]比较而言，首先，"诚实且合理相信标准"的证明难度要远低于"贝维尔方法"。对于"诚实且合理相信标准"，单位员工只需证明其有合理理由相信其与单位同时获得单位律师之代理，并且单位律师承担特殊的释明责任，如果单位律师没有向单位员工阐明其仅代理单

---

〔1〕 See Rhone-Poulenc Rorer Inc. v. Home Indem. Co, 32 F. 3d at 862 (1994).（律师—委托人特权鼓励委托人向律师透露律师提供法律服务所必需的秘密信息。由于这一特权符合正义的利益，因此值得最大程度的法律保护。）

〔2〕 See In re Grand Jury Proceedings (FMC Corp.), 604 F. 2d 798, 802-03 (3d Cir. 1979); U. S. EEOC v. ABM Indus., Inc., 261 F. R. D. 503, 507 (E. D. Cal. 2009).

位以及单位员工无权决定双方交流之内容是否被披露，那么就要推定单位员工已经诚实且合理地相信其与单位律师已经形成委托关系。而"贝维尔方法"则不同，其要求单位员工证明本人寻求法律帮助的目的以及与单位律师交流之内容不涉及单位事务，已经将很大一部分单位员工与单位律师交流的情况排除在外。并且，不同于"诚实且合理相信标准"将释明责任分配给单位律师，"贝维尔方法"将释明责任同时分配给单位律师与单位员工，要求二者在交流时明示均仅代表本人，并且在单位律师未履行释明责任时，并没有要求法院作出有利于单位员工的推定。这无疑增加了单位员工的证明难度，导致只有少量案件可以获得法院的支持。其次，"贝维尔方法"存在着明显的逻辑漏洞：正常情况下，即使律师已经与单位确立了委托代理关系，单位员工仍可以委托该律师代理个人事务。在双方确立委托关系的情况下，即使交流所涉信息与单位事务有关，只要与律师代理事项不冲突，单位员工为寻求法律帮助而与单位律师进行的秘密交流仍应受到律师—委托人特权的保护。但是在"贝维尔方法"下，如果律师已经与单位确立委托代理关系，那么单位员工就不能再向该律师咨询任何与单位有关的问题。即使是咨询如辞职、劳动争议、劳动合同类型的问题，因为话题与单位有关，单位员工与律师之间的交流也不受律师—委托人特权的保护。很明显，这既不符合实际，也不符合逻辑。

如果法院过度倾向于否定单位员工就其向单位委托的辩护律师披露的信息主张保密请求权，那么将会造成两种不利后果：一是不利于单位员工与辩护律师进行坦诚且充分的交流，有碍辩护律师为单位提供优质法律服务。上文已述，辩护律师在为单位提供法律服务时难免会与单位员工展开交流，并且出于为单位提供更好法律服务的目的，辩护律师在与单位员工交流时也存在着希望单位员工知无不言的需求。如果单位员工能够确定其对与辩护律师交流的内容无权处置，那么为避免不利于自身利益的情况发生，单位员工面对辩护律师时可能就不会那么配合与坦诚。二是容易造成辩护律师不专业的局面。为了获取更多的信息，辩护律师可能会试图营造一个单位员工可以就其向辩护律师披露的信息行使保密请求权（辩护律师将对其承担保密义务）的假象，使单位员工基于这种错误认知对其坦诚相待。这虽然有助于律师辩护职能的发挥，却将单位员工的利益置于不确定状态中，显然有失公平。

第三章
保密对象

　　在解决了谁应当保守"委托人秘密"之后，我们应当明确什么是辩护律师应当保守的"委托人秘密"。单纯凭借我国立法给出的"委托人不愿泄露"标准并不能科学地判断"委托人秘密"的范围。并且不仅仅是我国，包括德国、日本等在内的大陆法系国家也没有判断何为"委托人秘密"的良策。比如，《德国联邦律师条例》第 43a 条认为律师的保密义务涉及律师在执业中知悉的一切事务，"但已经公开的事实或按其意义不再需要保密的事实，不在此限"。何谓"按其意义不再需要保密的事实"，德国主流的观点是"真正需要被慎重处理的信息"，[1] 而何谓"真正需要被慎重处理的信息"，至今没有定论。所以，我们有必要探索一套适当的、具有可操作性的规则来判断什么是"委托人秘密"，意即什么样的委托人的情况和信息应当被保密。

第一节　"委托人不愿泄露的情况和信息"的认定

　　凭借"委托人不愿泄露的情况和信息"认定辩护律师应当

---

　　〔1〕　See Susanne Offermann—BURCKART, Rechtsanwaltin: "Die anwaltliche schweigepflicht: Die neue Regelung des Art. 2 der Berufsordnung des RA"，载《比较法杂志》2016 年第 49 卷第 4 号，第 102 页。

· 086 ·

保密的"委托人秘密"看似充分，实则勉强。勉强之处在于，委托人不愿泄露的情况和信息当然是委托人的秘密，但委托人的"愿"与"不愿"又带有强烈的主观色彩，除非委托人以明确方式提出，否则难以判断。

一、"委托人不愿泄露标准"的理解与适用

"委托人不愿泄露"是一个主观标准，辩护律师应当予以保密的"委托人秘密"容易被任意解读。根据我国《律师法》的规定，辩护律师应当予以保密的，是委托人准备或者正在实施的危害国家安全、公共安全以及严重危害他人人身安全的犯罪事实和信息之外的，"律师在执业活动中知悉的委托人不愿泄露的有关情况和信息"。在保密对象的范围上，《刑事诉讼法》虽然用了"辩护律师在执业活动中知悉的委托人的有关情况和信息"的表述，从外观上看似乎要广于《律师法》的规定，但事实上二者并无区别，因为对于委托人愿意披露的信息，辩护律师便没有主张保密权的基础。但是这种原则性的规定并不具有可操作性。辩护律师应当保守的委托人秘密到底是什么？按照我国《律师法》的规定，辩护律师应当保守的委托人秘密是法律规定的例外情况之外的委托人不愿泄露的有关情况和信息。如此规定为界定"委托人秘密"保留了充分空间，同时也形成了明显漏洞。因为"委托人不愿泄露"是一个主观标准，只要不是委托人明确表示可以披露的信息，都可以被认为是委托人不愿泄露的信息，那么辩护律师就应当予以保密；同样，只要不是委托人明确表示不可以披露的信息，都可以被认为是委托人愿意泄露的信息，那么辩护律师就可以自由披露。这种情况下，如果辩护律师对应当保密的"委托人秘密"的范围进行缩小解释，那么委托人实质不愿被披露的信息就可能被披露，进

而有损委托人权益；如果辩护律师对应当保密的"委托人秘密"的范围进行扩大解释，那么实质不需被保密的信息则可能被刻意隐瞒，进而有碍公安司法机关发现事实真相。

（一）"委托人不愿泄露的情况和信息"可能被缩小解释

"委托人不愿泄露的情况和信息"可能被缩小解释，委托人的情况和信息可能被辩护律师不当泄露。实践中，绝大多数委托人不会明确表示要求辩护律师就特定信息履行保密义务，哪些信息是辩护律师应当予以保密的"委托人不愿泄露的情况和信息"就需要辩护律师自行裁量。这就导致很多委托人不愿泄露的情况和信息被辩护律师不当泄露。司法实践中辩护律师不当泄露委托人情况和信息的情况并不少见，比如 2014 年影响巨大、引发全社会关注的李某某等人强奸案，李某某的辩护律师在网络上大肆公开李某某等人在酒吧聚会、金鼎轩吃饭、湖北大厦开房的全过程，公开其与李母交流的内容，同案犯的辩护律师则公开其与委托人通信的内容，被害人的代理律师也在网络上公开从被害人处获悉的被害人受害细节。[1]虽然该案的辩护律师、代理律师已经受到相应的惩戒，[2]但是也暴露了辩护

---

〔1〕 李某某的主辩律师陈某在其微博中称，北京市律师协会发出的"京律纪处〔2014〕第 5 号"文件指其"违反了诉讼制度，泄露了当事人隐私，披露了不公开审理的案件信息"，指的是自己在新浪微博里发布的《关于对李某某被控强奸案辩护的辩护》。在该辩护中，陈某讲述了自己为李某某进行无罪辩护的原因，以及李某某等人在酒吧聚会、金鼎轩吃饭、湖北大厦开房的全过程，以及案件在侦查过程中相关证据的认定等内容。陈某在接受记者采访时表示，该案既涉及未成年人，又涉及个人隐私，虽然他是在与媒体激辩该案性质的情况下发出的案件内容，"但也不能说明这么做就是正确的"。参见《李某某主辩律师认罚道歉 曾公开聚会开房全过程》，载 http://news. sohu. com/20140129/n394361350. shtml，最后访问时间：2024 年 11 月 28 日。
〔2〕 该案的辩护律师、代理律师共 7 人因泄露当事人隐私、不当披露案情而受到北京市律师协会的纪律惩戒。参见《李某某案强奸案 7 名律师泄露未成年人隐私受处分》，载 http://www. chinanews. com/fz/2014-04-18/6082016. shtml，最后访问时间：2024 年 11 月 28 日。

律师在保守委托人秘密问题上认识的缺失。此外，近几年比较常见的还有辩护律师通过微信公众号、微博等自媒体在网络上公开自己办理的案件信息的情况。辩护律师的目的可能是分享交流办案心得，可能是寻找所面临问题的解决方案，也可能是煽动社会舆情，为裁判者审判施压。但不论其目的如何，辩护律师披露案件信息或者将辩护词等工作成果公开的行为在一定程度上有违其对委托人的保密义务的要求。

（二）"委托人不愿泄露的情况和信息"可能被扩大解释

"委托人不愿泄露的情况和信息"可能被扩大解释，阻碍公安司法机关发现真实，浪费司法资源。如何防止办案机关任意解读辩护律师应予保密的信息范围也是亟须解决的问题。为展开本主题的研究，笔者对S省以及B市的15位资深刑事辩护律师进行了深度访谈。受访律师一致认为，当面对公安司法机关时，只要是从委托人处知悉的信息，辩护律师应当有权一律予以保密，除非委托人明确表示同意披露或者辩护律师从委托人处获悉的是依法必须予以披露的信息。之所以这样认为，原因主要有三点：一是顺利执业的需要。一方面，将从委托人处知悉的情况和信息严格保密是辩护律师获得委托人信任的重要基础，这种积极意义不仅作用在正在代理的案件中，也影响着辩护律师将来代理的案件；另一方面，辩护律师有一定的执业风险，本着"多一事不如少一事"的原则，只要不是法定应当披露的信息，将委托人的情况和信息一律依法保密更为妥帖。二是辩护律师与侦控机关在刑事司法中属于对抗的双方，辩护律师有防止一切对委托人不利的信息泄露的内在动力。比如，在北京浩天信和（长沙）律师事务所拒绝公安机关调取律师代理合同、授权委托书事件中，[1]部分律师认为，公安机关之所以调取律师的代理合同、授权委托书等相关业务手续，目的是知悉委托代理费用，并以此为线索追查涉案款项。如果律师事务所配合公安机关调取上述材料，无异于将不利于委托人的信息拱手让与公安机关。三是辩护律师与侦控机关相比，在信息获取方面处于劣势地位，一般不积极为侦控机关提供线索或证据。比如辩护律师实践中，限制会见的案件范围被扩大到了《刑事诉讼法》规定的危害国家安全、恐怖活动、重大职务犯罪三类案件以外的案件，像涉黑涉恶类犯罪案件、涉税类犯罪案件，侦查阶段基本不允许律师会见。而会见中，核实证据难题也未解决，虽然屡有学者发声辩护律师有权向委托人核实人证，但实际上鲜有辩护律师触及雷区，辩护律师在会见中与委托人主要进行单向度交流，基本不会透露有关案情和证据的信息。如此执业环境下，辩护律师从委托人处获取信息本就困难，更不愿意将这些信息向侦控机关透露。而认识的不统一也会为律师带来执业风险。在林某青被控诈骗罪、敲诈勒索罪案

---

〔1〕 因为陆某兵等人涉嫌组织、领导、参加黑社会性质组织罪案，2019年10月21日，湖北省黄石市公安局下陆分局向北京浩天信和（长沙）律师事务所发出《调取证据通知书》，要求调取犯罪嫌疑人黄某萍的辩护律师郭某伟的代理合同、授权委托书等相关业务手续。北京浩天信和（长沙）律师事务所明确表示不能配合公安机关提供上述材料。理由有三点：一是案件已经进入法院审理阶段，公安机关对该案已经没有侦查权；二是公安机关要求调取的材料不包含"委托人准备或者正在实施危害国家安全、公共安全以及严重危害他人人身安全的犯罪事实和信息"，律师应当依法履行保密义务；三是一旦配合公安机关提交代理合同与授权委托书等相关业务手续，本案辩护律师将不可避免地成为证人，无法再以辩护人的身份为委托人辩护。具体参见《黄石警方调取审理期案件委托手续被拒，律所：公安已无侦查权》，载 https://www.thepaper.cn/newsDetail_forward_5032866，最后访问时间：2024年12月25日。

中，[1]公诉人认为委托人的违法犯罪事实不属于律师应当予以保密的范畴，并据此指控林某青律师与委托人共同实施诈骗、敲诈勒索行为。虽然在两轮辩护以后，公诉机关最终撤诉，但是本案也为律师防范职业风险敲响了警钟。

但是，辩护律师兼具私益与公益职能，除了维护委托人的合法权益，还承担着"维护法律正确实施，维护社会公平和正义"的职责。辩护律师的首要工作当然是维护委托人的合法权益，但是，在不损害委托人利益的前提下，尽可能不阻碍公安

---

[1] 2019年4月9日至10日，西宁市城中区人民法院公开开庭审理魏某伟等17名被告人被控涉恶犯罪集团案，其中，作为企业法律顾问的林某青律师被控诈骗罪、敲诈勒索罪。一审中，林某青的辩护律师提出，公诉人混淆了律师正常执业活动和律师犯罪之间的界限，林某青被指控之行为实际应为其作为公司法律顾问的正常执业行为。根据《律师法》第38条第2款的规定，对于委托人涉及的并非"危害国家安全、公共安全以及严重危害他人人身安全"的其他犯罪行为，律师即便知悉，也应该为当事人保守秘密，而不应该披露。因此，不能以律师明知其当事人的犯罪行为，作为论证其与当事人成立共犯的理由。但是公诉人却认为，《律师法》只规定律师对在执业活动中知悉的委托人不愿泄露的有关情况和信息，应当予以保密。这里只涉及委托人"不愿意泄露的情况和信息"，不是指委托人的违法犯罪事实。对于委托人的犯罪行为，并不存在这样的执业豁免。此后，林某青的辩护律师又对公诉人的辩护意见作出反驳，认为"委托人不愿泄露的情况和信息"当然包括其可能的犯罪事实，所以法律规定只有在委托人的犯罪事实涉及"危害国家安全、公共安全以及严重危害他人人身安全"时，律师才从保密义务中豁免，对于委托人涉及的并非"危害国家安全、公共安全以及严重危害他人人身安全"的其他犯罪行为，除非委托人自首，否则律师必须为委托人保守秘密。并指出"保守委托人秘密是全世界律师的执业权利和义务。对当事人事项的保密义务，是律师制度的基石。如果没有这一项保密义务，当事人和律师之间的信任关系就不可能存在，律师就成了当事人最大的敌人，律师制度瞬间崩溃"。该案需要我们思考的是：在涉及辩护律师保守委托人秘密问题上，我们应当如何界定律师执业行为与犯罪行为之间的边界？律师保密义务与保密权利所保护的范围是什么？律师在知悉委托人的犯罪事实时，如何既不违反保密义务又不致成为委托人犯罪的帮助犯？毫无疑问，就本案而言，公诉机关并未认清律师正常执业与违法犯罪的界限，对我国《律师法》对律师保密义务之规定进行了片面解释。虽然西宁市城中区人民检察院已经撤回了对林某青律师的起诉，但是我们应当正视该案所引发的问题。

司法机关发现真实也是辩护律师的职业要求。如果辩护律师从委托人处获取的信息实质上没有保密的必要，那么辩护律师就不应当为公安司法机关发现事实真相增添阻碍。并且，保守委托人秘密是辩护律师的义务，自然也就是委托人的权利。权利不可能是无限的，应当以一定的时间、地点、主体身份、行为的存在或发生为条件。[1]对于委托人的信息，只有符合一定条件的才能成为辩护律师应当予以保密的委托人秘密。既然辩护律师应当予以保密的是"委托人不愿泄露的信息"，那么我们就应当寻找具体的标准来判断什么是"委托人不愿泄露"，而不是任由辩护律师进行主观判断。

（三）"委托人不愿泄露的情况和信息"实践认识不一

对于何为辩护律师应当予以保密的"委托人秘密"，我们应当具体问题具体分析，通过设置相应的客观标准来克服现今判断"委托人秘密"主观性过大的问题。如美国学者所言，"仅仅指出存在着律师与其当事人之间的交流是不够的，起码周围环境要求保密"。[2]委托人是否明确要求辩护律师将相关情况和信息保密并不是判断"委托人秘密"的必要条件，我们也可根据客观环境推断什么是委托人不愿泄露的情况和信息。

既然要具体问题具体分析，我们首先应当了解辩护律师通常以何种途径获取委托人信息。在对 S 省以及 B 市的 15 位资深刑事辩护律师进行的深度访谈中，当被问及"您主要通过哪些方式从委托人处获悉委托人不愿泄露的情况和信息"时，受访律师表示，会见中与委托人面对面交流是获悉委托人不愿泄露的情况和信息

---

〔1〕 参见张文显主编：《法理学》（第 4 版），高等教育出版社、北京大学出版社 2011 年版，第 71 页。

〔2〕 ［美］乔恩·R. 华尔兹：《刑事证据大全》（第 2 版），何家弘等译，中国人民公安大学出版社 2004 年版，第 359 页。

的主要途径，与委托人或委托人的近亲属面对面或者电话交流是获悉委托人不愿泄露的情况和信息的次要途径。至于书信、电子邮件等方式，只能作为辅助性途径，一般很少使用。笔者也以"您认为辩护律师主要通过哪些方式获得委托人不愿被他人知悉的情况和信息"为问题对律师群体进行了网络问卷调查，问卷结果也显示，辩护律师主要通过面对面交流的方式获悉委托人不愿被他人知悉的情况和信息，使用电子通讯手段获取上述信息的可能性次之，采用书信方式的最少，详见下表、图。

表3

选项	小计	比例
A. 面对面交流	223 人	98.67%
B. 书信	110 人	48.67%
C. 电子通讯（电话、远程视频、邮件）	144 人	63.72%
D. 其他	88 人	38.94%
本题有效填写人次	226 人	

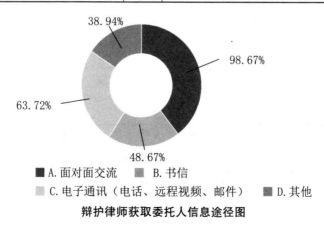

辩护律师获取委托人信息途径图

在此基础上，笔者又提出如下疑问：其一，在辩护律师与委托人面对面交流时，如果委托人未以明示的形式要求辩护律师将交流所涉信息保密，那么辩护律师应当借助哪些参考因素来确定委托人不愿泄露的信息？如果委托人既表示要求辩护律师将交流所涉信息保密，同时又要求辩护律师将此信息传达给特定第三人，此时该信息可以被理解成委托人不愿泄露的信息吗？其二，很多时候委托人在咨询时可能有家人或者朋友陪同，律师可能会有助理或者秘书在场记录，如果辩护律师与委托人面对面交流时有第三人在场，那么此时交流所涉信息也可以被认为是委托人不愿泄露的信息吗？

为印证问题的存在，笔者也针对上述问题在律师群体中进行了网络问卷调查。关于问题"当委托人明确表达希望辩护律师将相关信息披露给第三人的意愿时，您认为辩护律师是否还应当将此类信息保密"，问卷结果显示，认为辩护律师没有必要继续保密的占参与问卷总人数的52.65%，认为辩护律师应该继续保密的占47.35%，但是人数差距非常小，前者仅比后者多12人（见表4）。这种情况的出现就说明，虽然我国律师保密制度尚处于初步发展阶段，但参与问卷的律师对此问题已经有了不同的认识。结果如此相近，就说明争议的存在，需要我们进一步展开研究。

表4

选项	小计	比例
A. 应该	107 人	47.35%
B. 没有必要	119 人	52.65%
本题有效填写人次	226 人	

对于可能参与委托人与辩护律师之间交流的第三人，常见的主要有以下三类：一是委托人的家人或者朋友；二是辩护律师的助理或者秘书；三是辅助委托人与辩护律师之间信息传达的人员，比如翻译人员。对于辩护律师的助理、秘书以及掌握专门知识的辅助人员，本书第二章已经明确，此类人员应当与辩护律师一样对委托人承担保密义务，所以此类人员的存在并不影响对委托人是否愿意泄露相关情况和信息的认定。对于委托人的家人和朋友，笔者专门设计了两个问题进行问卷调查：其一，"如果委托人在朋友的陪同下与辩护律师展开交流，那么此时委托人向辩护律师披露的信息可以被认为是委托人不愿泄露的信息吗？"其二，"如果委托人在家人的陪同下与辩护律师展开交流，那么此时委托人向辩护律师披露的信息可以被认为是委托人不愿泄露的信息吗？"对于第一个问题，问卷结果显示有53.98%的被调查者认为如果委托人在朋友的陪同下与辩护律师展开交流，那么此时委托人向辩护律师披露的信息不应当被认为是委托人不愿泄露的信息；有30.97%的被调查者认为特殊情况下，即使有朋友陪同，也可以将委托人披露的信息认定为委托人不愿泄露的信息（见表5）。对于第二个问题，问卷结果显示有72.57%的被调查者认为如果委托人在家人的陪同下与辩护律师展开交流，那么此时委托人向辩护律师披露的信息可以被认为是委托人不愿泄露的信息；有19.03%的被调查者认为特殊情况下可以，而认为不可以的，只有8.4%（见表6）。

综合两个问题的调查结果，笔者发现，同样是有第三人参与，如果委托人在家人的陪同下与辩护律师展开交流，大多数被调查者认为家人的存在不会影响委托人向辩护律师披露的信息的保密性，但如果委托人在朋友的陪同下与辩护律师展开交流，则有多数意见认为朋友的存在会影响委托人向辩护律师披露的信息的保密性。这可能源于中国传统的"亲亲相隐"文化，家人更多被认为与委托人属于利益共同体，不会成为泄露委托人秘密的源头。但是相较于家人陪同时支持意见的一边倒，当委托人在朋友陪同下与辩护律师展开交流时，认为朋友的存在不影响或者特殊情况下不影响委托人向辩护律师披露的信息的保密性的意见也占据了参与问卷总数的46.02%，与反对意见相差无几。这说明，当委托人在朋友陪同下与辩护律师展开交流时，朋友的存在是否对信息的保密性产生影响，仍需具体问题具体分析。

表5

选项	小计	比例
A 可以	34 人	15.05%
B 特殊情况下可以	70 人	30.97%
C 不可以	122 人	53.98%
本题有效填写人次	226 人	

表6

选项	小计	比例
A 可以	164 人	72.57%
B 特殊情况下可以	43 人	19.03%
C 不可以	19 人	8.4%
本题有效填写人次	226 人	

二、无第三人参与时判断委托人秘密的域外实践

当委托人与辩护律师在没有第三人参与的情况下展开交流

时，若要认定委托人在与辩护律师交流时对所披露信息的保密性存有合理期待，一是委托人应当对向辩护律师披露的信息存有保密意图，二是考察客观条件，能够推理出委托人对所披露信息的保密性存有合理期待。[1]确定委托人是否对向辩护律师披露的信息之保密性存有合理期待的客观标准主要有以下几点：

（一）排除旨在公开的事项

如果委托人明知其向辩护律师披露的信息会被公开，比如信息会在诸如起诉状、和解书等法律文书中公开，[2]或者辩护律师明确表示委托人披露的信息将被告知第三方，[3]那么委托人再披露此类信息时就不应对此类信息的保密性产生合理期待。当然，如果委托人与辩护律师在公开场合展开对话或者双方以公开的形式向对方传递信息，[4]就可以推定委托人在披露信息时不具有保密意图，当然也不能对此类信息的保密性产生合理期待。

具体而言，其一，如果辩护律师在交流伊始已经明确告知委托人其向自己披露的信息将会被告知第三方，委托人就不能合理地认为其向辩护律师披露的信息是保密的。[5]例如，在美国诉海湾救护中心案（United States v. Bay State Ambulance & Hosp. Rental Service）中，委托人已经被告知，辩护律师与其

---

[1] See United States v. Robinson , 121 F3d 971, p. 976（5th Cir. 1997）；Shaffer v. American Med. Ass'n, 662 F3d 439, pp. 446～447（7th Cir. 2011）. 虽然普通法和大部分法律政策均认为"委托人意图"是关于通信保密性的决定性因素，但是也有学者认为，律师的保密意图和委托人的保密意图同样重要。

[2] See Grand Jury Proceedings, 727 F2d 1352, p. 1355（4th Cir. 1984）.

[3] See United States v. Bay State Ambulance & Hosp. Rental Service, 874 F2d 20, p. 29（1st Cir. 1989）.

[4] See Catskill Development v. Park Place Entertainment, 206 F. R. D. 78, p. 92（D. C. N. Y. 2002）.

[5] See Advisory Committee's Note, Rejected Rule 503（a）（4）.

交流的目的是利用从其处获取的信息回答美国联邦调查局（FBI）的某些问题，此时，委托人再对此次交流中所披露的信息心存保密期待便是不合理的。再比如，在格里菲斯诉戴维斯案（Griffith exrel. Smith v. Davis）中，[1]单位委托的律师在会见被逮捕的单位员工时已经向该员工表明，此次会见中员工所交代的信息将会被传达给单位负责人员。虽然单位律师向该员工作出了双方交流所涉信息只向特殊人群披露的保密承诺，但是终归是将双方交流的信息传达给交流双方之外的第三方，此时，就不能合理地认为该员工对向该律师披露的信息的保密性存有合理期待。其二，如果委托人明知道辩护律师会利用与委托人交流所获信息起草诉状或其他法律文书，那么委托人就不能对此次交流中向辩护律师披露的信息心存保密期待。原因很简单，委托人与律师交流的内容将会呈现在诉状或其他法律文书中，也就不可避免地会被第三人知悉。但委托人明知信息的用途却仍向律师披露相关信息时，就可以认定委托人对此类信息并无保密意图。[2]当然，如果律师在写诉状时所需要的信息可以从其他渠道获得，比如从部分已有的书面文件中获取，那么委托人对于与律师交流所披露的信息的保密性又可以产生合理期待。[3]

应当说明的是，美国早期判例认为即使委托人与辩护律师交流的内容已经众所皆知，但是只要委托人认为他只想让律师知道，那么此次交流中委托人披露的信息就有受到律师—委托

---

〔1〕 See Griffith exrel. Smith v. Davis, 161 F. R. D. 687（C. D. Cal. 1995）.

〔2〕 See U. S. v. Schussel, 291 Fed. Appx. 336, p. 347,（1st Cir. 2008）；U. S. v. Gumbaytay, 276 F. R. D. 671, p. 680（M. D. Ala. 2011）.

〔3〕 See U. S. v. Bump, 605 F. 2d 548, p. 551（C. A. 10th, 1979）；State v. Howell, 641 P. 2d 37, p. 56（1982）.

人特权保护的可能。[1]但是，近期判例的观点已经发生了改变，法院认为如果信息已经公开，出于节约司法资源的考量，委托人与律师关于该信息的交流就不受律师—委托人特权的保护。[2]在法里斯诉美国烟草公司案（Falise v. American Tobacco Co.）中，[3]法院指出，"机密"（confidentiality）和 "私密"（secrecy）以复杂的方式相互联系，如果某件事不再是私密（secrecy），那么它就不能成为机密（confidentiality），所涉信息也就不具有保密性。当然也有例外，如果政府出于政治目的通过媒体公开了委托人的秘密，委托人仍可以对外主张其与律师交流中所涉私密（secrecy）和事实的保密性，因为外界（包括陪审团成员）可能忘记了或者压根没有关注过关于委托人的信息。[4]

（二）区分委托人将信息泄露给第三人的意图

如果委托人在向辩护律师披露信息时表达出将信息透露给第三人的意图，对于委托人能否对该信息的保密性产生合理期待，仍然应当区别看待。如果委托人以声明的方式直接表达保密意图，那很明显，只需根据客观情况判断委托人能否对所披露的信息的保密性存有合理期待。比如，在美国诉沙尔滕布兰德案（U. S. v. Schaltenbrand）中，法院指出，如果委托人通过签署声明的方式表明其告诉律师的所有内容都是秘密，那么应

---

［1］ See NCK Organization, Ltd. v. Bregman, 542 F. 2d 128, p. 133（C. A. 2d, 1976）.

［2］ See U. S. E. E. O. C. v. ABM Industries Inc., 261 F. R. D. 503, p. 509（E. D. Cal. 2009）；U. S. ex rel. Fisher v. Network Software Associates, 217 F. R. D. 240, p. 245（D. C. D. C. 2003）.（众所周知的事实在本质上就不具有保密性。）

［3］ See Falise v. American Tobacco Co., 193 F. R. D. 73, p. 74（D. C. N. Y. 2000）.

［4］ See Wilner v. National Sec. Agency, 592 F. 3d 60, p. 69（2d Cir. 2009）.（即使众所周知，某些信息也可以成为 "国家机密"并获得律师—委托人特权的保护。）

当认定委托人具有保密意图。[1]但是实践中委托人采取如此直白的方式的情况毕竟是少数，并且有时委托人会表达希望律师将交流所涉信息披露给第三人的意图。对于委托人将信息披露给第三人的意图是否会否定该信息的保密性，应当考察委托人是准备在律师的专业判断后再进行披露还是径直决定将信息披露给第三人，还要考察委托人是否为律师披露某些信息设置了前提条件。首先，如果辩护律师将从委托人处获悉的信息不加处理直接披露给第三人，那么被转达的信息不具有保密性。"只有在律师对此类事项没有酌处权的情况下，来文才会缺乏保密性。"[2]如果委托人与辩护律师交流的目的是希望律师将自己所述的信息转告给第三人，那么委托人就不能对此类信息的保密性存有合理期待。[3]比如，在美国诉鲁尔案（United States v. Ruehle）中，法官认为，由于公司的首席财务官已经承认，其与辩护律师交流的目的是希望该律师将其所述信息向社会审计师披露，辩护律师实际充当的是信息传递者的角色，将信息披露给社会审计师的行为已经表明该信息不具有保密性，公司的首席财务官也不能对上述信息的保密性存有合理期待。[4]其次，如果委托人设置了信息被披露的时间，那么在这一时间到来前，该信息仍具有保密性。比如委托人的遗嘱，委托人有在其死后由律师公开遗嘱的意愿，但是在委托人死亡之前，其对遗嘱内容的保密性仍存有合理期待，可以主张律师—委托人特

---

〔1〕 See U. S. v. Schaltenbrand, 930 F. 2d 1554, p. 1562 (C. A. 11th, 1991).

〔2〕 See Steinfeld v. Dworkin, 515 A. 2d 1051, p. 1052 (1986); State ex rel. Ash v. Swope, 232 W. Va. 231, 751 S. E. 2d 751, p. 757 (2013).

〔3〕 See Holmes v. Petrovich Development Co. , 191 Cal. App. 4th 1047, 119 Cal. Rptr. 3d 878, p. 883 (3d Dist. 2011).

〔4〕 See United States v. Ruehle, 583 F3d 600, p. 609 (9th Cir. 2009).

权以拒绝披露遗嘱内容。[1]威格摩尔教授提出了"暂时保密"（temporary confidentiality）理论以解释这种情况，意即即使委托人有将信息披露的意图，但是他仍可以为披露行为设置前提条件，在前提条件未满足之前，该信息仍具有保密性，委托人可以主张律师—委托人特权以防止披露。"暂时保密"理论不仅适用于遗嘱案件，还适用于类似的刑事案件。比如，委托人在与辩护律师的交流中向辩护律师坦白部分案情，并希望辩护律师在法庭上披露以支持其辩护主张，并不意味着委托人向辩护律师坦白内容的保密性的消灭。只要尚未开庭，委托人向辩护律师坦白之信息就受律师—委托人特权的保护。[2]

（三）考察交流时的客观环境以及委托人的具体表现

当委托人身处特殊环境中与辩护律师展开交流时，委托人"是否采取预防信息被泄露的措施可能被认为与对信息保密性的合理期待有关"。[3]某些情况下，法官可能要根据委托人是否采取某些必要的措施来推断委托人是否对向辩护律师披露的信息

---

　　〔1〕　See Advanced Cardiovascular Systems v. C. R. Bard, Inc. , 144 F. R. D. 372, p. 378 (D. C. Cal. 1992). 具体观点的评析也可参见 Cleary & Graham, *Handbook of Illinois Evidence*, Alphen aan den Rijn : Wolters Kluwer Law & Business, 1979, p. 210.

　　〔2〕　*See* Freedman, "Where The Bodies Are Buried: The Adversary System and The Obligation of Confidentiality", *Criminal Law Bulletin*, 1974 (10), pp. 979, 988. 此观点后来也遭到部分法院的反对，部分法院认为，即使委托人设置的前提条件未实现，也不能否定委托人想要向第三人披露信息的意图，因此该信息不具有保密性。比如，在 Chesapeake & Ohio Ry. Co. v. Kirwan, D. C. W. Va. 案中，法院就认为，交流时的意图决定了交流内容的保密性；如果委托人意图在律师为诉讼准备的文件中公开某些信息，即使委托人后来改变主意并决定在诉讼中不使用该文件，也无法再对本打算公开的信息主张律师—委托人特权。

　　〔3〕　Advisory Committee's Note, Rejected Rule 503 (a) (4). See Simon, R. Scott, "Searching for Confidentiality in Cyberspace: Responsible Use of E-Mail for Attorney—Client Communications", *University of Hawai'i Law Review*, 1998 (1), pp. 527, 545, 564, 571.

的保密性存有合理期待。在美国近些年的判例中，较为典型的
是以下两种情况：

第一，当委托人明知自己处在被监听状态时，应当采取必
要的措施以防止其与辩护律师交流的内容泄露。具体而言，如
果委托人知道或有合理理由相信警方对他与辩护律师交流的场
所进行了监听，或者知道或有合理理由相信警察窃听了其与辩
护律师的电子通讯，那么委托人就应当采取必要的反监听措施
来干扰或者阻止警方的监听行为。最终能否避免委托人与辩护
律师交流的内容泄露不是要考察的重点，而是看委托人采取的
行动是否让委托人有合理理由相信他已经采取了必要的措施来
避免其向辩护律师披露的信息的泄露。[1]如果委托人或其辩护
律师没有采取必要的措施来干扰或阻止警方的监听或窃听，那
么就不能认定委托人对向辩护律师披露的信息的保密性存有合
理期待。[2]比如，在美国诉美佳案（United States v. Mejia）中，
被监禁的委托人明知其与辩护律师的通话会被记录在案，但是
并未采取任何措施来阻止看守人员获取通话信息，据此，法院
指出，虽然条件有限，但是委托人仍可以采取一些适当的隐秘
措施进行交流，例如在被监视的情况下，尽量远离看守人员并
以较小声音沟通。[3]虽然这些措施不能绝对避免看守人员获取
委托人与辩护律师交流的信息，但是却是委托人在其所处环境
下所能采取的必要的措施，表明了委托人不愿信息被披露的意

---

[1] See U. S. v. Lentz, 524 F. 3d 501, p. 524 (4th Cir. 2008).

[2] See U. S. v. Hatcher, 323 F. 3d 666, p. 674 (C. A. 8th, 2003).

[3] See United States v. Mejia, 655 F3d 126, p. 134 (2nd Cir. 2011). 相反，在
McCafferty's, Inc. v. Bank of Glen Burnie 案中，委托人将涉及秘密信息的文件撕成 16
份碎片并丢入垃圾桶的行为表现出其不想被外界知悉文件内容的意图，虽然后来该
文件被对方当事人获取，但是法院仍认定该文件应受律师—委托人特权保护。参见
McCafferty's, Inc. v. Bank of Glen Burnie, 179 FRD 163, p. 169 (D MD 1998).

图。如此，就可以认定委托人对向辩护律师披露的信息的保密性存有合理期待。[1]

第二，如果委托人在信息可能被泄露的私人或者公共场所与辩护律师展开交流，那么委托人应当采取必要的措施预防其与辩护律师交流的信息被第三人知悉。比如，在美国诉江恩案（U. S. v. Gann）中，[2] 在警方正在搜查委托人的住所并准备逮捕他时，委托人在房间给他的律师打电话以寻求建议。在委托人与律师正在交流时，警务人员进入房间并且听到了委托人与其律师的谈话内容。对此，上诉法院认为，《美国宪法第六修正案》并没有要求警务人员在执行任务时不听周围的声音。委托人在明知警务人员将要进入房间搜查的情况下仍在房间与律师展开交流，这很难让人相信其对与律师对话内容的保密性存有合理期待。当然，实践中也存在着因为对交流场所的不同认知而争议较大的情况，比如委托人与律师在飞机商务舱中的交流。实际的案例是某公司总裁在飞机商务舱内与公司法律顾问就法律事务进行交流。双方以正常的语调发言，而不是低声细语，并且没有采取其他措施以确保第三人不能听到他们的谈话。初审法院认为飞机商务舱应属公共场所，公司总裁与法律顾问在公共场所交流却未采取适当的措施以确保交流内容不被第三人知悉，这就表明公司总裁对此次交流所涉信息不存在保密意图，也不能就此次交流所涉信息主张律师—委托人特权。但是上诉法院却推翻了初审法院的裁定，理由是飞机商务舱属于私人空间，没有证据证明公司总裁与法律顾问之间的交流会被第三人知悉。[3]

---

〔1〕 See Blackmon v. State, 653 P. 2d 669（Alaska App. 1982）.

〔2〕 See U. S. v. Gann, 732 F. 2d 714, pp. 722~723（C. A. 9th, 1984）.

〔3〕 See In re Sealed Case, 737 F. 2d 94, p. 102（C. A. D. C. 1984）.

三、有第三人参与时判断委托人秘密的域外实践

若委托人在有第三人参与的情况下与辩护律师展开交流，委托人可否对向辩护律师披露的信息的保密性产生合理期待也不能一概而论。比如，如果委托人的敌对方在现场，或者有陌生人在现场，就不能认为委托人对向辩护律师披露的信息的保密性存有合理期待，但是如果在场的是辩护律师的助理、辅助辩护律师与委托人交流的人员（翻译、会计师、专家）或者帮助委托人交流的委托人的朋友、[1]委托人的代理人，[2]委托人就可以对向辩护律师披露的信息的保密性产生合理期待。《美国联邦证据规则》第 503 条规定了律师—委托人特权。该规则第 503 条第 1 款 b 项在定义委托人所披露的信息的保密性时指出："秘密交流"是指不打算将内容透露给第三方的交流，但为促使委托人进一步获取专业法律服务的披露或者为信息传输而进行的合理且必要的披露除外。美国律师协会咨询委员会认为此标准最具实用性（practicality），并且此标准的存在会使得律师与委托人之间的交流更加便利。[3]此标准主要有两个考察因素：一是第三人在场的目的；二是第三人在场的必要性。

（一）第三人在场应具有特殊目的

美国判例法将第三人在场时的特殊目的归结为两类：一是

---

[1] See Peter L. Murray & Richard H. Field, *Maine Evidence*, Standish：Tower Publishing, 2007, p. 98. 具体案例参见 People v. Carasi, 44 Cal. 4th 1263, 190 P. 3d 616, 82 Cal. Rptr. 3d 265, p. 299（2008）.

[2] See Martensen v. Koch, 301 F. R. D. 562, p. 576（D. Colo. 2014）. 本案中，法院认为，委托人的代理人在律师与委托人进行磋商期间在场不会破坏双方交流的保密性。

[3] See Gardner, James A. ，"Agency Problems in The Law of Attorney—Client Privilege：Privilege and 'Work Product' Under Open Discovery", *University of Detroit Law Journal*, 1964（2），pp. 105, 110.

"促进服务"（Facilitative Revelations）；二是"促进交流"（Communicative Revelations）。

所谓的促进交流，即第三人在场的目的是确保委托人与辩护律师之间信息传输（transmission of the communication）的通畅，要求委托人在向第三人披露信息时持希望第三人将信息传达给辩护律师的目的，比较典型的是当委托人与辩护律师语言不通时，应当配备翻译人员以确保委托人与辩护律师交流的顺利进行。[1]

而所谓的"促进服务"，即为了便于辩护律师向委托人提供专业法律服务，委托人与辩护律师交流时可能需要特殊第三人在场，并且该第三人在场不会影响委托人对向辩护律师披露的信息的保密性产生合理期待。即使此后该第三人将知悉的委托人向辩护律师披露的信息又透露给其他人，并且不是出于促使委托人进一步获取专业法律服务的目的，该信息仍具有保密性。比如，在温彻斯特资本管理有限公司诉制造商案（Winchester Capital Mgt. v. Manufacturers Hanover Trust Co.）中，出于帮助委托人获得更好的法律服务的目的，委托人与其律师交流时有第三人在场，并且交流结束后该第三人将委托人与律师交流的内容透露给诉讼相对方。但因为第三人参与到委托人与律师交流中发挥的"促进服务"作用很明显，加之对交流时客观环境的考察，并且委托人在交流中的保密意图很明确，其对手也无法解释是以何种手段获得该信息。最终法院判定：即使信息已经泄露，但是该信息的保密性并未被破坏，仍应受到律师—委托人特权的保护。[2]相反，如果委托人向律师以外的第三人披露

---

〔1〕　See U. S. v. Ackert, 169 F. 3d 136, p. 140（C. A. 2d, 1999）.

〔2〕　See Winchester Capital Mgt. v. Manufacturers Hanover Trust Co. , 144 F. R. D. 170, p. 172（D. C. Mass. 1992）.

信息时并不存在便于获取专业法律服务的目的，那么该信息便因为委托人的披露行为而不再具有保密性。[1]该标准在适用中招致一定争议。有法官指出，既然第三人能够知悉委托人与辩护律师交流的信息，就意味着该信息并非不能被披露。法官当然不能要求委托人向控诉方披露其与辩护律师交流之信息，但是可以要求委托人向法庭和陪审团披露此类信息。[2]

　　能够发挥"促进服务"功能的第三人，包括以下几类：一是委托人的家庭成员。包括配偶、父母、未成年人的监护人等。在库克诉最高法院案（Cooke v. Superior Court）中，因为双方的重要关系（significant relationship），法院甚至承认当委托人的朋友作为第三人参与其与律师之间的交流时，委托人在交流过程中向律师披露的信息仍具有保密性。[3]二是辩护律师为提供法律服务而聘请的辅助人员（Representatives of the lawyer）。包括律师雇佣的秘书、接待员、调查员、笔迹鉴定专家、会计师、医生、工程师等。在某些情况下，向此类人员披露信息既是促使委托人进一步获取专业法律服务的需要，又是律师与委托人之间进行信息有效传输的需要。[4]三是与委托人具有共同利益的

――――――――――

〔1〕　See D. A. S. v. People, 863 P. 2d 291, p. 295（Colo. 1993）.

〔2〕　See Charles A. Wright and Arthur R. Miller, *Federal Practice and Procedure*, Thomson West, 2019, §5485.

〔3〕　See Cooke v. Superior Court, 147 Cal. Rptr. 915, p. 919（1978）. 但是在 U. S. v. Evans 案中，法院又认为在委托人的朋友在场的情况下，委托人与律师的交流不具有保密性。具体见 U. S. v. Evans, C. A. 7th, 113 F. 3d 145, p. 1462（1997）.

〔4〕　See Van White v. State, Okla., 990 P. 2d 253, p. 270（Crim. 1999）；Olson v. Accessory Controls & Equipment, 757 A. 2d 14, p. 23（2000）；Egiazaryan v. Zalmayev, 290 F. R. D. 421, p. 431（S. D. N. Y. 2013）and so on. 但是，也有部分学者认为当委托人知道某位专家将要出庭作证并接受交叉询问时，委托人向该专家披露的信息便不具有保密性。See Louisell & Mueller, *Federal Evidence*, Lawyers Co-operative Publicashing Company（online）, 1978, p. 530；Morgan v. State, 639 So. 2d 6, p. 10（Fla. 1994）；Hoerner v. Anco Insulations, Inc., 729 So. 2d 640, p. 645（La. App. 1999）.

人（commom interest）。比如，在美国诉佛塔那案（U. S. v. Fortna）中，法院认为，由于大麻走私者小组的负责人在捍卫该组织中的飞行员方面，与飞行员具有共同的利益，因此他的存在并没有破坏飞行员与他的律师之间对话的保密性。[1]在刑事诉讼中，共同利益原则主要表现在共同犯罪的辩护中。共同辩护规则（common defense doctrine）的存在使共同被告与各自的辩护律师能够相互公开保密信息，并且不会破坏信息的保密性。[2]意即当披露信息是为了准备共同辩护策略时，委托人向第三人披露的信息仍具有保密性。[3]

（二）进行合理且必要的披露

该标准要求第三人参与到委托人与辩护律师的交流中必须是合理且必要的（reasonably necessary）。通常情况下，当委托

---

[1] 若想借助共同辩护规则主张律师—委托人特权，委托人应当证明以下三点：①委托人与第三方的交流是在准备共同辩护策略的过程中进行的；②主张特权是为了进一步推进共同辩护策略的完成；③委托人从未放弃律师—委托人特权。See Grand Jury Subpoena Duces Tecum, 112 F3d 910, pp. 922~923（8th Cir. 1997）；United States v. Almeida, 341 F3d 1318, pp. 1324~1326（11th Cir. 2003）. 委托人与第三方可以通过行为表示或者明确声明的方式确立共同辩护协议，并且实践中法院也乐意通过共同辩护协议来判断委托人与第三方的关系。See United States v. Gonzalez , 669 F3d 974, p. 981（9th Cir. 2012）；United States v. Weissman, 195 F3d 96, p. 99（2nd Cir. 1999）. 共同辩护规则仅适用于诉讼的当事方或潜在的当事方，当事方的律师与潜在证人之间的通信不受共同辩护规则的保护。See Russell v. General Elec. Co. , 149 FRD 578, p. 580（ND IL 1993）. 若存在"可察觉的民事诉讼威胁"，是否适用共同辩护规则在不同法院会产生分歧。但大部分法院认为，如果能够预见到适用共同辩护规则的信息在将来可能被用于共同辩护双方的民事纠纷中，那么该信息就不受律师—委托人特权保护。当一方自愿提供另一方有罪的证词时，双方针对共同辩护事宜与律师进行的交流便不再具有保密性，这也意味着对律师—委托人特权的放弃。See United States v. BDO Seidman, LLP 492 F3d 806, p. 817（7th Cir. 2007）.

[2] See Griffith v. Davis, 161 FRD 687, p.692（CD CA 1995）；HSH Nordbank AG New York Branch v. Swerdlow, 259 FRD 64, p. 73（SD NY 2009）.

[3] See Haines v. Liggett Group Inc. , 975 F2d 81, p. 94（3rd Cir. 1992）；United States v. Henke , 222 F3d 633, p. 637（9th Cir. 2000）.

人与辩护律师语言不通时，为确保委托人与辩护律师之间的交流顺利进行，翻译人员参与到委托人与辩护律师的交流中，委托人向翻译人员披露案件信息就是合理且必要的。[1]当委托人是单位时，单位必须派遣代表向辩护律师传达单位意愿，此时单位代表知悉单位的意愿也是合理且必要的。[2]有法官指出，对"合理且必要"的认定不宜过于死板。有时第三人的存在是委托人与辩护律师更好交流的重要条件，出于对公平、效率等价值的考量，也可以认定第三人在场是合理且必要的。如果对"合理且必要"标准要求过高，可能不利于律师履行职责。

但是，看守所的看守人员能否作为被监禁的委托人与辩护律师交流时合理且必要的第三人就存在疑问。关于此问题，美国实务界主要有两种观点：第一，看守人员不能作为合理且必要的第三人参与委托人与辩护律师的交流。一部分州法院认为当被监禁的委托人将看守人员视为其与辩护律师交流的中间人时，委托人向看守人员透露的信息便不具有保密性。因为从常理出发，看守人员代表公权力，虽不能称其为委托人在刑事诉讼中的对立方，但也绝不能被视为委托人一方的人员。要求看守人员不阻止被监禁的委托人与其辩护律师交流尚属合理，但是要求看守人员积极地帮助被监禁的委托人与其辩护律师进行交流并不符合常理。所以，看守人员不应作为被监禁的委托人与辩护律师交流时合理且必要的第三人。如果委托人希望看守人员发挥"促进交流"或者"促进服务"的功能，并向看守人员披露信息，那么法院一般会认为委托人对其披露给看守人员

---

[1] See Neighborhood Development Collaborative v. Murphy, 233 F. R. D. 436, p. 438（D. C. Md. 2005）.

[2] See State v. Aquino—Cervantes, 945 P. 2d 767, p. 772（1997）.

的信息的保密性不存有合理期待。[1]

　　第二，虽然看守人员不能作为合理且必要的第三人参与委托人与辩护律师的交流，但如果看守人员依照职务要求，在委托人与辩护律师交流时必须在场，那么看守人员知悉委托人与辩护律师交流的内容却是合理且必要的。部分法院认为，对于某些人来说，信息在传输中被其无意中听到是合理且有必要的。既然无法回避第三人在场，那么委托人大可正常与辩护律师通话，不需要担心信息被披露。比如，在美国诉诺列加案（U. S. v. Noriega）中，[2]法院认为，按照看守所的管理规则，被监禁的委托人只有在看守人员在场的情况下才可以使用电话与辩护律师交流。在这种情况下，委托人只能在看守人员在场的情况下与辩护律师展开交流。虽然从外观上来看，看守人员在场即表明委托人与辩护律师的通话不是秘密进行的，并且看守人员必然会听到委托人与辩护律师交流的内容。但是毫无疑问，委托人并不希望与辩护律师交流的内容被看守人员获悉，在看守人员在场的情况下与辩护律师展开交流只是一种无奈的妥协。因为如果不允许看守人员在场，委托人便无法与辩护律师交流。这种情况下，看守人员听到委托人与律师之间交流的内容就属于"合理且必要的获悉"。即使看守人员已经知悉委托人与辩护律师交流的全部内容，但是并不影响该交流内容受律师—委托人特权保护。如果该看守人员意欲披露此信息作为不利于委托人的证据，那么委托人仍可主张律师—委托人特权以拒绝该看守人员披露，或者否定该看守人员提供的证言的证据能力。

---

[1]　See UFCW v. Shop' N Save, 96—2352 (8th Cir. 1997).

[2]　See U. S. v. Noriega, 917 F. 2d 1543, p. 1551 (C. A. 11th, 1990).

四、律师自行收集、完成的证据材料保密性的域外实践

辩护律师有权自行调查取证，在承接案件后，也要根据案件情况提出解除或变更强制措施的申请，形成案件处理意见、辩护意见等文书材料。实践中，对于自行收集、自行完成的证据材料，辩护律师并不避讳被委托人及其近亲属知悉，通常也不会对公安司法机关隐瞒。那么对于这一部分证据材料，是否属于辩护律师应当予以保密的委托人秘密范畴，则需进一步展开分析。英美法系国家在应对律师对辩方证据、自身工作成果的保密问题时积累了一部分经验，可以为本部分问题的研究提供参考。

（一）实物证据的保密性考察

美国判例法显示，如果委托人及其近亲属向辩护律师出示实物证据，那么通常情况下委托人不应对该实物证据的保密性存有合理期待，该实物证据的原件不受律师—委托人特权的保护。但是这其中又有很多具体的问题，不可一概而论。首先，虽然实物证据的原件不受律师—委托人特权保护，但是委托人出于向辩护律师寻求法律帮助的目的而将物证的模型、图片交给辩护律师或者向辩护律师口头描述的，物证的模型、图片以及对物证的描述都可以受到律师—委托人特权的保护。在条件允许时，委托人可以对上述模型、图片或者描述的保密性存有合理期待。

其次，应当区分实物证据是委托人合法拥有的还是犯罪所得（Fruits of the crime）。对于犯罪所得，比如以盗窃、抢劫等非法手段获得的财物，委托人在将这些犯罪所得交给辩护律师时并不能合理期待这些犯罪所得将被保密，因为辩护律师秘密持有委托人犯罪所得的行为极有可能使辩护律师被认为是委托

人的帮助犯或者涉嫌其他刑事犯罪，进而可能遭遇刑事追诉。[1]即使未被刑事追诉，辩护律师替委托人保管犯罪所得的行为也为职业伦理所不容。当然，如果委托人未将犯罪所得交给辩护律师，委托人就犯罪所得与辩护律师交流的任何内容都可以获得律师—委托人特权的保护。

如果委托人在与辩护律师交流中出示的实物证据原本是委托人合法拥有的，根据不同情况，此实物证据可能带来不同法律后果。目前而言，主要有三种情况可供讨论：①委托人针对该实物证据与辩护律师展开交流，但辩护律师从未持有该实物证据。在这种情况下，委托人不可以就该实物证据主张律师—委托人特权，但可以对针对该实物证据向辩护律师披露的信息的保密性存有合理期待。办案机关可以通过发出传票或搜查令的方式从委托人处获得该实物证据。但是如果办案机关无法从委托人处获取此实物证据，必须借助辩护律师的证词来证明该实物证据的存在或者该实物证据正被委托人持有，通常情况下辩护律师可主张律师—委托人特权以拒绝作证。②辩护律师在与委托人的交流中获得并保留了交流所涉及的实物证据。在这种情况下，办案机关可以通过发出传票或搜查令的方式从辩护律师处获得该实物证据，但同样不能要求辩护律师出庭证明该实物证据的来源。③在与委托人交流结束后，辩护律师会持有该实物证据并将其传递至第三人。在这种情况下，律师将实物证据传递给第三人的行为将导致委托人既不能对此实物证据，也不能对针对实物证据向律师披露的信息的保密性产生合理期待。办案机关不仅可以通过发出传票或搜查令的方式从辩护律

---

　　[1]　See Kenneth W. Graham, Ann Murphy, *Federal Rules of Evidence*, Chapter 6, § 5503; Jacobs v. State Bar, 20 Cal. 3d 191, p. 136 (Cal. Rptr. 1977).

师处获得该实物证据，也有权要求辩护律师披露该实物证据的来源。

（二）律师自行调查取证成果、工作成果的保密性考察

如果辩护律师根据委托人所披露的信息去收集证据，意即证据的获得直接来源于委托人披露的秘密信息，所获证据是受律师—委托人特权保护之委托人信息的"成果"（Fruits of privilege），那么在符合一定条件的情况下，此类"成果"也可以成为应当予以保密的"委托人秘密"。但此"成果"既包括证据，也包括辩护律师的意见，[1]具体应从两个方面加以阐述：

第一，基于受律师—委托人特权保护的信息所获得的证据仍受该特权保护。关于此问题最著名的案例即为"1974年快乐湖案件"。[2]在该案中，两名辩护律师在代理被控谋杀罪的委托人时，根据从委托人处获悉的信息寻找到了另外两名被害人的尸体并拍照留证。虽然社会上争议颇多，但是法院仍然裁定本

----

〔1〕 See Grand Jury Subpoena（Mr. S.），662 F. 3d 65, p. 69（1st Cir. 2011）.

〔2〕 1973年，在纽约快乐湖（Lake Pleasant）的一起谋杀案中，被告人告诉他的辩护律师，在警方指控的犯罪事实之外，他还杀了另外两人，并告知辩护律师这两人尸体的掩埋地点。辩护律师找到被告人所言埋尸地点，不仅察看了被害人尸体，还拍了照片。此后数月，在被告人向警方供述所有罪行之前，辩护律师对其掌握的被告人犯罪信息始终保密。并且，在被掩埋的两位受害人中，其中一名受害人的父亲一直在寻找该受害人的下落，并在警方的安排下向此案的辩护律师寻求帮助，希望辩护律师能够向其透露被害人的行踪。这样一起戏剧般的事件引起了社会的广泛关注。社会公众普遍对本案辩护律师显而易见的冷酷无情深感震惊，本案辩护律师的行为被认为是律师缺乏基本正义感和对公共利益缺乏关注的典型表现。公众的这种态度得到了当地检察机关所发布的公共声明（public statements）的支持，检察机关准备寻找证据起诉本案辩护律师，因为辩护律师的保密行为不仅延误了办案机关侦破犯罪，也导致本该被体面埋葬的受害人未获得相应尊重。除此之外，社会上很多律师和法学教授们也对此产生了情感矛盾，对律师职业责任引发的问题困惑不已。参见〔美〕门罗·弗里德曼：《对抗制下的法律职业伦理》，吴洪淇译，中国人民大学出版社2017年版，第1~10页。

案中两名辩护律师在发现被害人尸体后的保密行为既符合律师—委托人特权的要求，也符合律师保密义务的要求。[1]本案初步形成了基于受律师—委托人特权保护的委托人信息所获之证据仍受该特权保护的标准。

随后的人民诉梅里迪斯案（People v. Meredith，以下简称"梅里迪斯案"）则进一步规范了对此类证据保密性的判断。在梅里迪斯案中，辩护律师根据委托人提供的线索，雇佣调查人员在委托人住所后面的垃圾桶中找到了本案的关键证据：委托人的钱包。但是随后该调查人员将钱包交给了警方。案件审理过程中，检察官要求辩护律师作证说明该钱包的来源，但是委托人主张律师—委托人特权以拒绝辩护律师作证，同时否定该钱包的证据能力。加利福尼亚州最高法院对此给出了两点裁判意见：其一，基于受律师—委托人特权保护的信息（"委托人秘密"）所获取的证据也应获得律师—委托人特权的保护。如果认为基于受律师—委托人特权保护的信息所获取的证据不在特权保护范围内，那么将有损委托人与律师之间的信赖关系，委托人可能不会再对律师坦诚相待。并且，这将导致律师怠于主动调查取证。虽然反对意见认为如果将此类案件归入律师—委托人特权保护范围，那么无异于将律师—委托人特权的适用范围作了扩大解释，可能在辩护律师与办案人员之间形成"谁获取证据早则证据就是谁的"的不良风气，但是加利福尼亚州最高法院最终裁定：基于受律师—委托人特权保护的信息所获取的证据也应获得律师—委托人特权的保护。其二，若要使受律师—委托人特权保护的信息之"成果"获得律师—委托人特权保护，辩护律师在取证后不得对证据作出物理改变。加利福尼亚州最高法院指出，律师取证后不

---

〔1〕　See People v. Belge, 372 N. Y. S. 2d 798, p. 83（1975）.

应对证据作出物理改变，不能影响侦查人员在辩护律师之后继续获得此证据。意即如果辩护律师将证据留在原地，仅仅是观察证据或者对证据拍照、录像，那么辩护律师的行为便受律师—委托人特权保护；而如果辩护律师意图改变或者转移（altering or removing physical evidence）证据，那么辩护律师的行为便不能受律师—委托人特权保护，辩护律师应当将获取的证据交给办案机关。但需要说明的是，在辩护律师将实物证据交给办案机关后，如果没有辩护律师的证词，控方便无法证明该实物证据的来源，从而导致该实物证据不能获得证据能力，那么此时，委托人可以通过主张律师—委托人特权来拒绝辩护律师提供证言。因为辩护律师获取该实物证据的线索来自于受律师—委托人特权保护的信息，而该线索即为办案机关需要辩护律师说明的证据来源，很显然，该实物证据的来源应当受到律师—委托人特权的保护。[1]

　　第二，基于受律师—委托人特权保护的信息所形成的律师意见同样可以获得律师—委托人特权的保护。在希克曼诉泰勒案（Hickman v. Taylor）确立律师工作成果规则之后，美国联邦法院基本认可了此观点。[2]事实上，在梅里迪斯案中，加利福尼亚州最高法院不仅确立了"基于受律师—委托人特权保护的信息所获取的证据也应获得律师—委托人特权保护"的规则，还将律师—委托人特权延伸至"根据受律师—委托人特权保护的信息而得出的法律意见"。[3]但是梅里迪斯案是州先例，美国联邦法院在司法实践中并不愿意引用此先例。辩护律师的工作

---

〔1〕　See People v. Meredith , 29 Cal. 3d 682, pp. 687~695（Cal. 1981）.

〔2〕　See Hickman v. Taylor, 329 U. S. 495（1947）. 律师为即将进行的诉讼准备的材料可以免于开示，除非要求开示方实质性地需要该材料并且竭尽全力仍无法得到。

〔3〕　See Cooke v. Superior Court, 147 , p. 697.

成果最重要的特点是融入了律师自身的思考。[1]比如辩护律师的同期审判记录，其虽然记录了审判期间发生的事件，但是并不构成辩护律师的工作成果。因为其只是对法庭上发生的事件的记录，并没有体现出辩护律师对事件的研究、分析，不包含辩护律师的见解、应对策略等，不是辩护律师专业知识和技能的产物。[2]再比如，委托人认为侦查人员在搜查其住所时严重违法，并提示辩护律师向某目击证人取证。此后，辩护律师根据目击证人所述而制作的书面证言也不应当被认为是辩护律师的工作成果，因为这份书面证言是对目击证人所述信息的记录，反映的是已经发生的事实，不包含辩护律师的个人思考与意见。[3]为获得辩护律师提供的专业法律服务，律师—委托人特权鼓励委托人向辩护律师披露"合理且必要"的信息。[4]辩护律师则根据委托人向其披露的信息，结合自身专业法律知识与经验，形成相应法律意见以服务于委托人的利益。此时，不管该法律意见是口头的还是书面的，都应当受到律师—委托人特权的保护，意即成为辩护律师应当保守的"委托人秘密"。

五、认定"委托人不愿泄露的情况和信息"的标准

正常情况下，委托人与辩护律师在看守所会见室或者律师事务所进行秘密交流的能力不会受到损害，因此委托人完全可以对在会见室中向辩护律师披露的信息存有合理期待。但是当

---

〔1〕 See Goldberg v United States, 425 US 94（1976）；United States v. Jimenez, 265 F. Supp. 3d, p. 1348（S. D. Ala. 2017）.

〔2〕 See People v. Kahley, 169 A. D. 3d 1464, 93 N. Y. S. 3d 509（4th Dep't 2019）；事实上，单纯记录性的书面材料均不能被认为是律师的工作成果，因为其中不包含律师的思考。See United States v Strahl, 590 F2d 10（CA1 Mass 1978）.

〔3〕 See Diaz v. Devlin, 327 F. R. D. 26（D. Mass. 2018）.

〔4〕 See People v. Meredith, 459 Mich. 62（1998）.

委托人要求辩护律师将信息披露给第三方，或者客观环境的改变要求委托人通过一定的行为表达不愿信息被泄露的意愿时，情况又大不相同。

（一）推定委托人对所披露信息的保密性存有合理期待

第一，当委托人与辩护律师在看守所会见室针对案件情况进行交流时，应当推定委托人对向辩护律师披露之信息的保密性存有合理期待，并据此认定此类信息为辩护律师应当予以保密的"委托人秘密"。刑事案件中，委托人与辩护律师进行交流的主要场所应当是看守所的会见室。我国《刑事诉讼法》规定，辩护律师持有效证件要求会见在押委托人的，看守所应当及时安排会见；辩护律师会见委托人时不被监听。实际操作中，在会见室不够用的情况下，看守所可能安排讯问室供辩护律师会见委托人，但是"会见时不被监听"是法定条件。并且，联合国《关于律师作用的基本原则》第 8 条也规定了辩护律师应当在不被窃听、不经检查和完全保密的情况下会见犯罪嫌疑人、被告人。[1]作为联合国会员国，我国在立法与司法中当然也要遵循此原则。既然法律规定不被监听，那么在这种环境下，委托人就应该有合理理由相信其与辩护律师交流的内容不会被第三人获悉。换言之，会见场所的保密性是委托人对向辩护律师披露之信息的保密性存有合理期待的决定条件。如此一来，委托人有合理理由相信自己将在完全保密的环境下与辩护律师交流，也有合理理由相信其在此环境下向辩护律师披露的信息不会被第三人知悉。

---

　　〔1〕 联合国《关于律师作用的基本原则》第 8 条规定："遭逮捕、拘留或监禁的所有的人应有充分机会、时间和便利条件，毫无迟延地、在不被窃听、不经检查和完全保密情况下接受律师来访和与律师联系协商。这种协商可在执法人员能看得见但听不见的范围内进行。"

第二，当委托人在律师事务所内与辩护律师就寻求法律服务正常展开交流时，也应推定委托人对向辩护律师披露的信息的保密性存有合理期待。刑事诉讼中的委托人并非均处于在押状态，也可能在律师事务所内的接待室、律师办公室等场所与辩护律师展开交流。这些场所是传统意义上辩护律师的工作场所，委托人上门寻求法律服务，不管是基于交流场所的特定性还是律师的专业性，应该有合理理由相信其是在保密的环境中与律师开展磋商与交流。

（二）考察委托人应对特殊环境的措施

交流时客观环境和具体条件的改变会推翻对委托人的合理期待的推定。美国判例法的经验显示，在认定委托人是否对向辩护律师披露的信息的保密性存有合理期待时，应当具体考察交流时的客观环境、委托人的保密意图等。委托人与辩护律师交流时主观意愿或者客观环境的变化可能会使委托人对所披露信息之保密性的合理期待变得不合理。结合我国实际情况，笔者认为在以下两种情况下，不能认定委托人对向辩护律师披露之信息的保密性存有合理期待：

第一，当委托人明知交流所涉内容将被第三方获悉时，不能认为委托人对向辩护律师披露的信息的保密性存有合理期待。如果委托人在交流之前或者交流时知晓其在交流中向辩护律师披露的信息将会被告知第三方，或者委托人本人就有希望辩护律师将交流所涉信息转告第三人的意愿，那么无需多言，不管第三人是委托人一方的亲属、朋友、单位领导，还是办案机关的某位办案人员，抑或与案件无关的第三人，信息必将被披露的属性决定了委托人不能再对向辩护律师披露的信息的保密性产生合理期待，此次交流中委托人向辩护律师披露的信息当然也就不能成为辩护律师保密义务的保护对象。当然，如果委托人向辩护律师披露的信息是实际上已经公开的信息，也不能认为委托人对其披露的此类信息的保密性存有合理期待。如美国的经验显示，对于已经公开的信息，近期的判例已经倾向于认定委托人不得就该信息主张律师—委托人特权。因为委托人的合理期待是其向辩护律师披露的信息不会被其他人知悉。如果信息早已被公开，委托人产生"合理期待"的基础便不存在。并且，设置保密制度的目的是鼓励交流，鼓励委托人向辩护律师披露辩护律师不知道的信息，如此辩护律师才能更好地组织辩护。而就已经公开的信息来说，其并不是立法设置保密制度想要保护的信息，自然也就没有被保密的必要。

第二，当委托人与辩护律师交流的环境发生变化，而委托人又未采取必要的措施来表达其保密意图时，委托人可能因为交流环境保密性的缺失而被认为无法对向辩护律师披露的信息的保密性产生合理期待，此次交流所涉信息同样不能成为辩护律师履行保密义务所保护的"委托人秘密"。比如，在律师熊某被控伪证罪案中，如果真如办案人员所言，熊某在会见委托人时自始大开着讯问室的门，并大声与委托人交流，其在交流中所述内容在讯问室附近均可听到，那么毫无疑问，此时委托人与辩护律师交流的环境便不再具有保密性。[1]在这种环境下，

---

〔1〕 2019年9月，网上曝出"律师熊某因被监听入罪"，具体情况如下：律师熊某在讯问室会见委托人时，其谈话内容被隔壁讯问室提讯的警察听到并记录，此后，该警察的证言以及其关于熊某此次会见内容的记录成为指控熊某涉嫌《刑法》第306条伪证罪的证据。此案在律师界引起不满，熊某的辩护律师指出，委托人享有与辩护律师秘密交流的权利，《刑事诉讼法》第39条第4款就规定，辩护律师会见犯罪嫌疑人、被告人时不被监听。很显然，本案中隔壁讯问室警察偷听熊某与其委托人交流内容长达20分钟并做书面记录的行为应当被认定为"监听"，该警察的证言以及对此次交流内容的书面记录应属于《刑事诉讼法》第56条"刑讯逼供等非法方法"的范畴，不应作为证据使用。而据此案办案人员的描述，当日熊某会见其

如果委托人存有保密意图，其就应当采取某些必要的措施，比如提醒熊某关上讯问室的门，要求其尽可能小声地交流等。美国的经验显示，委托人采取措施后，最终能否真正避免第三人知悉其向辩护律师披露的信息并不是看委托人采取的措施是否合适，而是考察委托人采取的行动是否能够让人有合理理由相信他已经采取了必要的措施来避免其向辩护律师披露的信息的泄露。如果委托人并未采取措施应对与辩护律师交流时的特殊环境，那么认为委托人对向辩护律师披露的信息的保密性存在合理期待便不符合常理。此时，委托人向辩护律师披露的信息便不能获得保密制度的保护。

（三）严格考察第三人参与委托人与辩护律师之间交流的必要性

当委托人与辩护律师在有第三人在场的情况下交流时，我们并不能一律否定委托人向辩护律师披露的信息的保密性，而是应该辩证地看待。当符合以下两个条件时，应当认为委托人可以对向辩护律师披露之信息的保密性产生合理期待：

1. 第三人发挥促进服务功能

当第三人在场的目的是助益辩护律师为委托人提供法律服务时，委托人仍可以对向辩护律师披露之信息的保密性存有合理期待。美国判例法在确认第三人在场的目的时，提出了"促

（接上页）委托人时，自始大开着讯问室的门，并大声与委托人交流，其在交流中所述内容在讯问室附近均可听到。如果当日现场环境真如办案人员所述，那么隔壁讯问室警察的行为是否属于"监听"便存在疑问。因为按照熊某的表现，其显然没有与委托人进行秘密交流的意图，而委托人在这种环境下与熊某对话，也难以被认定存在秘密交流的意愿。既然交流双方均没有秘密交流的意图，那么隔壁讯问室警察在正常情况下听到双方交流的内容又怎能被认定为"监听"？本案中，如果讯问室的门被辩护律师故意打开，那么是否可以认定交流双方对秘密交流空间予以放弃？在讯问室的门打开的情况下，交流双方大声交流的行为，是否应当理解为交流双方对交流内容的保密性没有期待？

进服务标准"（Facilitative Revelations） 和 "促进交流标准"（Communicative Revelations），认为当第三人在场的目的是促使辩护律师为委托人进一步提供法律服务或者确保委托人与辩护律师之间信息的顺利传输时，第三人在场可能不会破坏委托人向辩护律师披露的信息的保密性。但是在笔者看来，如此区分实无必要，因为即使第三人在场的目的是确保信息在委托人与辩护律师之间顺利传输，最终效果也是通过确保委托人与辩护律师畅通无阻地交流，使辩护律师能够全面接收委托人的信息，并根据交流所获信息为委托人提供优质法律服务。所以，将第三人在场的目的设置为助益辩护律师为委托人提供法律服务足以涵盖需要第三人在场的各种情况。

2. 第三人在场是合理且必要的

如果第三人参与委托人与辩护律师的交流是合理且必要的，那么委托人仍可以对向辩护律师披露之信息的保密性存有合理期待。关于何为 "合理且必要的"，美国经验并没有给出清晰的解答。笔者认为， "合理" 应当被解释为符合常识、常理、常情。陈忠林教授将 "常识、常理、常情" 解释为 "为一个社会的普通民众长期认同，并且至今没有被证明是错误的基本的经验、基本的道理以及为该社会民众普遍认同与遵守的是非标准、行为准则"。[1] "必要" 应当被解释为第三人在场是辩护律师提供法律服务所必需的。"合理且必要的" 则应当被解释为根据常识、常理、常情，第三人在场是辩护律师提供法律服务所必需的。可以进一步从两个维度来理解这种 "合理且必要"：第一，第三人在场，对于委托人和辩护律师的交流是合理且必要的。

---

〔1〕 陈忠林：《 "常识、常理、常情"：一种法治观与法学教育观》，载《太平洋学报》2007 年第 6 期，第 16 页。

比如，委托人与辩护律师语言不通，或者委托人是聋哑人，此时就有必要安排通晓委托人语言或者手语的翻译人员在场，因为如果没有翻译人员在场，那么委托人与辩护律师的交流便无法顺利进行。再比如，委托人过失杀人后精神极度紧张，思维混乱，需要在家人的帮助下与外界沟通。此时，其在家人的陪同下向辩护律师咨询法律问题便是合理且必要的，因为委托人自己无法顺畅地表达自己的观点。相反，如果委托人在处理公司事务时被告知可能涉及合同诈骗，便叫上朋友陪其去咨询辩护律师，此时，其朋友在场便是不合理的，因为其朋友即使不在场，委托人同样可以正常地与辩护律师交流。

第二，委托人向第三人披露的信息应当是合理且必要的，这要求委托人向第三人披露信息应当有度。比如，委托人与其同事在处理公司事务时被告知可能涉及合同诈骗，作为公司事务的共同经手人，委托人与其同事在此事件中拥有共同利益。并且由于二人各自负责了其中的一部分，为确保与辩护律师交流的完整性，委托人便与其同事一起到律师事务所进行咨询。此时，虽然委托人与辩护律师交流时有第三人在场，但是该第三人的在场却是合理且必要的，否则辩护律师无法完整地判断委托人所言事务的性质。但是如果在委托人与其同事涉嫌合同诈骗之事宜以外，委托人又进一步咨询其本人可能涉嫌犯罪的另一件事，那么此时其同事在现场便不是合理且必要的。因为第二件事是委托人个人的事情，委托人个人与辩护律师交流足矣，其同事在场毫无必要。此时如果委托人允许其同事在场并向其同事披露欲咨询之事件的信息，那么应当认为委托人对于此次交流不具有保密意图。

（四）区别对待辩护律师自行收集、完成的证据材料

首先，委托人向辩护律师提供的证明委托人有罪的实物证

据不能成为辩护律师应当保密的"委托人秘密"。辩护律师承担着保障法律的正确实施、保障社会公平正义的职责，其如果将证明委托人有罪的实物证据保密，无异于帮助委托人隐匿犯罪证据，可能构成帮助毁灭、伪造证据罪。若委托人在向辩护律师寻求法律帮助时将实物证据交给辩护律师，那么辩护律师如何处理此实物证据就成为问题：交给办案机关，则违反了对委托人的保密义务；予以保存，则可能触犯帮助毁灭、伪造证据罪，并严重违背其真实义务。考察律师社会身份，自 1980 年《律师暂行条例》颁行至今，经历了从"国家法律工作者"向"为社会提供法律服务的执业人员"再到"为当事人提供法律服务的执业人员"的变迁。辩护律师兼具私益与公益功能，被同时赋予"维护当事人合法权益、维护法律正确实施、维护社会公平正义"的职责。并且由于不同主体在私益与公益间价值选择的侧重点不同，实践中律师在法庭中发表真实言论的限度、保守执业中所获秘密的限度各不相同。有学者指出，律师的独立辩护人地位决定其不能纯粹作为犯罪嫌疑人、被告人的代理人，应遵守相较被告更高标准的行事准则，践行对正义的坚持和信仰。[1]并且，当事人与公检法工作人员更倾向于将律师定义为逐利的商业体，而相当一部分律师在自身定位时也在公益与私益间徘徊，执业中面对价值冲突往往难以平衡与取舍：当事人利益至上还是平衡社会利益？是秉持对法庭的真实义务还是坚持对当事人的保密义务？尽管律师与公检法办案人员在出发点上不尽相同，但是法律人的信仰是法律，法律人的最终目标是公平正义。有法官曾言：有了律师这个职业，司法公正不

---

〔1〕 参见陈瑞华：《论辩护律师的忠诚义务》，载《吉林大学社会科学学报》2016 年第 3 期，第 9 页。

一定必然会实现；但是如果没有律师这个职业，实现司法公正就一定是句空话。[1]国外有研究显示，"如果律师的工作是具有职业精神的、善意的，那么就能防止不公正的刑事判决和其他违法判决发生法律效力"。[2]所以，辩护律师应尽可能拒绝委托人向其提供证明委托人有罪的实物证据。而一旦获得，辩护律师应配合公安司法机关查明案件事实，不得予以保密。

其次，如果委托人向辩护律师披露的信息被认为是"委托人秘密"，那么辩护律师根据此信息所获取的证据同样可以被认为是辩护律师应当予以保密的"委托人秘密"。这其中的法理基础较为简单：一是保护委托人的信赖利益。毫无疑问，辩护律师的辩护活动并非限于与委托人的交流。在从委托人处获取相关信息后，辩护律师根据所获信息进行的调查取证活动实际是受保密制度保护的秘密交流的延续。如果辩护律师根据受保密制度保护的信息获取的证据被强制披露，那么无异于是对受保密制度保护的"委托人秘密"的强制披露。二是鼓励辩护律师调查取证。为应对伪证罪带来的执业风险，面对一些可以调取、也应该调取的证据，不敢、不愿取证已经成为行业常态。[3]如果辩护律师主动取证后却被强制披露，这将使本就缺乏内外驱动的辩护律师调查取证制度雪上加霜。

再次，基于委托人披露的信息所获取的证据在符合一定条件时可以成为辩护律师应当予以保密的"委托人秘密"。即使委

---

〔1〕　参见《司法部长为何亲自为律师监督，他们到底有多重要？》，载 https://www. thepaper. cn/newsDetail_ forward_ 2701967? from = singlemessage&isappinstalled = 0. 最后访问时间：2024 年 12 月 22 日。

〔2〕　参见［俄］尤·彼·加尔马耶夫：《俄罗斯刑事诉讼律师违法活动面面观》，刘鹏、从凤玲译，中国政法大学出版社 2013 年版，第 300 页。

〔3〕　参见汪海燕：《律师伪证刑事责任问题研究》，载《中国法学》2011 年第 6 期，第 71 页。

托人向辩护律师披露的信息被认定为辩护律师应当予以保密的"委托人秘密"，但是根据此信息获取的证据也并非始终具备保密性，因为保密制度所要保护的利益并非没有边界，法律的天平不能一味倒向委托人，还应兼顾公安司法机关发现事实真相、正确适用法律。并且，辩护律师在维护委托人的合法权益之外，仍承担维护法律正确实施、维护社会公平正义的职责。因此，辩护律师基于辩护需要而根据委托人披露的信息获取证据的行为应当得到保护，但同时，其获取证据的行为也不能阻碍公安司法机关发现事实真相。具体而言，若要此"成果"类证据继续成为辩护律师应予保密的"委托人秘密"，辩护律师应当妥善对待所获证据：其一，保持所获证据的原貌。比如，对于所获实物证据，如果辩护律师不改变证据的物理形态，只是确认或者拍照，那么该证据便具有保密性；如果辩护律师意图改变证据，那么该证据就不具有保密性。其二，不得影响办案机关继续获取此证据。如果辩护律师主观上存在藏匿所获证据的故意并付诸实施，那么该证据同样不具有保密性，也就不能成为"委托人秘密"。

最后，辩护律师的工作成果，包括与委托人签订的合同、基于委托人提供的信息形成的法律意见等，也可以成为辩护律师应予保密的"委托人秘密"。除了向公安司法机关展示的辩护意见，辩护律师在承接案件之后也会形成其他法律文件。这些文件可能涉及委托人不愿披露的信息，如果强制要求律师提供此类工作成果，同样有损委托人与律师之间的信赖利益。因此，为有效履行对委托人的保密义务，辩护律师可以拒绝披露此类工作成果，也可以拒绝办案机关为获取此类工作成果而进行的搜查和扣押。

第二节 信息披露的限度

我国立法将"委托人准备或者正在实施危害国家安全、公共安全以及严重危害他人人身安全的犯罪"的情况作为辩护律师保守委托人秘密的例外，在符合例外情况时，辩护律师可以对外披露委托人的情况和信息。但是披露的范围和限度应当得到明确，这也是辩护律师保守委托人秘密的应有之义。

一、辩护律师对外披露委托人信息限度的实践考察

已有辩护律师保密例外的规定为辩护律师对外披露相关委托人情况和信息提供了法律基础，但是又缺乏"度"的指引。我国立法仅规定了辩护律师保密例外的范围，却没有规定信息披露的限度。律师保密的例外，是价值权衡的结果。中外在建立律师保密制度时之所以普遍明确律师保密的例外情形，就是为了便于律师对其保密所带来的利益与披露信息所产生的社会价值进行综合判断后作出选择。但是此种选择不应仅仅停留在哪类信息可以被披露，还应解决哪些信息适合被披露。在符合保密例外情形时，还应当进一步明确辩护律师对外披露委托人情况和信息的限度。这种限度的要求体现在两点：一是披露信息的限度。信息总是相互关联的，辩护律师在对外披露委托人准备或正在实施某项犯罪的信息时也难免会出现疏忽，在交代具体事项时涉及其在执业中知悉的委托人不愿意泄露的其他情况和信息。这就有可能使委托人遭受不必要的损失。此时就有必要对辩护律师对外披露委托人的情况和信息的"度"作出限制，通过设置一定的标准，引导和约束辩护律师谨慎地披露相关情况和信息，确保在达到预防和控制相关犯罪的目的的前提

下，尽可能减少对委托人利益的损害。二是披露相对方的限度，即向哪些人披露。我国《刑事诉讼法》第48条在规定辩护律师保密例外的范围的同时，进一步规定了辩护律师的及时告知义务，要求辩护律师将在执业中知悉的委托人准备或者正在实施危害国家安全、公共安全以及严重危害他人人身安全的犯罪的情况和信息及时告知司法机关，这就首先明确了辩护律师可以向司法机关披露委托人的情况和信息。但是除司法机关以外，辩护律师还可以向谁披露？又不可以向谁披露？防止案件信息在审前的过度和不当传播是律师保密义务的应有之义。[1]应当明确的是，即使是委托人准备或者正在实施上述三类犯罪的情况和信息，辩护律师也不应当广而告之，向毫无利害关系的人披露此类信息。如果不限制披露相对方的范围，一方面有损委托人的社会评价，不利于委托人回归社会；另一方面有损辩护律师的专业形象，不利于委托人与辩护律师之间信任关系的形成。

二、辩护律师对外披露委托人信息限度的域外实践

虽然绝大部分确立律师保密制度的国家在立法上都有关于保密例外的规定，但是却鲜有对律师对外披露的限度问题耗费笔墨的。比如，《德国律师执业规范》以"经公开的事实或按其意义不再需要保密的事实，不在此范围内"完成对律师保密例外的规定，《日本律师法》则以"除非法律另有规定"完成对律师保密例外的设置。目前能掌握的资料中，仅有《美国律师协会职业行为示范规则》第1.6条b项规定了"合理且必要"

---

〔1〕 韩旭：《庭审实质化背景下律师庭外言论的规制——兼谈律师庭外声明的谨慎发布》，载《法学杂志》2023年第1期，第144~157页。

标准，以及《加拿大律师协会联合会职业行为示范守则》第
3.3—3 条规定了"不得超过所需"标准。[1]但事实上"不得
超过所需"与"合理且必要"在本质上无异。此外，美国立法
与判例法不仅确立了披露信息的"合理且必要"标准，在明确
披露相对方方面也有相应的经验。

（一）披露信息的限度

对于信息披露的限度，《美国律师协会职业行为示范规则》
第 1.6 条 b 项规定，在符合保密例外的情形下，[2]"律师可以在
其认为合理且必要的范围内披露与代理委托人有关的信息"。这
在美国的判例法中得到了广泛运用，律师只能在其认为合理且

　　[1]　参见王进喜译：《加拿大律师协会联合会职业行为示范守则》，中国法制
出版社 2016 年版，第 66 页。《加拿大律师协会联合会职业行为示范守则》第 3.3—3
条至第 3.3—7 条规定了律师保密的例外情形。即"当有合理根据认为存在迫在眉睫
的死亡或者严重身体伤害风险，为防止该死亡或者伤害之必要，律师可以披露秘密
信息，但是披露的信息不得超过所需"。"如果有人诉称律师或者律师的非合伙人或
者雇员：（a）已经实施了涉及委托人事务的犯罪；（b）就涉及委托人事务的事项承
担民事责任；（c）实施了职业过失行为；或者（d）从事了律师职业不端行为或者
不检行为，律师可以为了就指控进行辩护而披露秘密信息，但是披露的信息不得超
过所需。""为了证明或者追讨律师费，律师可以披露秘密信息，但是披露的信息不得
超过所需。""为了就准备进行的行为获得法律或者道德建议，律师可以向其他律师披
露秘密信息。""为了查明和解决因律师雇佣关系变更或者律师事务所组成、所有权变
更而产生的利益冲突，在合理必需的范围内，律师可以披露秘密信息，但是仅限于披
露的信息不会损害事务律师—委托人特免权，或者以其他方式损害委托人。"
　　[2]　前文已述，例外情况包括：①为了防止合理确定的死亡或者重大身体伤
害；②为了防止委托人从事对其他人的经济利益或者财产产生重大损害的并且委托
人已经利用或者正在利用律师的服务来加以促进的、合理确定的犯罪或者欺诈；③
为了防止、减轻或者纠正委托人利用律师的服务来促进的犯罪或者欺诈对他人的经
济利益或者财产产生的合理确定的或者已经造成的重大损害；④为了就律师遵守该
规则而获得法律建议；⑤在律师与委托人的争议中，律师为了自身利益起诉或者辩
护，或者为了在因与委托人有关的行为而对其提起的刑事指控或者民事控告中进行
辩护，或者为了在任何与其对委托人的代理有关的程序中针对有关主张作出反应；
⑥为了遵守其他法律或者法庭命令。

必要的范围内公开委托人的相关情况和信息。首先，为了防止合理确定的死亡或者重大身体伤害，律师应当主动就相关信息进行合理且必要的披露，并且即便披露，也还须满足四点：①经过充分的询问和调查，律师知晓的事实能够合理地确信该披露为防止死亡或重大人身伤害所必需；②除非在不可行的情况下，律师必须就披露的意图与委托人进行商议（例如，若商议可能触发委托人自杀或杀害第三者的情形便不需商议）；③没有其他可行的措施阻止伤害威胁；④披露应限制在阻止危害后果所必需的程度。其次，当要求信息披露的一方有证据证明委托人欲利用律师提供的专业法律服务实施犯罪或欺诈行为时，律师应当就相关信息进行合理且必要的披露。需要指出的是，在确定了适用律师—委托人特权的犯罪或欺诈例外情形之后，律师应当披露执业中知悉的全部委托人信息还是仅披露被用于犯罪或欺诈的信息在美国存在争议。有一部分法院认为，一旦认定委托人与辩护律师的交流属于适用律师—委托人特权的犯罪或欺诈例外，那么案件中的律师—委托人特权就会完全消失，辩护律师与委托人交流的所有内容均不再受律师—委托人特权的保护。[1]当然，主流的观点还是认为犯罪或欺诈例外仅适用于能够被认定为犯罪或欺诈例外的信息。后来美国联邦最高法院大陪审团的立场进一步改变，认为犯罪或欺诈例外应狭义地解释为仅限于能够促进犯罪或欺诈行为的信息和文件，律师与委托人进行的其他秘密交流仍受律师—委托人特权的保护。[2]最后，对于律师自我防卫的例外，当律师需披露相关委托人信息以应对面临的诉讼或纠纷时，律师可以就相关信息进行合理

---

[1] See United States v. Ballard, 779 F2d 287, pp. 292～293（5th Cir. 1986）；Grand Jury Proceedings, 43 F3d 966, p. 972（5th Cir. 1994）.

[2] See Grand Jury Subpoena, 419 F3d 329, pp. 342～343, 347（5th Cir. 2005）.

且必要的披露。

（二）披露相对方的限度

美国判例法显示，一旦案件符合律师保密例外的情形，律师可以向委托人以外的第三方披露相关委托人信息，但是符合条件的第三方仅限于办案机关、潜在被害人（被害人）。在符合保密例外的情形下，律师向办案机关披露相关信息以防止危害结果的发生或者协助办案机关发现案件真实属于情理之中。但是为了阻止即将发生的死亡或者重大身体伤害事件发生，律师也可以向潜在被害人披露相关信息（甚至有相当一部分司法人员认为，律师有义务向潜在委托人披露相关信息）。对于此，较为经典的是塔拉索夫诉加州大学董事会案（Tarasoff v. Regents of the University of California），[1]虽然该案主体仅有心理医生与委托人，但是在保守委托人秘密问题上，心理医生保守委托人秘密与律师保守委托人秘密有异曲同工之妙。在该案中，心理医生在对病人催眠后听闻病人有意杀死一名拒绝过他的年轻女子。随后，心理医生将此信息报告给警方，警方迅速将该病人逮捕，但是又在该病人恢复理性后将其释放。该病人在被释放后便将那名拒绝过他的年轻女子杀害。因为心理医生没有向被害的年轻女子或其家属提示可能被杀害的风险，被害人的父母遂对心理医生所在机构提起诉讼。加利福尼亚州最高法院给出了两点裁判意见：其一，如果医生能够预见患者将要伤害第三方，那么基于医生和患者的特殊关系足以形成一种照顾责任，医生有责任谨慎地采取预防措施。虽然被告辩称心理医生的职业特质决定了其不可能准确预测可能到来的危险，但是法院认为医生

---

[1] See Tarasoff v. Regents of the University of California, 551 P. 2d 334 (Cal. 1976).

可以对自己的诊断产生心理确信。其二，对特权的保护止于严重个人或公共危险发生时。保守患者秘密是医生的职业义务，被告也声称，对于心理治疗而言，患者能够与心理医生进行"自由和开放的沟通"至关重要。对心理医生强行施加照顾责任将会影响患者与医生之间的信赖关系，干扰患者与医生进行"自由和开放的沟通"。但是法院认为，支持心理医生保守患者秘密的公共政策必须屈从于支持防止他人遭受严重伤害的公共政策。

很快，该案确立的标准便在霍金斯诉金乡案（Hawkins v. King County）中适用。[1]在该案中，霍金斯（Hawkins）因被控持有大麻而获得法庭指定的法律援助律师的帮助。该律师从霍金斯母亲雇佣的另一名律师那里了解到，霍金斯患有精神疾病并且人身危险性强，不应该被释放，并且这一点也在精神病医生那里得到了确认。但是该律师仍然在保释听证会上为霍金斯争取到了保释许可，其间，该律师没有告知法院有关霍金斯人身危险性的信息，并且无论是法官还是检察官均没有对霍金斯的人身危险性提出疑问。在被释放几天后，霍金斯袭击了他的母亲并企图自杀。此后，霍金斯便状告其律师，认为其一，律师违反了职业伦理，未向法院披露有关其人身危险性的信息；其二，根据塔拉索夫诉加州大学董事会案，律师应对未能就其人身危险性向他人发出警告负责。法院首先指出，律师应当忠诚于委托人、提供热忱代理，不论是职业伦理还是证据规则，都没有要求律师披露对客户不利之信息的规定。但是，法院认为，当确信即将发生死亡或者重大身体伤害事件时，律师有责任对外披露委托人的相关信息，可以向目标受害人发出警告以避免

---

〔1〕 See Hawkins v. King County, 602 P. 2d 361（Wash. Ct. App. 1979）.

死亡或者重大身体伤害事件发生。当然，法院也指出，律师只有在确信即将发生死亡或者重大身体伤害事件的情况下才能披露委托人信息，不能随意扩大照顾责任的范围。

（三）辩护律师自我防卫时披露信息的限度

辩护律师自我防卫是指当辩护律师为维护自身合法权益而不得不披露相关委托人信息时，法院往往认可辩护律师的披露行为，委托人不得要求辩护律师继续履行保密义务。律师的自我防卫主要表现在以下两种情况中：其一，辩护律师因为与委托人存在争议，为维护自身利益而将争议诉诸法律或者在被委托人起诉后为自己辩解；其二，辩护律师因为办理委托人的案件而遭遇刑事指控或者被委托人之外的第三人提起民事诉讼，为维护自身合法权益而辩护。

具体而言，其一，如果辩护律师与委托人就律师费用的支付、法律服务的品质问题发生纠纷并诉诸法律，那么辩护律师可以披露其与委托人之间有关上述事项的交流内容。《美国联邦证据规则》第 503 条 d 项即规定，对于委托人未履行对律师之义务，或律师未履行对委托人之义务有关的信息，不受律师—委托人特权的保护。因为辩护律师与委托人之间有关争议事项的交流内容是证明委托人是否未履行对辩护律师的义务或者辩护律师是否未履行对委托人的义务的重要证据。比如，委托人指责辩护律师提供的法律服务存在重大瑕疵并且拒付服务费，此时，辩护律师进行抗辩的主要证据即源自其与委托人之交流，将通过复述委托人之需求以及自己提供的法律建议等来证明自己提供的法律服务并无重大瑕疵。这种情况下，如果允许委托人主张律师—委托人特权以拒绝辩护律师披露相关信息，那么该律师在诉讼中将很难成功为自己辩解。很明显，这对辩护律师并不公平。[1]其二，如果辩护律师因为为委托人提供法律服务而招致外界对其提起刑事指控或者民事控告，那么为了在诉讼中维护自身合法权益，使自己免于遭受不必要的刑罚或者经济、名誉等损失，辩护律师可以披露与此相关的受律师—委托人特权保护的信息。比如，在一起大规模的贷款诈骗案中，辩护律师也因涉嫌帮助委托人实施诈骗行为而被办案机关立案调查。为证明自己无辜，该律师便不得不披露其与委托人秘密交流的相关信息，并且法院拒绝委托人就这些信息主张律师—委托人特权。[2]根据美国国内的一项调查，大约25%的针对律师的诉讼是因为第三方滥用程序或恶意起诉。[3]当辩护律师因为为委托人辩护而陷于诉讼中时，如果法院支持委托人对律师—委托人特权的主张，不允许辩护律师披露相关信息为自己辩护，不仅对辩护律师不公平，打击辩护律师对自身职业的心理认同，也在一定程度上放任了第三方恣意起诉辩护律师情况的发生。其三，辩护律师披露委托人信息应当以"合理且必须"为限度。详言之，辩护律师适用自我防卫例外披露委托人信息时，只能披露其

---

〔1〕 See Willy v. Administrative Review Bd. , 423 F3d 483, p. 496 (5th Cir. 2005); also see ABA Model Rule 1. 6 (b) (5).

〔2〕 See National Mortg. Equity Corp. Mortg. Pool Certificates. 636 F. Supp. 1138, pp. 690~692 (C. D. Cal. 1986). 在律师面临刑事指控时，为证明律师有罪或者无罪，即使律师拒绝披露受律师—委托人特权保护的委托人信息，法院也可能要求律师披露。在 P. C. 诉美国案 (Gerald B. Lefcourt, P. C. v. U. S.) 中，美国国税局 (IRS) 对涉嫌税务犯罪的律师展开调查，并向银行发出了传票，希望获取与该调查有关的律师的货币往来记录。律师以银行记录包含其委托人的身份信息为由主张律师—委托人特权，以拒绝银行向美国税务局提供其货币往来记录。但是法院认为，银行记录虽会披露律师的委托人身份，但并不会给委托人带来不利，律师对此主张律师—委托人特权并不能获得支持。具体参见 Gerald B. Lefcourt, P. C. v. U. S. , 125 F. 3d 79, p. 85 (1997).

〔3〕 See Grassmueck v. Ogden Murphy & Wallace, 213 F. R. D. 567, p. 571 (P. L. I. C. , D. C. Wash. 2003).

为维护自身合法权益而必须披露的信息。[1]

三、权衡信息披露的限度

　　律师保密制度的适用不应将天平一味向委托人倾斜，也应时刻关注对公权力的限制、对委托人权益的保护。立法赋予被追诉人相应权利是为了维护被追诉人的合法权益，使其面对公权力不至于毫无抵抗力。这种保护本身就是司法公正利益对被追诉人个人利益的让步，以致出现明明辩护律师知道自己的委托人实施了犯罪行为，但办案机关却只能自行寻找案件事实真相的局面。但是如果委托人利用辩护律师提供的法律服务实施犯罪也要被保护，那么将是对司法公正的一种亵渎。对实体公正的追求是世界各法治国家的共同目标，即便在以看重程序公正著称的英国，其司法判例中也出现了如果委托人向辩护律师披露的信息中包含证明刑事诉讼中被追诉人无辜的信息，那么辩护律师便无需将此类信息保密的情况。亦即追求正当程序并非意味着放任实体公正的缺失，如果辩护律师明知委托人无罪，却又囿于保密义务的要求将证明委托人无罪的信息保密，那么保密制度的设置同样将丧失旨趣。[2]因此，当符合法律规定的

---

　　[1]　See First Federal Sav. & Loan Ass'n of Pittsburgh v. Oppenheim, Appel, Dixon & Co., 110 F. R. D. 557（S. D. N. Y. 1986）；Glade v. Superior Court, 76 Cal. App. 3d, p. 738（3d Dist. 1978）and so on.

　　[2]　在英国的 R v. Ataou, QB 798（1988）案中，被告人艾托（Ataou）与 H 作为共犯面临相同指控，艾托曾在与其第一任辩护律师交流时透露 H 并没有涉足此案。此后，艾托更换辩护律师，并在法庭上主张律师—委托人特权以拒绝披露其与第一任辩护律师交流的所有内容。但是上诉法院的法官并未支持艾托的主张，因为艾托与第一任辩护律师交流的内容中包含证明被告人 H 无辜的证据，如果法庭同意艾托拒绝披露的主张，那么被告人 H 可能因此被错判，承担不必要的刑罚。这既有损被告人 H 获得公正审判权的实现，也使法院因为难以公正司法而降低公信力。

例外情况时，辩护律师向公安司法机关披露相关信息是必要的，但是也要权衡信息披露所带来的利益冲突。

（一）坚持程序公正与实体公正并重的基本原则

权衡信息披露的限度应当坚持程序公正与实体公正并重的基本原则。首先，改变传统"重实体、轻程序"的刑事司法理念，坚持打击犯罪与保障人权、程序公正与实体公正"两个并重"是我们现今刑事司法改革与发展应当坚持的方向。我国素有"重实体、轻程序"的司法传统，过去刑事司法中的人权保障并不理想。但自1996年《刑事诉讼法》修正以后，正当程序原则在我国刑事司法中确立起来。并且，坚持实体与程序并重、打击犯罪与保障人权并重，实现两种价值的平衡成为我国的基本政法理念。[1]在这种现代刑事法理念的倡导下，控制国家权力，保障公民个人的权利，用权利制约权力是平衡控辩双方力量，实现人权保障的重要途径。[2]为协助委托人在控辩对抗中获得平等武装，展开平等对话，保障辩护律师对内承担对委托人的保密义务、对外行使保密权就显得尤为必要。[3]如法律伦理学家门罗所言：如果律师被要求泄露委托人罪行，那么保守秘密的义务就会被毁灭，一同被毁灭的，还有对抗制本身。如果辩护律师不履行保密义务，将在执业中知悉的不利于委托人的信息告知办案机关，那么辩护律师不再是协助委托人行使辩护权的"法律服务提供者"，辩护就成了委托人一个人的战役。委托人在刑事诉讼中本就处于弱势，辩护律师的"倒戈"更加

---

〔1〕 参见龙宗智：《动态平衡诉讼观的几点思考》，载《中国检察官》2018年第13期，第6页。

〔2〕 参见奚玮、沈鹏：《论被追诉人辩护权的宪法保障》，载《广东社会科学》2015年第3期，第234页。

〔3〕 参见司莉：《律师保密义务有关理论问题探讨》，载《河南财经政法大学学报》2015年第2期，第108页。

剧其劣势，委托人寻求辩护律师帮助的初衷便难以实现。如果
办案机关能够轻易从辩护律师处获取委托人向辩护律师披露之
信息，委托人更不可能对辩护律师心存信任，而这种不信任将
使得辩护律师作为平等武装之利器的功能大大折损。刑事诉讼
中所谓的双方主体间平等、理性对话便成为虚谈。

　　其次，追求程序公正的同时不应忽视对实体公正的坚持。
"司法公正包括实体公正和程序公正两个方面，两者相互依存，
不可偏废，努力兼顾两者的价值平衡。追求实体公正，不能以
违背和破坏程序为代价，防止那种只求结果、不要过程、省略
程序、违反程序等问题出现；强调程序公正，绝不意味着放弃
对实体公正的追求，不能脱离实体公正搞所谓的'程序至上'
或者'程序优先'，避免只求过程不重结果。"[1]虽然要改变刑
事司法"重实体、轻程序"的倾向，但并不意味着要抛弃对实
体公正的追求。[2]揭露犯罪、发现真实仍是刑事司法的最终追
求，辩护律师仍然承担着维护法律实施、维护社会公平正义的
职责。一味强调辩护律师保守委托人秘密、放任辩护律师阻碍
办案机关查明案件事实并不符合司法公正的要求。保障委托人
获得律师帮助的权利是程序公正的要求，即使有碍办案机关发
现真实、打击犯罪也在所不惜。但保障委托人获得律师帮助的
权利绝非保护委托人利用辩护律师提供的专业法律服务计划或
者实施犯罪，此时强调程序公正便毫无意义。因此，在设置辩
护律师保守委托人秘密的例外情形时，应当坚持实体公正与程
序公正并重的基本原则，拒绝一味向委托人利益妥协。

　　[1]　中共中央政法委员会：《社会主义法治理念读本》，中国长安出版社2009
年版，第152页。
　　[2]　曹建明：《牢固树立"五个意识"着力转变和更新执法理念　努力做到
"六个并重"确保刑诉法全面正确实施》，载《检察日报》2012年7月23日。

（二）明确披露的信息范围与披露的对象

首先，应明确哪些委托人秘密可以被披露。具体而言，其一，应当明确，辩护律师仅可以披露与保密例外情形相关的委托人的情况和信息。美国的经验告诉我们，即使委托人利用辩护律师提供的专业法律服务准备或实施犯罪或欺诈行为，也不应彻底否定辩护律师保守委托人秘密的必要，不能认为辩护律师在执业中知悉的所有委托人秘密均可以被披露。其二，应当确立辩护律师披露信息的"合理且必要"标准，当案件符合辩护律师保守委托人秘密的例外情形时，要求辩护律师仅在合理且必要的范围内披露委托人的情况和信息，在披露信息的过程中保持适当的谨慎，一旦达到预防犯罪、自我防卫等目的即不再披露。

其次，应明确辩护律师可以向谁披露。具体而言，其一，对于委托人犯罪的例外，如果没有潜在被害人，辩护律师只能向公安司法机关披露相关委托人情况和信息；如果有潜在被害人，辩护律师既可以向公安司法机关披露相关委托人情况和信息，也可以向潜在被害人披露相关信息。之所以认为没有潜在被害人时辩护律师仅可以向公安司法机关披露相关信息，原因在于此举可以规范辩护律师的披露行为，最大限度降低委托人秘密被外界知悉的可能，尽可能减少对委托人利益的损害。之所以建议辩护律师可以向潜在被害人披露相关信息，一是便于潜在被害人及时规避危险的发生；二是为辩护律师维系与委托人的信任关系留下余地。因为向公安司法机关披露委托人犯罪信息，容易导致委托人"罪加一等"。并且相较于向公安司法机关披露委托人秘密，向潜在被害人披露在感情上更容易被接受。其二，对于委托人放弃的例外、辩护律师自我防卫的例外以及委托人无辜的例外，辩护律师只能向公安司法机关披露相关委

托人情况和信息。之所以如此建议，目的也有两个：一是防止
辩护律师将委托人秘密广而告之，尽可能减少对委托人利益的
损害；二是通过规范辩护律师的披露行为来强化辩护律师执业
的专业性，助益辩护律师树立良好的职业形象。

（三）明确过度披露的后果

辩护律师违反保密义务既可能是主动为之，也可能出于过
失。实践中辩护律师违反对委托人之保密义务大多出于过失，
比如，与自己的配偶、子女和朋友谈及所办理案件的细节，造
成"委托人秘密"的泄露；因为对律师助理的引导或者监督管
理不力，又或者在案件办结后潦草归档而导致"委托人秘密"
被泄露。再比如，辩护律师在接受新闻媒体采访、与其他律师
同行交流办案经验时一时疏忽，导致"委托人秘密"被泄露。
此外，因为对计算机加密不严、随意放置案件的相关文件等，
"委托人秘密"也可能被辩护律师不经意间泄露。[1]但是辩护
律师故意违反保密义务的情形也时有发生，比如前几年的"李
某某强奸案"，该案的7名辩护律师、代理律师因为故意泄露当
事人隐私、不当披露案情而受到北京市律师协会的纪律惩戒。
既然辩护律师不能保守委托人秘密的情形并不少见，那么不管
是为了维护委托人的合法权益，还是要反向引导和规范辩护律
师的执业行为，都有必要明确辩护律师违反对委托人之保密义
务的后果。

首先，应在《律师法》中明确辩护律师泄露委托人不愿意
泄露的情况和信息的惩戒规则，但不宜将此入罪。之所以如此
建议，具体原因有两点：

---

〔1〕 参见中华全国律师协会编：《律师职业伦理》，北京大学出版社2017年
版，第161页。

第一，加强辩护律师对保守委托人秘密的重视。我国《律师法》中并没有关于律师泄露委托人不愿意泄露的情况和信息的惩戒规则。我国《律师协会会员违规行为处分规则（试行）》第24条和第25条虽然规定了辩护律师违反对委托人之保密义务的惩戒措施，[1]但是仅将违规行为限于泄露商业秘密、当事人隐私或者律师在办案过程中获悉的有关案件重要信息、证据材料。目前为止，仅有司法部发布的《律师和律师事务所违法行为处罚办法》第13条规定了律师泄露委托人不愿泄露的情况和信息的行为的惩戒规则，[2]即律师可能面临警告、罚款或者停止执业。[3]完整意义上的律师保密义务要求律师不得泄露在执业中获悉的国家秘密、商业秘密、当事人隐私以及委托人或其他人不愿意泄露的情况和信息。我国《律师法》已经规定了律师泄露国家秘密、商业秘密或者个人隐私的惩戒规则，

〔1〕《律师协会会员违规行为处分规则（试行）》第24条规定："泄漏当事人的商业秘密或者个人隐私的，给予警告、通报批评或者公开谴责的纪律处分；情节严重的，给予中止会员权利三个月以上六个月以下的纪律处分。"第25条规定："违反规定披露、散布不公开审理案件的信息、材料，或者本人、其他律师在办案过程中获悉的有关案件重要信息、证据材料的，给予通报批评、公开谴责或者中止会员权利六个月以上一年以下的纪律处分；情节严重的，给予取消会员资格的纪律处分。"

〔2〕《律师和律师事务所违法行为处罚办法》第13条规定："律师未经委托人或者其他当事人的授权或者同意，在承办案件的过程中或者结束后，擅自披露、散布在执业中知悉的委托人或者其他当事人的商业秘密、个人隐私或者其他不愿泄露的情况和信息的，属于《律师法》第四十八条第四项规定的'泄露商业秘密或者个人隐私的'违法行为。"

〔3〕《律师法》第48条规定："律师有下列行为之一的，由设区的市级或者直辖市的区人民政府司法行政部门给予警告，可以处一万元以下的罚款；有违法所得的，没收违法所得；情节严重的，给予停止执业三个月以上六个月以下的处罚：（一）私自接受委托、收取费用，接受委托人财物或者其他利益的；（二）接受委托后，无正当理由，拒绝辩护或者代理，不按时出庭参加诉讼或者仲裁的；（三）利用提供法律服务的便利牟取当事人争议的权益的；（四）泄露商业秘密或者个人隐私的。"

尚未规定律师泄露委托人不愿意泄露的情况和信息的惩戒规则，易让人忽视律师将委托人不愿意泄露的情况和信息保密的重要性。

第二，保护和发展律师职业的需要。虽然日本、德国等大陆法系国家将律师违反对委托人之保密义务视为犯罪行为并予以严厉惩罚，比如，《日本刑法》第134条规定："律师无正当理由泄露关于其业务上处理事务所得之他人秘密时，处六月以下拘役或十万日元以下罚金。"《德国刑法典》第203条第1款规定"律师及律师公会之其他成员对于其以此身份被信赖告知或所知悉事项，没有权限而泄露的，将处1年以下自由刑或罚金。"但是笔者并不建议将律师违反对委托人的保密义务的行为入罪。因为在我国，律师执业环境本就有待优化，辩护律师执业更是面临多种风险与困难。律师伪证罪、泄露案件信息罪已经成为悬在律师头上的达摩克利斯之剑，律师稍有不慎便可能招致刑事追诉。这种背景下，贸然将律师违反对委托人之保密义务的行为入罪并不利于律师职业的良性发展。并且律师保密制度尚处于初步确立与发展阶段，不管是在制度层面还是思想层面，都需要一个循序渐进的发展过程，此时将律师的此类行为入罪也为时过早。

其次，应明确辩护律师泄露的"委托人秘密"不得作为不利于委托人的证据使用。之所以如此建议，原因有三点：一是尽可能减少对委托人合法权益的损害。因为不管是否对辩护律师进行惩戒，"委托人秘密"被泄露的直接受害人是委托人，并且危害后果并不限于在诉讼中失利。如果要求委托人为律师的不法或者不当行为买单，对委托人并不公平。二是符合律师保密制度的要求。立法确立律师保密制度的目的是促进律师与委托人之间信任关系的形成，鼓励委托人与律师坦诚相待，从而获得有质量的律师帮助，这也符合刑事司法保障人权的要求。而若要求委托人承担因为律师主动泄密造成的不利后果，便有违律师保密制度确立的初衷，委托人出于此种顾虑更难以与律师坦诚相待。三是域外早有相关经验。在英美法系国家，律师违反对委托人之保密义务带来的后果并不仅仅是律师遭受职业惩戒，最重要的是被律师泄露的信息并不能作为不利于委托人的证据使用。比如，在英国，律师故意或者过失违反保密义务而披露的信息可以继续获得法律职业特权的保护，委托人可以主张法律职业特权以避免被披露的信息成为诉讼中对自己不利的证据。[1]在美国，因为不是委托人自愿披露的信息，所以对于律师违反保密义务披露的信息，委托人仍可主张律师—委托人特权。[2]

---

〔1〕 See Richard S. Fike, "The English Law of Legal Professional Privilege: A Guide for American Attorneys", *Loyola Uninersity Chicago International Law Review*, 2006（4）, p. 83.

〔2〕 See State v. Today's Bookstore, 621 N. E. 2d 1283, p. 1289（Inc., 1993）.

第四章

保密程序及保密期限

辩护律师对外行使保密权是其得以对委托人履行保密义务的需要。"刑事诉讼中繁琐、精致的程序，其精神在于约束国家追诉权，保护受刑事追究者的人权。"[1]在控辩式审判模式之下，辩护律师对内承担对委托人的保密义务，对外行使保密权，在维护与委托人之间的信任关系的基础上协助委托人在控辩对抗中获得平等武装，展开平等对话。[2]对外而言，辩护律师在什么情况下可以主张保密权、如何主张、应当获得何种回应以及侵权救济等需要得到解答。对内而言，辩护律师承担保密义务的时间节点与存续期间应当得到明确。

第一节　行使保密权的程序设置

我国《刑事诉讼法》虽赋予辩护律师保密权，但却并未规定辩护律师应当如何行使保密权以及侵权救济途径，仅由最高

---

〔1〕　葛同山：《论刑事辩护律师的真实义务》，载《扬州大学学报（人文社会科学版）》2010 年第 1 期，第 54 页。

〔2〕　参见司莉：《律师保密义务有关理论问题探讨》，载《河南财经政法大学学报》2015 年第 2 期，第 108 页。

人民法院《关于适用〈中华人民共和国刑事诉讼法〉的解释》与《人民检察院刑事诉讼规则》规定在符合保密例外情形时，人民法院与人民检察院应当如何处理辩护律师告知的相关情况和信息："人民法院应当记录在案，立即转告主管机关依法处理，并为反映有关情况的辩护律师保密""人民检察院应当接受并立即移送有关机关依法处理，应当为反映情况的辩护律师保密。"[1] 辩护律师何时可以行使保密权？辩护律师主张保密权是否应当满足某种条件？办案机关要求辩护律师披露委托人的相关情况和信息时，是否应当承担证明责任？如果保密权被侵犯，辩护律师与委托人应当获得何种救济？以上问题都亟须被解答。

一、保密权行使程序的域外实践

辩护律师保密权的效力不仅及于审判阶段，也及于审前阶段。美国判例法的经验显示，律师—委托人特权的行使以要求披露信息一方的申请为触发条件。刑事案件中，如果控诉方提出了要求委托人披露相关信息的理由，或者控诉方掌握了委托人本可以主张律师—委托人特权以否定某证据之证据能力的材料，委托人可以针对上述事项主张律师—委托人特权。但是委托人主张律师—委托人特权应当有具体的理由，以支持法庭裁判。

---

[1] 最高人民法院《关于适用〈中华人民共和国刑事诉讼法〉的解释》第 67 条规定："辩护律师向人民法院告知其委托人或者其他人准备实施、正在实施危害国家安全、公共安全以及严重危害他人人身安全犯罪的，人民法院应当记录在案，立即转告主管机关依法处理，并为反映有关情况的辩护律师保密。"《人民检察院刑事诉讼规则》第 59 条规定："辩护律师告知人民检察院其委托人或者其他人员准备实施、正在实施危害国家安全、危害公共安全以及严重危及他人人身安全犯罪的，人民检察院应当接受并立即移送有关机关依法处理。人民检察院应当为反映情况的辩护律师保密。"

(一) 律师—委托人特权的提起

通常情况下，一旦证明了律师与当事人之间的委托关系，就可以推定他们之间所有的通信都是机密（confidential），即委托人可以拒绝披露其与律师交流的所有信息。[1]希望委托人披露相关信息的一方（控诉方）应当承担证明此信息不具有保密性或者委托人已经放弃就此信息主张律师—委托人特权的责任。[2]如果控诉方提出了要求委托人披露相关信息的理由，或者掌握了委托人本可以主张律师—委托人特权以否定该证据之证据能力的材料，委托人可以针对上述事项主张律师—委托人特权，以拒绝披露相关信息或者否定控诉方相关证据的证据能力。根据《美国联邦证据规则》第503条c项，委托人、委托人的监护人、已故委托人的个人代表、公司、协会或其他组织或实体法人的继承人、受托人或类似的公司代表（无论是否存在）可以主张律师—委托人特权。与委托人进行秘密交流的律师或者参与委托人与律师秘密交流的第三人也可以代表委托人主张律师—委托人特权。但是主张律师—委托人特权应当注意相应的时间节点。对特权的主张必须在受特权保护的信息被披露之前提出。[3]具体而言，当控诉方要求委托人披露相关信息，或者掌握了受律师—委托人特权保护的委托人信息时，委托人应当通过正当异议程序及时作出回应。如果委托人没有通过正当异议程序或者在收到信息披露通知后的规定时间内及时作出回

〔1〕 See Kobluk v. University of Minnesota, 574 N. W. 2d 436, p. 444 (Minn. 1998); Costco Wholesale Corp. v. Superior Court, 47 Cal. 4th 725 (2009).

〔2〕 See Cooke v. Superior Court, 147 Cal. Rptr. 915, p. 919 (1978); Venture Law Group v. Superior Court, 12 Cal. Rptr. 3d 656, p. 660 (2004); State ex rel. Stivrins v. Flowers, 729 N. W. 2d 311, p. 317 (2007) and so on.

〔3〕 See U. S. v. Gurtner, 474 F. 2d 297, p. 299 (C. A. 9th, 1973); U. S. v. Sanders, C. A. 7th, 979 F. 2d 87, p. 92 (1992).

应，那么法庭可能就会裁定委托人必须当庭披露相关信息。[1]

委托人需以书面形式具体阐述就相关信息主张律师—委托人特权的理由。委托人不能仅仅是为了反对控诉方信息披露的要求而反对，必须针对具体的信息披露要求作出具体的、有理有据的回应，如此法院才能据以判断是否认可委托人就相关信息主张律师—委托人特权的能力。具体而言，委托人拒绝披露相关信息时，应当向法庭提交专门的文件，并在文件中写明可以就相关信息主张律师—委托人特权的具体理由。如此法院才能认定委托人主张特权的适当性，否则法院会以理由不充分为由认为委托人对律师—委托人特权的主张无效，要求委托人披露控诉方要求其披露的信息。[2]其中，委托人必须将拒绝披露的信息具体化，也即具体列明拒绝披露的信息并注明相应的拒绝披露理由，而不是笼统地拒绝披露本方持有的所有信息。如果委托人就涉及其与律师秘密交流信息的全部文件主张特权，那么法院可以直接驳回，不必再针对具体文件逐一识别。[3]此外，要求委托人以书面形式具体阐明拒绝披露相关信息的理由不仅是初审法院据以判断委托人主张律师—委托人特权之适当性的需要，也是上诉法院据以审查以便快速给予委托人救济的需要。

（二）法院的审查判断

面对委托人就律师—委托人特权的主张，初审法院应当对

---

〔1〕 See U. S. v. Jones, 696 F. 2d 1069, p. 1072 (C. A. 4th, 1982); Catalina Island Yacht Club v. Superior Court, 195 Cal. Rptr. 3d 694, p. 696 (4th Dist. 2015).

〔2〕 See U. S. v. Exxon Corp. , 87 F. R. D. 624, p. 637 (D. C. D. C. 1980); Graham v. Mukasey, 247 F. R. D. 205, p. 207 (D. D. C. 2008).

〔3〕 See Mize v. Atchison, Topeka & Santa Fe Ry. Co. , 120 Cal. Rptr. 787, p. 796 (1975).

支持委托人主张的初步事实（preliminary facts）进行审查，并据此判断是否支持委托人的主张。根据美国判例法的经验，委托人应当对支持其主张的初步事实承担证明责任。初审法院在对委托人据以主张律师—委托人特权的初步事实进行审查时，可以依照《美国联邦证据规则》第 104 条 a 项的规定考察委托人对初步事实的证明。具体而言，《美国联邦证据规则》第 104 条 a 项规定法院可以对涉及证据可采性、是否存在某项法律特权等初步问题作出裁定，并且在进行裁决时不受证据规则的约束。这就意味着初审法院在审查委托人据以主张律师—委托人特权的初步事实时可以参考依照《美国联邦证据规则》的规定不应被采信的证据。但是在美国诉左林案（U. S. v. Zolin）中，[1]美国联邦最高法院进一步指出，法院只有在准备认可委托人的主张时，才可以依照《美国联邦证据规则》第 104 条 a 项的规定对委托人主张特权的初步事实进行审查。换言之，面对委托人的主张，法院可以参考按照《美国联邦证据规则》的规定不可采信的证据来审查初步事实，但是这些不可采信的证据只能用来支持法院作出对委托人有利的裁判。之所以如此安排，目的在于防止控诉方以其通过不正当手段窃取的委托人信息来攻击委托人对律师—委托人特权的主张。[2]

根据美国判例法的要求，初审法院在对委托人主张律师—委托人特权的初步事实进行审查时，不能通过要求委托人披露相关信息来判断委托人是否可以针对此信息主张律师—委托人特权。委托人在证明特权主张的初步事实时应以不披露相关信息的实质为底线，如果法院要求委托人提供与其不愿披露的信

〔1〕　See U. S. v. Zolin , 491 U. S. 554 (1989).

〔2〕　See State v. McDermott, 598 N. E. 2d 147, p. 150 (1991).

息关系特别密切的信息以证明初步事实，那么法院的行为可能不会得到上诉法院的认可。之所以不允许法官审查受特权保护的信息，原因是律师—委托人特权本就是通过确保委托人秘密不被泄露来鼓励委托人向辩护律师披露其秘密，如果允许法官审查，那么特权的宗旨即被淹没。[1]但是，包括加利福尼亚州法院在内的多个法院认为，如果委托人通过主张律师—委托人特权拒绝披露的信息已经被控诉方获取，并且控诉方得以证明该信息不应获得律师—委托人特权的保护，那么此时控诉方的行为应当被允许。[2]并且，实践中美国一部分法院会采取秘密审查（In-camera view）的办法来判断委托人拒绝披露的信息是否可以获得律师—委托人特权的保护。具体而言，当委托人主张律师—委托人特权以拒绝披露相关信息时，初审法院的法官可以在秘密的空间内审查该信息，并且不将此项审查的内容予以记录。在进行秘密审查时，法官允许委托人向其披露任何敏感信息。一般情况下，美国联邦法院都会支持初审法院以秘密方式审查委托人的秘密信息，但是这种审查方法正遭受理论界的严重质疑，因为此方法违背了《美国联邦证据规则》的要求：法官不得通过要求委托人披露相关信息来判断委托人是否可以针对此信息主张律师—委托人特权。

（三）委托人主张律师—委托人特权的两种结果

当委托人为拒绝披露相关信息而主张律师—委托人特权时，初审法院在审查委托人证明的初步事实后无外乎得出以下两种结论：

第一，如果初审法院在审查后认为委托人就相关信息主张

---

[1] See Costco Wholesale Corp. v. Superior Court, 47 Cal. 4th 725 (2009).

[2] 在判断委托人是否可以拒绝披露相关证据时，初审法院法官应当查看控辩双方提供的证据。

律师—委托人特权的初步事实已经被证明，并且要求委托人披露相关信息的控诉方也未能证明适用律师—委托人特权的例外的初步事实，那么除非控诉方能够证明委托人已经放弃主张律师—委托人特权，否则委托人适用律师—委托人特权以拒绝披露相关信息的主张将会得到初审法院的支持。[1]对于此种情况，一旦初审法院支持委托人拒绝披露相关信息的主张，那么就不得针对未披露的信息所涉及的问题作出对委托人不利的推论。[2]当然，该信息即使已经被控诉方获取，也不得作为对委托人不利的证据使用。

第二，如果初审法院否定了委托人对律师—委托人特权的主张，那么委托人可以向上诉法院申诉。至于上诉法院应当如何审查，美国国内意见纷纭。有的法院认为应当重新审查委托人为证明其主张的初步事实所提交的证据是否充分，有的法院则认为只需审查初审法院在适用法律时是否滥用自由裁量权。[3]即使信息已经按照初审法院的要求被披露，委托人也可以根据最终判决提起上诉。但是这要求委托人已经公开其秘密信息，并且即使其胜诉了也难以补救信息披露带来的伤害。[4]上诉法院在审查

---

〔1〕 See U. S. v. Jones, 696 F. 2d 1069, p. 1072（C. A. 4th, 1982）; Catalina Island Yacht Club v. Superior Court, 195 Cal. Rptr. 3d 694, p. 696（4th Dist. 2015）. 本案中，美国联邦最高法院认为，只有当委托人在法庭以外泄露了受特权保护的信息，或者委托人没有在正当异议程序中主张特权，抑或委托人未及时回应要求披露受特权保护的信息的申请时，才应当认为委托人针对要披露的信息放弃了律师—委托人特权。

〔2〕 See U. S. v. Tocco, 200 F. 3d 401, pp. 422~423（C. A. 6th, 2000）; United States ex rel. Barko v. Halliburton Company, 241 F. Supp. 3d 37（D. D. C. 2017）: 如果因为委托人主张律师—委托人特权而作出对委托人不利的推论，则意味着法院既不鼓励委托人向律师寻求帮助，也不鼓励律师向委托人诚实地提供法律帮助。

〔3〕 See Moore v. Ford Motor Co. , 755 F. 3d 802, p. 807（5th Cir. 2014）; U. S. v. Lentz, 524 F. 3d 501, p. 523（4th Cir. 2008）and so on.

〔4〕 See U. S. v. Calandra, C. A. 7th, 706 F. 2d 225, p. 228（1983）; Brozovsky v. Norquest, 437 N. W. 2d 798（1989）and so on.

原审法院对委托人主张律师—委托人特权之初步事实的裁定时，将受到无害错误规则（harmless error doctrine）的约束。[1]上诉法院必须判断原审法院的错误是否严重到足以推翻原审裁判结果。只有在初审法院的裁定存在明显错误（clearly erroneous）的情况下，上诉法院才会撤销原审法院的裁判结果，将案件发回原审法院重新审判。如果上诉法院认为原审法院在认定初步事实时的错误是无害的，不会影响到最终裁判结果，那么上诉法院将维持原判结果。[2]

二、辩护律师主张保密权的程序设计

在美国判例法看来，一旦确定了委托人与辩护律师之间的委托关系，那么就应当推定委托人与辩护律师交流的所有信息都可以受到律师—委托人特权的保护，委托人有权拒绝披露其与辩护律师交流所涉所有内容。只有控诉方提出了要求委托人披露相关信息的理由时，委托人才应以书面形式就拒绝披露相关信息作出具体回应。这其中，首先是控诉方承担委托人与辩护律师交流所涉信息不具有保密性或者委托人已经放弃就相关信息主张律师—委托人特权的责任；其次是委托人针对控诉方的申请作出回应，承担证明其可以就相关信息主张律师—委托

---

[1] 无害错误规则存在于《美国联邦刑事诉讼规则》、丰富的判例法以及州法规中。无害错误规则指的是，当委托人认为法院在审判时适用法律出现错误，从而导致错误的决定或判决时，委托人可以据此就法官或陪审团的裁判结果提起上诉。但如果上诉法院认为原审法院的错误是无害的，那么上诉法院就不会推翻原审法院的裁判结果。See U. S. v. Bauer, 132 F. 3d 504, p. 510（C. A. 9th, 1997）; U. S. v. Schaltenbrand, 930 F. 2d 1554, p. 1563（C. A. 11th, 1991）and so on.

[2] 由于就特权主张的初步事实是原审法院认定的，因此只有在明显错误的情况下，上诉法院才可以推翻对事实的认定。See U. S. v. Wilson, 798 F. 2d 509, p. 512（C. A. 1st, 1986）; Sanford v. State, 21 S. W. 3d 337, p. 342（Tex. App. 2000）.

人特权的责任。这种根植于英美对抗制诉讼模式的证明方式对于民事案件中的诉讼双方而言尚属公平，但是在刑事案件的办理中，抗辩双方本就力量悬殊，在证明责任的分配上多照顾委托人一方才属合理。反观我国辩护律师对保密权的行使，应立足我国司法实践，在以下四个方面作出明确：

（一）推定辩护律师主张保密权的独立性

在确认了委托人与辩护律师的关系后，应当推定辩护律师可就其在执业中知悉的所有委托人不愿泄露的情况和信息主张保密权。如此推定就使我国《刑事诉讼法》第48条对辩护律师保密权的规定变得单纯，只要没有出现法定例外情况、没有异议提出，辩护律师便可放心行使保密权，拒绝对外披露其在执业中知悉的委托人的情况和信息。办案机关也就在这种推定下不再另做他想，不再在法定例外情况之外对辩护律师应予保密的委托人信息之范围恣意解释，不会出现例如"林某青被控诈骗罪、敲诈勒索罪案"中公诉机关认为律师不应将委托人的犯罪信息予以保密，并据此指控律师的情况。如此推定也使辩护律师是否应当披露相关委托人情况和信息的证明责任变得简单，谁主张披露，谁来证明即可。

（二）控诉方承担信息应当披露的证明责任

控诉方承担要求辩护律师披露相关委托人情况和信息的证明责任。如果控诉方需要辩护律师披露委托人的相关情况和信息，就应当承担证明相关情况和信息不具有保密性、不应受到辩护律师保密权保护的责任。前文已述，辩护律师并非对其在执业中知悉的委托人的所有情况和信息均承担保密义务，在特定情况下，委托人应该有所作为以确保其向辩护律师披露之信息的保密性，进而辩护律师才应将此类信息予以保密。这就意味着辩护律师并非可以就所有其在执业中知悉的委托人的情况和信息主张保密权。但是证明委托人的相关情况和信息不应获得辩护律师保密权保护的责任却应由需要辩护律师披露信息的一方，亦即控诉方承担。控诉方应当提供证据，证明委托人向辩护律师披露的相关信息不具有保密性，比如，证明委托人在人来人往的公共场合与辩护律师交流，以此否定委托人对此次交流所涉信息存在保密意图；再比如，委托人允许与案件毫不相关的第三人参与其与辩护律师的交流，此时也可以否定委托人对此次交流所涉信息存在保密意图。面对控诉方提出的信息披露申请，法院首先应当审查该申请中所述理由是否合理，进而通知辩护律师作出回应。

（三）辩护律师有选择地回应质疑

辩护律师仅对控诉方要求其披露相关情况和信息的申请中所述事项进行回应。不同于美国判例法要求委托人以书面形式具体阐述拒绝披露相关情况和信息的理由，笔者认为应当将证明辩护律师不可就相关情况和信息主张保密权的责任归于控诉方，辩护律师只需反驳控诉方提出的相关情况和信息不应受到保密权保护的理由即可。面对控诉方的信息披露要求，美国判例法要求委托人以书面形式具体提出拒绝披露的异议，并且要求法院对委托人之书面异议进行初步事实审查，以此判断委托人是否可以就相关信息主张律师—委托人特权。但是如此做法使得一开始对委托人向辩护律师披露之信息的保密性的推定变得毫无意义。委托人与控诉方针对是否披露相关情况和信息的各自证明有双方自说自话之嫌，这种证明责任的均等分配一是无端增加了委托人一方行使保密权的成本，二是不利于法院科学、快速地判断是否要求委托人披露相关情况和信息。因此，笔者建议将证明相关情况和信息不受辩护律师保密权保护的责任全部归于控诉方，辩护律师只需对控诉方提出的理由进行回应，足以推翻控诉方之理由的合理性即可。如此，法院只需审查控诉方提出的要求辩护律师披露相关情况和信息的理由是否合理，如不合理即不再支持控诉方之主张，这也就意味着不推翻对辩护律师应予保密的情况和信息的范围的推定。

（四）拒绝法官的秘密审查

如果控诉方提出信息披露的要求，法庭不得以秘密审查相关信息的方式来判断辩护律师是否可以据此主张保密权。虽然《美国联邦证据规则》不允许法官通过审查具体信息的方式来判断委托人是否可以拒绝披露相关信息，但是美国各州多数法院均采取了秘密审查的方式对争议信息进行审查，并且美国联邦上诉法院也基本认可了各州法院的做法。而因此带来的后果是美国理论界对法院的这种做法进行了广泛批判。因为法官秘密审查争议信息的做法违背了保密制度设置的初衷，要求委托人向法官秘密披露相关信息的做法实际上已经否定了委托人拒绝披露相关信息的能力。保密制度所要给予委托人的安全感，是委托人相信其向辩护律师披露的信息不会被第三人知悉。如果要求委托人向法官披露其不愿被第三人知悉的信息以供法官审查，这事实上就是变相要求委托人对外披露其不愿被第三人知悉的信息。此外，作为职权主义国家，我国的法官承担着更多的探究事实真相的职责，如果要求法官预先审查委托人不愿披露的信息，极有可能使委托人在后续的审判中遭受偏见。

（五）明确侵权救济

如果辩护律师保密权被侵犯，委托人应当获得相应救济。具体而言，一方面，应当明确，侵犯辩护律师保密权获取的证据不能作为对委托人不利的证据使用。如果辩护律师被迫披露"委托人秘密"，那么最有效的救济措施应当是办案机关据此获取的证据不能作为对委托人不利的证据使用，如此可以有效避免因为辩护律师保密权被侵犯而对委托人正当利益造成的损害。另一方面，应当将辩护律师保密权被侵犯视为委托人上诉的正当事由，法院不得任意驳回上诉。前文已述，辩护律师保密权的行使服务于保密义务的履行，委托人基于律师保密义务而享有保密请求权。侵犯辩护律师保密权应当被视为侵犯委托人诉讼权利的范畴，由二审法院为委托人提供相应救济。前文已经提到应当规范办案机关对律师事务所的搜查和扣押行为，这在一定程度上能够有效防止受辩护律师保密权保护的信息被披露，减少对委托人不利的情况的发生。而如果辩护律师保密权被侵犯，而一审法院又没有予以相应的救济，那么应当为委托人提供获得救济的渠道。在两审终审制背景下，应当允许委托人据此提起上诉，通过发挥二审法院的救济与纠错职能，切实维护委托人的合法权益。

第二节　保密义务产生的时间节点与存续期间

我国现行法律规范对辩护律师保密义务产生的时间节点、保密义务的存续期间均不明确，辩护律师保守委托人秘密虽然具有制度设计的必然性，却也存在着相当程度的偶然性。对于保密义务的形成与结束，辩护律师与委托人似乎都可以给出自己的理解与解释，这显然不利于辩护律师保守委托人秘密的实现。因此，我们应当设置一个科学的标准来确定保密义务产生的时间节点与存续期间。

一、保密义务产生的时间节点与存续期间的立法与实践

我国《律师法》第38条规定了律师的保密义务，但是对该保密义务何时形成、何时消失并未明晰。相较于委托人，律师

掌握着解释保密义务形成和存续期间的主导权，其对案件信息的掌握与使用不受委托人的约束，通过新闻媒体、自媒体或者著书立作等方式对外披露服务信息的行为也大多难以评价。

（一）保密义务产生的时间节点有待明晰

《律师法》仅要求律师保守执业中知悉的秘密，但是对何时开始承担保密义务并未明晰。实践中存在律师保密义务的形成是否以委托合同的签订或者委托关系的实际确立为起点的争论。关于此问题的典型事例应是 2019 年的吴某波与陈某霖事件。[1]该事件中，吴某天律师以未收钱、未与陈某霖确立委托关系为由，将陈某霖向其咨询的信息公之于众并大肆评论，使陈某霖尚未将问题诉诸法律便失尽先机。此事一出，便在律师界激起关于律师职业伦理的千层浪花，律师是否可以将确立委托关系前从当事人处获取的信息对外披露，意见不一。肯定意见认为与当事人确立委托关系是律师"执业中"的重要标志，律师只对在执业中获取的信息承担保密义务；否定意见则以律师的"先合同义务"、保密制度的目的等为依据，认为律师应当在与当事人确立委托关系前的咨询、磋商阶段即承担保密义务。但争论仅是业界的百家争鸣，官方并未对此作出回应与处理。

笔者以"您认为正式委托关系的确立是辩护律师对委托人

---

[1]　在吴某波与陈某霖事件中，吴某天律师连发数条微博，向公众披露陈某霖就与吴某波感情纠纷向其咨询的全过程，并贴出其与陈某霖的微信聊天截图。更为甚者，吴某天律师在其披露整个事件过程中反复强调，其早已告诫陈某霖在磋商时要让吴某波主动提出赔偿，而不能自己索要，否则可能面临涉嫌构成敲诈勒索罪的刑事风险，并劝告她不要回国。除上述陈述外，吴某天律师还在其微博中语重心长地评论，其并非陈某霖的代理律师，也没有收过一分钱，陈某霖咨询了"最好的律师"，但并未遵循他的意见，现在可能"凶多吉少"。前述陈述及评论无疑为外界认为吴某波与陈某霖确有婚外情，以及陈某霖可能曾主动向吴某波索要财物涉嫌构成敲诈勒索罪的事实提供了支持。

承担保密义务的必要条件吗？"为问题对律师群体进行网络问卷调查，返回的结果显示，有54.42%的被调查者认为辩护律师对委托人承担保密义务应当以双方正式确立委托关系为前提（见表7）。之所以多数被调查者认为辩护律师对委托人承担保密义务应当以双方正式确立委托关系为前提，主要是因为一部分被调查者认为辩护律师仅对其在执业中知悉的委托人情况和信息负责，而判断辩护律师是否在执业中的关键要素是律师是否与委托人正式确立委托关系。也有相当一部分被调查者认为即使未正式确立委托关系，辩护律师也应当对委托人承担保密义务。持反对意见的被调查者之所以这样认为，主要是考虑到了实践中潜在委托人与律师进行初步咨询的情况以及值班律师为委托人提供法律帮助的情况。

表7

选项	小计	比例	
A. 是	123 人		54.42%
B. 不是	103 人		45.58%
本题有效填写人次	226 人		

（二）保密义务的存续期间有待明晰

律师应当在委托关系存续期间履行保密义务，这一点毋庸置疑。早有学者指出，实践中保密义务存续的时限"一般被解读为仅仅包括律师和当事人之间正式的委托关系延续期间或者诉讼的存续期间"。[1]但是，委托关系结束之后，律师是否应当继续履行保密义务呢？如果继续履行，又要持续多久呢？实践

---

〔1〕 王剑虹：《律师——委托人特权研究》，载潘金贵主编：《证据法学论丛》（第1卷），中国检察出版社2012年版，第48页。

中，关于律师保密义务存续期间的困惑主要有如下两点：

第一，律师保密义务是否应持续至委托关系结束之后？一方面，相关立法和实务部门在执法过程中将律师保密义务的时限视为委托关系结束以后。在司法部公布的典型案例中，律师张某在为委托人提供法律服务的过程中知悉了委托人的其他违法犯罪事实，并在委托关系结束后向有关部门举报。当地司法局以"泄露当事人隐私"为由对张某作出行政处罚。[1]此案例传达出实务部门认为律师保守委托人秘密不以委托关系是否存续为标准的观点。此外，对于律师在执业中知悉的国家秘密，依照《保守国家秘密法》的规定，[2]相应的机关、单位都会根据工作需要确定保密期限、解密时间与条件，那么相应地，在解密之前，律师都应当保密。即使《律师法》第48条的保密义务不能妥善约束律师的行为，但是律师也要遵守《保守国家秘密法》的相关规定。这也说明，律师履行保密义务，并不受委托关系结束的限制。但是另一方面，部分律师又在委托关系结束或者案件办理完毕后，有意或者无意地对外披露其在执业中知悉的委托人信息。近年来相当一部分律师在办结案件后以撰写辩护纪实、回忆录和自传的形式出书，或者在微博、微信公众号等自媒体中以自己处理的案件为例撰文，虽然撰写中可能隐去了委托人的真实姓名或者使用化名，可能对案件细节进行了特殊处理，但是仍可能使读者"特定化"，导致部分商业秘密、委托人的隐私被读者获悉。而关于这种行为的定性，目前

---

[1]　绍司罚决字［2015］第2号。

[2]　《保守国家秘密法》第20条规定："国家秘密的保密期限，应当根据事项的性质和特点，按照维护国家安全和利益的需要，限定在必要的期限内；不能确定期限的，应当确定解密的条件。国家秘密的保密期限，除另有规定外，绝密级不超过三十年，机密级不超过二十年，秘密级不超过十年。机关、单位应当根据工作需要，确定具体的保密期限、解密时间或者解密条件……"

尚无官方解释。

第二，律师保密义务是否有固定的存续期间？对此也要回答两个问题。首先，律师保密义务是否在案卷材料归档后的保存期限届满时消失？通常律师对在执业中获取的信息的存储有两种形式：一是案卷材料的归档；二是执业律师的记忆。关于归档，司法部、国家档案局出台《律师业务档案立卷归档办法》和《律师业务档案管理办法》对档案保存的期限、档案销毁的要求等都作了规定，地方司法行政部门或者律师协会也在此基础上明确了更加具体的归档办法。根据案件性质，针对不同的案卷材料设置不同的保存期限。归档后案卷材料的保密期限可以可视化为档案的保存期限，不管是五年还是十年，亦或更久，时间届满，档案即被销毁。但是档案可以销毁，人的记忆却难以灭失。律师在归档材料销毁后是否就没有必要再对在执业中知悉的信息保密呢？其次，律师保密义务是否在律师死亡后消失？律师需要对其在执业中知悉的国家秘密、商业秘密、当事人秘密保密，那么如果律师死亡，这一保密义务是否就消失了呢？律师大脑的记忆当然随着律师的死亡不复存在，但是归档的纸质材料、电子材料、计算机和网络空间存储的材料却难以灭失。在此基础上，公安司法机关是否可以从律师事务所或者律师处调取相应材料来作出对委托人不利的举动呢？

二、保密义务产生的时间节点与存续期间的域外实践

关于辩护律师保密义务产生的时间节点与存续期间，大陆法系国家的立法并不能为我们提供有效经验，但美国判例法对于此问题却有独到的见解。

（一）保密义务产生于潜在委托人阶段

即使潜在委托人与律师尚未确立委托关系，律师对与委托

人交流所获悉的信息仍应当保密。《美国律师协会职业行为示范规则》第 1.18 条即规定了律师对潜在委托人的保密义务。"潜在委托人是指就某事项同律师交流，可能与律师形成委托关系的人"。"即使随后没有形成委托关系，与潜在委托人交流的律师亦不得使用和披露从此次交流中所获信息。"某人在正式委托律师之前通常会与该律师进行初步交流，对于此次交流性质的认定，美国联邦法院和州法院在一系列适用律师—委托人特权的案例中也给出了较为完整的解释：当潜在委托人向律师诚实地咨询，并且该潜在委托人合理地相信被咨询的律师最终可能成为其代理律师时，潜在委托人就有权拒绝披露其与律师交流的内容。[1]"即使在咨询后双方并未成立委托关系，对双方交流所涉信息的保密也不受影响。"[2]美国联邦第九巡回上诉法院对其中蕴含的法理作出如下解释：如果不能将律师—委托人特权适用于此类初步磋商，那么在未与律师确立委托关系的情况下，人们就无法放心地将问题告诉律师。"这条规则的理由是引人注目的"，因为"如果律师—委托人特权是否存在取决于律师在听到咨询人对事实的陈述后是否接受委托，那么人们就无法在初次见到律师时放心地交代问题，咨询也就变得没有意义"。[3]基于此，《美国法律协会律师法重述》第 70 条也规定，受律师—委托人特权保护的人，包括委托人、潜在委托人、委托人的律师、委托人与律师的为促进二者交流的代理人。应当明确的是，潜在委托人在与律师的初步交流中必须具有寻求专业法律服务

---

〔1〕　See Barton v. U. S. Dist. Court for the Cent. Dist. of Cal. , 410 F. 3d 1104, p. 1111 (9th Cir. 2005).

〔2〕　See Pucket v. Hot Springs Sch. Dist. No. 23—2, 239 F. R. D. 572, pp. 579~580 (D. S. D. 2006).

〔3〕　See People v. Gionis, 892 P. 2d 1199, p. 1205 (1995); Factory Mut. Ins. Co v. APComPower, Inc. , 662 F. Supp. 2d 896, p. 899 (W. D. Mich. 2009).

的目的，否则此次交流不能受律师—委托人特权的保护。[1]

（二）保密义务存在于事实委托关系成立阶段

当委托人与律师成立事实委托关系时，律师亦应对委托人承担保密义务。如果委托人与律师以签订书面合同、订立口头协议等明示的方式确立委托关系，自然不会出现争议。但是实践中存在委托人与律师行委托之事，却无委托之名的情况，此时双方关系的认定便成为问题。美国联邦法院通过西屋电气公司诉克麦基公司案（Westinghouse Electric Corporation v. Kerr-Mc-Gee Corporation）确立了"事实委托关系原则"，[2]为司法实践中解决此类问题提供参考。本案中，一方代理律师因涉嫌为利益冲突代理而被要求取消代理资格。法院在确定该代理律师是否与对方当事人存在或曾经存在委托关系时指出：尽管对方当事人在此前没有明确表示与该律师建立委托关系，该律师所在律师事务所也没有以书面或口头的形式表示接受此类工作，并且对方当事人也未向该律师所在律师事务所付款，但是在考察律师之前与对方当事人合作的性质以及对方当事人向律师披露秘密信息时的具体情况后，能够认定该律师与对方当事人事实上存在委托关系，基于此，本案律师就应当对对方当事人承担保密义务。

---

〔1〕 See United States v. Kovel, 296 F. 2d 918（2d Cir. 1961）. 美国判例法认为，律师应当予以保密的，是其在执业中获悉的委托人秘密信息。比如，在一次聚会上，某甲与身为律师的某乙在闲聊中谈到了自己正在处理的案件的某些细节，既没有与某乙建立委托关系的目的，也没有向某乙寻求法律帮助的目的。此时，谈话实质上是在两个普通人之间进行，某乙获悉某甲的信息也不是基于其律师身份。如此背景下，某乙便不必因为职业的特殊要求而对某甲承担保密义务，某甲自然也不能针对其与某乙之间交流的内容主张保密权。

〔2〕 See Westinghouse Electric Corporation v. Kerr-McGee Corporation, 491 F. Supp. 2d 1000（W. D. Wash. 2007）.

（三）保密义务一经形成永久存续

即使委托人与律师之间的委托关系已经终止，若无法定例外情形的发生，委托人仍可就其与律师交流的内容主张律师—委托人特权，律师仍应对在执业中知悉的委托人的信息履行保密义务。[1]《美国法律协会律师法重述》第 77 条便对律师—委托人特权的存续期间作出了规定：除非被放弃（参见第 78 条至第80 条）或者存在例外（参见第 81 条至第 85 条），委托人或者潜在委托人在与律师的关系存续期间或者终止后的任何时间内，都可以按照第 86 条的规定援用律师—委托人特权。[2]这就意味着除非委托人放弃或者法定例外情况发生，否则辩护律师对委托人承担无限期保密义务。即使委托人已经死亡，辩护律师的保密义务也不会被免除。[3]对于公司法人来说，当公司的控制权发生转移时（例如，通过合并或收购)，律师—委托人特权也随之转移给新公司，辩护律师应当继续对新公司履行保密义务。[4]但是不同于自然人死亡的处理，当公司解散或破产时，律师—委托人特权随即消失。[5]

如今，部分德国学者亦主张，基于委托关系的保密义务是无限期的。也就是说，无论是委托关系结束，还是委托人死亡，

〔1〕　See Kevlik v. Goldstein 724 F2d 844, p. 849（1st Cir. 1984）; United States v. White 970 F2d 328, p. 334（7th Cir. 1992).

〔2〕　参见王进喜:《美国法律协会律师法重述》，载 http：//www. lawyering. ytz. c blog/lawyering/index. aspx? blogid = 278311, 最后访问时间：2024 年 11 月 11 日。

〔3〕　See Swidler & Berlin v. United States, 524 US 399（1998）.

〔4〕　See Commodity Futures Trading Comm'n v. Weintraub 471 US 343, p. 349（1985）; Grand Jury Subpoenas, 89—3 & 89—4, John Doe 89—129, 902 F2d 244, p. 248（4th Cir. 1990）.

〔5〕　参见 ［美］罗纳德·J. 艾伦、理查德·B. 库恩斯、埃莉诺·斯威夫特:《证据法：文本、问题和案例》（第 3 版），张保生、王进喜、赵滢译，满运龙校，高等教育出版社 2006 年版，第 913 页。

抑或律师死亡，这一义务都会持续。其中在律师死亡的情况下，由其继承人继续履行保密义务。[1]而对于保密权利，"纵使秘密之本人死亡，仍应保障该秘密之本人对辩护人之信赖，因此，辩护人或曾任辩护人之人仍可主张拒绝证言"。[2]英国证据法的一项通则指出，"可以认为证据材料一旦为特权所保护，就永远受到特权的保护"。[3]因此，为前一诉讼所准备的书面材料在其后进行的其他诉讼中仍然要受到法律职业特权的保护，而不管其后的诉讼在前一诉讼进行当时是否属于可明确的预期或存在。与财产权利相关并受特权保护的书面材料，在由被继承人转到继承人手中后，仍受特权的保护。[4]

三、完善保密义务时间要素的路径与可行性

如前文所述，确定保密义务产生的时间节点与存续时间非常重要，因为只有明晰了保密义务产生的时间节点与存续期间，委托人对于其与辩护律师交流所涉信息的保密性才会有清晰的认知，如此，既有利于鼓励委托人在与辩护律师的初次交流中尽可能坦诚相待，也有利于引导与督促辩护律师正确履行保密义务。从目前司法实践中存在的问题看，律师保密义务不应形成于律师与委托人正式确立委托关系时。潜在委托人

---

〔1〕 律师即便是处理旧记录也必须注意履行保密义务，不得随意放置和丢弃，应该亲自或者借助专业企业的服务对陈旧文件作出谨慎的处理。Susanne Offermann—BURCKART, Rechtsanwaltin: "Die anwaltliche schweigepflicht: Die neue Regelung des Art. 2 der Berufsordnung des RA", 载《比较法杂志》2016年第49卷第4号，第104页。

〔2〕 参见简铭显：《论扣押辩护人所持有之物件——以辩护人之"交流与拒绝证言"二权与"禁止扣押"之关联为核心》，东吴大学2007年硕士学位论文，第93页。

〔3〕 齐树洁主编：《英国证据法》（第2版），厦门大学出版社2014年版，第178页。

〔4〕 See Calcraft v. Guest, 1QB 759, p. 761 (CA. 1898).

以寻求法律帮助为目的向辩护律师披露的信息不应被辩护律师随意泄露。辩护律师保密义务的存续期间应当通过立法予以明确。

（一）明晰"潜在委托人"的情况

潜在委托人以寻求专业法律服务为目的与辩护律师交流的，虽然双方并未正式确立委托关系，但仍应认定双方之交流处于辩护律师"执业中"，要求辩护律师对此次交流所获信息承担保密义务，支持潜在委托人拒绝辩护律师披露此次交流所涉信息的主张。如此建议主要是对实践需求的考量。某人在正式委托辩护律师之前通常会与该律师进行初步交流，此时，某人便具有潜在委托人的身份。在初步交流中，潜在委托人向该律师披露案件事实以后可能得到三种回应：其一，案件较为简单，潜在委托人自行辩护即可，不需要另行委托辩护律师；其二，潜在委托人应当正式委托该律师代其辩护；其三，案件过于复杂，该律师难以胜任辩护工作，建议潜在委托人另行委托辩护律师。很显然，潜在委托人并非必然与该律师成立委托关系，但是在初步交流中，潜在委托人不可避免地要向该律师披露部分案件事实，以便该律师能据此评估法律风险并初步出具法律意见。此时，如果因为二者尚未确立委托关系而认为该律师无需对潜在委托人承担保密义务，那么潜在委托人可能因为担心信息被披露而无法与该律师展开有效交流，该律师也就无法提供适当的建议。而如果潜在委托人已经向该律师袒露了实情，那么该律师此后的任意披露行为也将有损潜在委托人的合法权益。[1] 这必将导致这种初步咨询因缺乏保护而失去意义。为尚未确定

---

〔1〕　参见王兆鹏：《辩护权与诘问权》，华中科技大学出版社 2010 年版，第 97 页。

委托关系的潜在委托人保密更像是辩护律师的先合同义务，根据我国《民法典》第 501 条的规定，[1]为保障对方的信赖利益，无论合同是否成立，在合同订立过程中，当事人即对在磋商过程中知悉的相关事实承担保密义务。但是用该规定约束辩护律师的执业行为并不可靠，因为根据此规定，即使辩护律师故意泄露潜在委托人的信息，也仅承担民事赔偿责任，并不能避免潜在委托人因为律师泄密而在诉讼中遭受权益损害。因此，应在《律师法》保密义务条款的基础上，以司法解释或者指导案例的方式明确潜在委托人的情况，以促进辩护律师正确履行保密义务。

（二）明确保密义务一经形成始终存续

除非委托人放弃或者出现其他法定情形，律师一旦承担对委托人的保密义务，则无限期承担，不因双方委托关系终止、一方或者双方死亡而免除。首先，律师保密制度的设置目的是避免信息被披露，确保委托人面对律师时不因顾虑信息被披露而无法与律师坦诚相待。如果对信息的保密止于委托人与律师委托关系的终止，或者二者之死亡，那么委托人与律师进行坦诚且充分交流的动力将大大减弱。因为委托人向律师披露的信息早晚会被第三方知悉，委托人终归难免因此时之坦诚而在将来承担不利后果。如此，设置保密制度的初衷将被破坏。其次，如果不能保证律师对委托人的保密义务一经形成始终存续，那么律师职业的发展也会受限。在全面依法治国背景下，社会对律师提供的专业法律服务的需求不断增加，这对于律师职业的发展本是利好。而如果律师不能永久保守委托人秘密，那么包

---

[1] 《民法典》第 501 条规定：当事人在订立合同过程中知悉的商业秘密或者其他应当保密的信息，无论合同是否成立，不得泄露或者不正当地使用；泄露、不正当地使用该商业秘密或者信息，造成对方损失的，应当承担赔偿责任。

括委托人在内的社会公众对这一职业的好感度与信任度都会大大降低。"虽说为了促进社会利益或防止社会危害有必要实施有限保密，但有限保密至少损害了一种社会关系——信任。"[1]如此，社会公众就会倾向于不向律师寻求帮助，或者即使寻求帮助，也要有所保留。如英国法院在 Annesley v. Anglesea 案中所指出的：如果没有咨询过专业律师，任何人都不能胜任与法律事务有关的工作，即使他精于技巧，他也可能触犯法律。但是，如果他不能完全坦诚地披露心中所想，那么律师也不可能为他提供适当的服务。[2]毫无疑问，即使客观上有需求，当预见到与律师交流的信息可能会被披露时，委托人向律师寻求专业法律服务的动力也会减弱。这就导致律师要么无法获得委托，要么无法为委托人提供优质法律服务。而律师提供的法律服务质量越差，包括委托人在内的社会公众对这一职业的评价就会越低，社会评价越低就越不容易获得委托……长此以往，恶性循环，必然不利于律师职业的良性发展。

---

〔1〕　参见［美］肯尼斯·基普尼斯：《职责与公义：美国的司法制度与律师职业道德》，徐文俊译，东南大学出版社 2000 年版，第 125 页。

〔2〕　See Catherine T. Struve, "Attorney—Client and Work Product Protection in a U-tilitarian World: An Argument for Recomparison", *Faculty Scholarship*, 1995, p. 1697.

第五章
保密的实现

辩护律师保守委托人秘密不仅关涉律师保密义务与真实义务之间的矛盾，也面临委托人利益与公安司法机关发现案件真实利益之间的冲突。如果办案机关能够轻易从辩护律师处获取委托人向辩护律师披露的信息，委托人更不可能对辩护律师心存信任，而这种不信任将使得辩护律师作为平等武装之利器的功能大大折损。如法律伦理学家门罗所言：如果律师被要求泄露委托人罪行，那么保守秘密的义务就会被毁灭，一同被毁灭的，还有对抗制本身。同样，保密不是纵容，辩护律师保守委托人秘密要在合法、合理的空间内实现。

第一节　对公安司法机关取证权力的应对

公安司法机关在办理刑事案件时有权向律师取证，取证方式有两种：一是直接向律师或律师事务所提出取证要求，要求律师提供相应证据材料，比如调取律师代理过的案件的卷宗、调取律师事务所与客户的委托代理合同或者索要律师费的发票等；二是对律师展开搜查，包括搜查律师本人、律师的住所以及律师事务所等。律师因其职业的特殊性而负有保密义务，这既是其获得委托人信任以提供优质法律服务的关键要素，也是委托人权益不因律师泄密而遭受损失的重要基础。无论从委托人的权益保护还是律师职业的良性发展出发，面对公安司法机关的取证权力，律师都不宜像普通公民一般单纯予以配合。但是现有立法并未赋予律师或其委托人应对公安司法机关取证权力的豁免权。刑事司法的公平正义应当是惩罚犯罪与保障人权的合理均衡，这也是建设法治社会的必然要求。那么，在公安司法机关向律师行使取证权力时，如何协调二者的关系就成为本书要解决的问题。

一、公安司法机关向律师取证的权力

《刑事诉讼法》赋予公安司法机关向律师直接收集、调取证据以及针对律师及相关住所展开搜查和扣押的权力，此类权力具有强制力，并且配合公安司法机关行使此类权力也是每一个公民的责任和义务。

（一）直接收集、调取证据的权力

《刑事诉讼法》第 54 条第 1 款赋予公安司法机关向律师、律师事务所直接收集、调取证据的权力："人民法院、人民检察院和公安机关有权向有关单位和个人收集、调取证据。有关单位和个人应当如实提供证据。"基于此，在案件办理过程中，公安司法机关认为律师知晓或者持有与案件相关的信息或者证据材料的，可以直接向律师取证，要求律师提供相应证据材料，并且此权力具有强制力。因为律师事务所是律师的执业机构，在律师承办业务中统一对外接受委托，并承担对本所律师的管理监督职责，公安司法机关也可以直接向律师事务所取证。实践中，湖北省黄石市公安局下陆分局曾以"侦查需要"为理由，向北京浩天信和（长沙）律师事务所发出《调取证据通知书》，调取某案件犯罪嫌疑人的代理合同、授权委托书等相关业务手续。[1]虽然此案中公安机关因已无侦查权而被诟病，但是通常情况下，公安司法机关在自身职权范围内依法向律师、律师事务所行使收集、调取证据权力并无不妥。

即使相关案卷材料已经归档，公安司法机关也可以到律师事务所予以调取。司法部、国家档案局出台的《律师业务档案管理办法》第13条规定："人民法院、人民检察院和有关国家机关因工作需要，要求查阅有关档案的，应出示正式查卷函件，经律师事务所主任同意后办理查阅手续。因特殊情况必须借出的，应经同级司法行政机关批准。借出时要查点清楚，办理正式借据，并限期归还……"也就是说，在履行相应手续并经律师事务所主任同意后，公安司法机关就可以查阅在律师事务所归档的案卷材料。并且，该办法第14条规定："凡涉及国家机密或个人隐私的律师业务档案，以及当事人要求保密的档案，一般不得借阅和查阅。特殊情况必须查阅的，需报同级司法行政机关批准。"这就意味着，在获得同级司法行政机关批准的情况下，公安司法机关也可以查阅、调取涉及当事人秘密的案卷材料。

律师及律师事务所承担配合的责任和如实提供证据材料的义务。与"权力"相对应的法律概念为"责任"（liability），"责任"之本义乃是"受约束的"（bound）或"被迫的"（obliged），[2]承担责任即不可消灭地承受"权力"所有者的强制性"支配"，

---

[1]《黄石警方调取审理期案件委托手续被拒，律所：公安已无侦查权》，载 https://www.thepaper.cn/newsDetail_forward_5032866，最后访问时间：2024年12月31日。

[2] 参见［美］霍菲尔德：《基本法律概念》，张书友编译，中国法制出版社2009年版，第67页。

即"我要求，你必须"。根据《刑事诉讼法》第 54 条第 1 款第 1 句的规定，作为"个人"的律师和属于"有关单位"的律师事务所都应承担应公安司法机关的要求提供证据材料的责任，并且，根据第 54 条第 1 款第 2 句的规定，律师和律师事务所也负有应公安司法机关的要求如实提供证据的义务。所以，在没有正当理由的情况下，面对公安司法机关的直接取证要求，律师及律师事务所原则上应当予以配合，既不得拒绝提供相关证据材料，也应确保所提供证据材料的真实性。

（二）搜查与扣押的权力

除了直接收集和调取证据，公安机关和检察机关有权搜查律师、律师的住所或者律师事务所，并有权扣押相关证据材料。《刑事诉讼法》第 136 条与第 141 条赋予侦查机关搜查与扣押的权力：为了收集犯罪证据、查获犯罪人，侦查人员可以对犯罪嫌疑人以及可能隐藏罪犯或者犯罪证据的人的身体、物品、住处和其他有关的地方进行搜查；在侦查活动中发现的可用以证明犯罪嫌疑人有罪或者无罪的各种财物、文件，应当查封、扣押。《刑事诉讼法》第 137 条又规定了单位和个人的协助义务："任何单位和个人，有义务按照人民检察院和公安机关的要求，交出可以证明犯罪嫌疑人有罪或者无罪的物证、书证、视听资料等证据。"

基于此，律师和律师事务所有责任配合侦查机关的搜查，并且有义务按照要求交出"证明犯罪嫌疑人有罪或者无罪的物证、书证、视听资料等证据"。

应当指出的是，现行《刑事诉讼法》及其司法解释对搜查理由的规定有待完善，并且除见证人规则之外，没有规定进一步的约束搜查与扣押行为的规则。针对律师的搜查与扣押并不能因为律师职业的特殊性而留有特殊照顾的空间。对于搜查理由，《刑事诉讼法》及其司法解释仅要求存在"可能隐藏罪犯或者犯罪证据"的情况时，侦查机关可以对律师或其住所、律师事务所等展开搜查。其中既无对搜查必要性的考察，也没有对怀疑标准的限定。实践中，侦查人员怀疑特定的人或者住所可能藏有案件侦破所需的物品、材料等时，即可通过内部审批程序申请搜查证，以便及时展开侦查。但此处的合理怀疑究竟是基于客观基础的合理怀疑还是主观的合理怀疑，则迄无定论。对于见证人规则，根据《刑事诉讼法》第139条、第140条的规定，见证人可以是被搜查人或其家属，也可以是邻居或者其他人。而实践中见证人发挥的作用，不外乎"在场"与"在搜查笔录上签字"，公安司法机关并未考虑到被搜查人职业的特殊性而对见证人的专业技术能力提出要求。为确保刑事侦查活动的顺利开展，立法在对搜查与扣押的设计上偏重赋权而约束不足，这为侦查机关灵活采取侦查措施留下了充分的空间。但是律师又是确保法律正确实施的重要力量，承担辩护职责的律师在刑事诉讼中更是站在与侦查机关相对立的一方。律师从事法律业务并不仅针对单一委托人，其住所或者律师事务所可能放置涉及不同委托人的不同案件的证据材料，对律师展开的搜查与扣押如不加以限制似乎难以满足律师保守职业秘密的需要。不管是基于保障律师正常发挥在法治社会建设中的作用还是刑事诉讼中的平等武装，面对侦查机关的搜查与扣押，单方面强调律师、律师事务所的配合责任是否稳妥，有待商榷。

二、律师应对公安司法机关取证的权利

若要应对公安司法机关的上述取证权力，即免除律师向公安司法机关如实提供证据的责任和义务，则要看律师有没有相关豁免权。言及"豁免"，是指"在特定法律关系中，某人免受他人强制性

'支配'的自由",〔1〕在本书中，即指律师免于配合公安司法机关调查取证的自由。现有立法仅赋予律师部分免于配合的自由。

（一）有限的保密权

《刑事诉讼法》第48条仅赋予"辩护律师"保密权，面对侦查机关的搜查与扣押，律师保护委托人信息不被披露的能力有限。前文已述，《刑事诉讼法》赋予辩护律师的保密权具有豁免权的性质，可以免除其配合侦查机关搜查与扣押的责任，辩护律师因此获得拒绝披露委托人的相关材料和信息的自由。但是，对于此处的"辩护律师"，可以理解为本案的辩护律师或者他案的辩护律师，也可以理解为正在履行辩护人职责或者曾经履行过辩护人职责的律师，却唯独不能理解为从未获得过辩护人身份的律师。而律师提供法律服务并非仅局限于诉讼业务，并且刑事辩护业务在诉讼业务中的占比也不高。司法部公布的数据显示，2020年度律师办理刑事诉讼辩护及代理案件104.9万多件，仅占诉讼案件的15.87%；2021年度律师办理刑事诉讼辩护及代理案件122.8万多件，仅占诉讼案件的15.13%；2022年度律师办理刑事诉讼辩护及代理案件99万多件，仅占诉讼案件的12.01%。〔2〕这就意味着有相当比例的律师因为从未获得辩护人身份而不能成为《刑事诉讼法》中保密权的权利主体，亦

〔1〕　参见［美］霍菲尔德：《基本法律概念》，张书友编译，中国法制出版社2009年版，第70页。

〔2〕　《2020年度律师、基层法律服务工作统计分析》，载 http://www.moj.gov.cn/pub/sfbgw/zwxxgk/fdzdgknr/fdzdgknrtjxx/202208/t20220815_461680.html，最后访问时间：2024年12月31日；《2021年度律师、基层法律服务工作统计分析》，载 http://www.moj.gov.cn/pub/sfbgw/zwxxgk/fdzdgknr/fdzdgknrtjxx/202208/t20220815_461680.html，最后访问时间：2024年12月31日；《2022年度律师、基层法律服务工作统计分析》，载 http://www.moj.gov.cn/pub/sfbgw/zwxxgk/fdzdgknr/fdzdgknrtjxx/202306/t20230614_480740.html，最后访问时间：2024年12月31日。

即不能通过行使此权利来应对侦查机关搜查与扣押的权力。

如前文所言，律师的保密义务并不能免除其配合搜查与扣押的责任。对于从未获得辩护人身份的律师在执业中知悉的委托人或单位的相关情况和信息，如若侦查机关要求律师提供，律师应当予以配合，侦查机关展开搜查与扣押，律师也没有理由拒绝。也就是说，对于不曾获得辩护人身份的律师，即使侦查机关搜查的目的是获取律师在执业中知悉的对某一委托人不利的情况和信息，该律师也没有权利来拒绝侦查人员接触相关的材料和信息。考虑到保密是律师取信于委托人甚至是社会的一个基本要求和条件，为妥善处理好律师作为一般公民的义务和作为提供法律服务的执业人员的义务之间的关系，2012 年《刑事诉讼法》赋予辩护律师保密权。[1]"所谓辩护律师'有权予以保密'，当然首先是辩护律师负有保密义务，这是《律师法》的规定，是律师必须承担的职业责任。"[2]但是立法将这一权利的主体限缩为"辩护律师"的做法并不能保障律师群体均能自主履行保密义务。

（二）单方面的保密请求权

《律师法》第 38 条赋予案件当事人要求律师保守职业秘密的权利，但是此权利仅约束当事人与律师，其效用仅限于律师不得主动向公安司法机关披露相关信息、提供相关证据材料。《律师法》第 38 条规定了律师的保密义务："律师应当保守在执业活动中知悉的国家秘密、商业秘密，不得泄露当事人的隐私。律师对在执业活动中知悉的委托人和其他人不愿泄露的有关情况和信息，应当予以保密……"但是"义务"从来不能免除

---

〔1〕 王爱立、雷建斌主编：《〈中华人民共和国刑事诉讼法〉释解与适用》，人民法院出版社 2018 年版，第 86 页。

〔2〕 陈光中主编：《中华人民共和国刑事诉讼法专家拟制稿（条文、释义与论证）》，中国法制出版社 2004 年版，第 198 页。

"责任"、应对"权力"，律师不能因其保密义务而被免除配合公安司法机关调查取证的责任。如上文所言，面对公安司法机关的取证行为，律师有如实提供证据的义务。此义务与律师的保密义务在法律位阶上平等，也没有孰高孰低之分。根据《立法法》的规定，虽然《刑事诉讼法》由全国人民代表大会制定，属于国家基本法律，《律师法》由全国人民代表大会常务委员会制定，属于"其他法律"，但是《刑事诉讼法》与《律师法》均属于法律，是全国人民代表大会与全国人民代表大会常务委员会行使国家立法权的结果，法律位阶平等。从这一维度讲，《刑事诉讼法》规定的如实提供证据的义务与《律师法》规定的保密义务的法律位阶也平等，律师并不能因为要履行保密义务而被免除如实提供证据的义务。

而权利与义务相伴，既然律师对案件当事人承担保密义务，那么要求律师保密就成了当事人的权利。以分析实证主义法学理论为研究工具，当事人的此项权利具有"'狭义权利'（请求权）"（right or claim）的属性，[1]意即当事人可以向律师发出请求，要求其不得向公安司法机关提供相关证据材料或者披露相关信息，律师也应当配合此项请求。但是该请求权仅调整律师与案件当事人的关系，不能对外约束公安司法机关的行为，抵消公安司法机关取证的权力，律师并不因为此请求权而免于配合公安司法机关取证，只是在配合方式上仅限被动配合，即仅在公安司法机关要求的取证范围内配合。从此角度出发，实践中北京浩天信和（长沙）律师事务所通过主张律师保密义务以拒绝湖北省黄石市公安局下陆分局调取代理合同、授权委托

---

〔1〕　徐冉：《辩护律师保密权的理论内核——分析实证主义法学的视角》，载吴宏耀主编：《刑事法学研究》（总第 3 辑），中国政法大学出版社 2022 年版，第 193 页。

书的做法并不可取。因为《律师法》中保密义务的规定仅能约束律师的行为，其作用力仅限于律师不能主动向公安司法机关提供证据材料，而在公安司法机关明确提出取证要求的情况下，律师不能因为保密义务而拒绝配合。

（三）待激活的人身、住宅与通信权

面对侦查机关的搜查与扣押，律师的人身、住宅与通信权并没有发挥应有的效用。《宪法》第 37 条、第 39 条分别赋予公民人身、住宅不受侵犯的权利。作为公民，非经法律程序，律师的人身、住宅自然也不受任意搜查。《宪法》第 40 条赋予公民通信自由和通信秘密不受侵犯的权利。此权利既是委托人的权利，也是律师的权利。"除因国家安全或者追查刑事犯罪的需要，由公安机关或者检察机关依照法律规定的程序对通信进行检查外"，委托人与律师之间的通信交流受法律保护，不受非法限制与窥探。上述权利均为公民的基本人权，对其限制或者剥夺要严格依照法律规定进行，并且应有充分的理由，这样做是对公民人权的基本尊重。亦如联合国《公民权利和政治权利国际公约》第 17 条所言："任何人之私生活、家庭、住宅或通信，不得无理或非法侵扰。"

一方面，律师并不能以人身、住宅权利不容侵犯为由对搜查的必要性提出怀疑，要求侦查机关提供充分的搜查理由。如上文所言，现行《刑事诉讼法》及其司法解释对搜查理由的规定较为粗疏，侦查机关在决定搜查与扣押时拥有较大裁量权。而实践中包括律师在内的公民面对侦查机关的搜查与扣押往往处于被支配地位，提出异议或者拒绝搜查与扣押的空间非常有限；另一方面，律师也不能以公民通信自由和通信秘密权利不受侵犯为由要求对侦查机关的搜查与扣押行为进行特殊限制。如上文所言，除见证人规则之外，现行立法与司法解释并没有

规定进一步的约束搜查与扣押行为的规则。此外，相较于约束
侦查机关搜查与扣押的权力，《刑事诉讼法》更倾向于强调公民
的协助与配合义务。但是防止执业中获取的委托人信息在搜查
与扣押过程中泄露是保障律师与委托人通信自由与通信秘密权
利的应有之义。联合国《关于律师作用的基本原则》第 22 条就
规定："各国政府应承认和尊重律师及其委托人之间在其专业关系
范围内的一切通讯和协商均属保密。"对律师及其相关处所、电子
设备等的搜查与扣押如不能在搜查与扣押的范围、程序等方面进
行限制，将难以避免泄露律师与委托人通信秘密的情况的发生。
但就目前而言，虽然《宪法》规定公民享有通信自由与通信秘密
不受侵犯的权利，但是律师并不能以此为由对侦查机关的搜查与
扣押行为提出特殊要求。

三、取证中"权利"与"权力"的边界

公安司法机关代表国家履行"维护社会秩序，镇压叛国和
其他危害国家安全的犯罪活动，制裁危害社会治安、破坏社会
主义经济和其他犯罪的活动，惩办和改造犯罪分子"的职责，
赋予其较为自由的调查取证权力并保障权力的正常行使无可厚
非。然而律师又是连接"权力"与"权利"的特殊中介，公安
司法机关向律师取证所要面对的既有律师作为公民的基本权利，
又有委托人获得律师法律帮助的相关权利；既牵涉律师这一职
业发展的特殊需求，又要迎合律师作为"依法治国的一支重要
力量"功能的实现。故在处理"权力"与"权利"的关系时，
既不能一味强调公安司法机关职能的发挥，也不能过度追求对
律师执业的特殊关照。

（一）弱化权利对权力的配合

若要切实发挥律师在人权保障方面的正面作用，就要弱化其

对公安司法机关取证权力的配合，强化保密相关权利。法律是复杂的，公民需要借助律师的帮助认识法律、运用法律。实践证明，有律师服务的法律事件的处理结果要优于相反一面。亦有研究显示，"如果律师的工作是具有职业精神的、善意的，那么就能防止不公正的刑事判决和其他违法判决发生法律效力"。[1]"律师只要站在辩护人的角度，忠诚于被告人的利益，最大限度地提供有效的辩护，就足以对检察机关的指控构成强有力的制衡，对法院的裁判施加积极有效的影响。"[2]因此，面对纷繁复杂的法律，律师在保障公民基本权利方面发挥着重要作用。而保密是律师与委托人维系信任关系以便向委托人提供法律服务的重要基础。如果律师不能对从委托人处获得的信息保密，那么委托人以及潜在委托人将无法与律师建立信赖关系，更不能与律师展开充分的沟通。如此造成的后果要么是潜在委托人不愿向律师寻求法律帮助，要么是委托人不能获得律师优质的法律帮助。[3]

---

〔1〕 ［俄］尤·彼·加尔马耶夫：《俄罗斯刑事诉讼律师违法活动面面观》，刘鹏、从凤玲译，中国政法大学出版社 2013 年版，第 300 页。

〔2〕 参见陈瑞华：《论辩护律师的忠诚义务》，载《吉林大学社会科学学报》2016 年第 3 期，第 7 页。

〔3〕 比如，2017 年澳大利亚辩护律师泄密案将辩护律师保守委托人秘密问题推向话题的风口浪尖。2017 年，澳大利亚墨尔本某资深刑事辩护律师被揭露长期充当警方线人，并将委托人之保密信息披露给警方。该辩护律师长期为毒贩、黑社会组织代理案件，自 2005 年成为警方线人后，其便收集委托人的犯罪证据，帮助警方破获多起轰动一时的案件，逮捕 300 名以上犯罪分子。澳大利亚最高法院判定该辩护律师严重违反了保密义务并强烈谴责了此类行为，认为该辩护律师泄露委托人秘密的行为是对法治的严重破坏。法治（the rule of the law）要求法律面前人人平等，不论他是富人还是穷人，是被剥夺了公权的人还是普通公民，是个人还是政府，都应受到同样法律的保护。即使是罪犯，也与其他公民享有同样的权利，其中就包括获得律师帮助的权利。认可该辩护律师的泄密行为将破坏委托人与辩护律师的信任关系，使潜在的委托人惧于向辩护律师寻求帮助，使接受律师服务的委托人因为担

　　如上文所言，面对公安司法机关取证的权力，律师有配合的责任和义务，有限的保密权和职业保密义务并不能帮助律师完美对抗此"权力"。但是，如果律师在配合取证的过程中不能避免泄密情况，这将毫无例外地攻击律师执业的信任基础。因此，律师配合公安司法机关行使取证权力不容许侥幸事件的发生。面对具有强制力的取证权力，应弱化律师配合取证的责任和义务，通过相应的制度安排或者权利设置，确保在"委托人或者其他人准备或者正在实施危害国家安全、公共安全以及严重危害他人人身安全的犯罪事实和信息"之外，律师有权利拒绝提供相应的证据材料，能够对在执业中获取的信息保密。联合国《关于律师作用的基本原则》第 22 条就规定："各国政府应承认和尊重律师及其委托人之间在其专业关系范围内的一切通讯和协商均属保密。"如此，才能迎合当代律师制度设置的旨趣，为律师应对公权力留有正常执业的空间。

　　（二）强化对权力的约束

　　应对公安司法机关向律师取证的权力作出特殊限制，以尽可能减少对公民能够获得律师帮助以维护基本权利的利益的侵犯。在公安司法机关向律师取证问题上存在着利益的冲突，一方面是国家为惩治犯罪而发现真实的利益，另一方面则是公民能够自由地获得律师帮助以维护基本权利的利益。在这一利益权衡上，域外律师保密制度往往选择后者，认为保证任何人都能自由地获得法律上的帮助和建议的社会利益要重于因律师披露有

（接上页）心信息被泄露而无法与辩护律师坦诚相待。如此，辩护律师也就因为无法获得充分信息而难以为委托人提供周全的法律服务，使委托人面对强大的国家机器时处于被动与盲目地位，这将严重损害作为刑事司法公正之基石的辩护制度。"如果律师可以向公权力告密，那么这一套宣称'程序公平'的法治，将失去公信力。"

关信息而帮助司法机关发现真实的社会利益。[1]作为中国特色社会主义法治的内在要求，"良法善治"既蕴含着"以人民为中心"的法治理念，也蕴含着"以公正为生命线"的法治精神。[2]保障公民基本权利不受侵犯和司法公正孰轻孰重，难以决断。

但是以人民基本权利保障为本位，以规范权力运作为主线，是当今法治建设的应有之义。[3]习近平总书记强调，"加快完善体现权利公平、机会公平、规则公平的法律制度，保障公民人身权、财产权、基本政治权利等各项权利不受侵犯，保障公民经济、文化、社会等各方面权利得到落实"。[4]这就要求我国的立法、执法与司法都能够以人民为本，以"权利"为本。如此，才能"形成有效的社会治理、良好的社会秩序，促进社会公平正义，让人民群众安居乐业，获得感、幸福感、安全感更加充实、更有保障、更可持续"。[5]而保障公民获得律师帮助的权利被视为法治社会不可缺少的特征，律师在捍卫人权方面所发挥的作用在法治社会中不可替代，也是公众信任国家司法的重要因素。因此，公安司法机关向律师行使取证权力应受到严格约束，要尽可能减少对律师发挥保障公民基本权利功能的不利影响。尤其是对律师的搜查，侦查人员在对律师或其住所、律师事务所等进行搜查时极有可能获悉与正在调查的案件无关的案

---

〔1〕 参见王进喜：《法律职业伦理》，中国人民大学出版社 2020 年版，第 76 页。

〔2〕 参见张文显：《习近平法治思想的理论体系》，载《法制与社会发展》2021 年第 1 期，第 8 页。

〔3〕 参见张文显：《习近平法治思想的理论体系》，载《法制与社会发展》2021 年第 1 期，第 9 页。

〔4〕 《中共中央关于全面推进依法治国若干重大问题的决定》，载《人民日报》2014 年 10 月 29 日。

〔5〕 《习近平李克强栗战书汪洋王沪宁赵乐际韩正分别参加全国人大会议一些代表团审议》，载《人民日报》2018 年 3 月 8 日。

件信息，这既不利于对相关委托人基本权利的保护，也必然有损委托人以及潜在委托人的安全感，降低其对律师的信任度。在此基础上，对律师以及律师的住所、律师事务所的搜查应当有严格的规则，以将搜查所带来的负面影响降至最低。

（三）以公正程序固定权力边界

完善程序设计，以公正程序划定公安司法机关向律师取证的权力的边界。一方面，对"权力"是约束而不是排斥，公安司法机关向律师取证的权力应得到保障。坚持实体公正与程序公正并重、打击犯罪与保障人权并重，实现两种价值的平衡是我国的基本政法理念。[1]"强调程序公正，绝不意味着放弃对实体公正的追求，不能脱离实体公正搞所谓的'程序至上'或者'程序优先'，避免只求过程不重结果。"[2]虽然要改变刑事司法"重实体、轻程序"的倾向，强调刑事司法中的人权保障，但是不能抛弃对实体公正的追求。[3]为查清案件事实、及时惩罚犯罪，不管是否有从其他渠道获取材料的可能性，公安司法机关都有权向律师取证，律师也有配合的责任，这是宪法赋予公安司法机关的权力，也是公安司法机关代表国家履行维护社会秩序、惩罚和改造犯罪职能的应有保障。

另一方面，发挥公正程序的作用，以具体的程序设计划分权力边界。在现代刑事法理念的倡导下，控制国家权力，保障公民个人的权利，用权利制约权力是平衡控辩双方地位、实现

〔1〕　参见龙宗智：《动态平衡诉讼观的几点思考》，载《中国检察官》2018年第13期，第6页。

〔2〕　中共中央政法委员会：《社会主义法治理念读本》，中国长安出版社2009年版，第152页。

〔3〕　曹建明：《牢固树立"五个意识"着力转变和更新执法理念　努力做到"六个并重"确保刑诉法全面正确实施》，载《检察日报》2012年7月23日。

人权保障的重要途径。[1]但是，在公安司法机关向律师取证问题上，"权力"与"权利"边界的划分不是固执地一边倒，而是通过细化规则设置来规范权力，使权力在规范的轨道上行使。在规则设计上，不管公安司法机关是向律师直接取证还是展开搜查与扣押，以下因素应当被考虑到：所涉及的罪行的严重程度、向律师直接取证是否合理且必要、搜查和扣押是否基于合理的怀疑、搜查和扣押的范围是否合理、搜查执行的方式是否合理以及是否为律师保护所涉案件之外的职业秘密留有空间、是否赋予律师提出异议或者寻求事后救济的权利。"刑事诉讼中繁琐、精致的程序，其精神在于约束国家追诉权。"[2]程序公正的实现应当以公正的程序为基础，只有在上述因素的阻截下设置公安司法机关向律师取证的权力的运行轨道，才能切实发挥正当程序的作用，以合理的边界实现惩罚犯罪与保障人权的兼顾。

四、律师应对公安司法机关取证权力的路径

面对公安司法机关的取证行为，律师的职业保密义务应当得到维护，至少在委托人"准备或者正在实施危害国家安全、公共安全以及严重危害他人人身安全的犯罪"的情况和信息之外，律师能够对委托人不愿被知悉的情况和信息保密。针对律师展开的搜查与扣押应该坚持必要性原则，需要有周延的制度设计，保障侦查机关在正常履行侦查职能的基础上，有节制地处理权力的行使和律师保密义务以及保密权利的冲突。规则越是明确、具体，越能够防止执法者滥用手中权力。只有以一项

---

〔1〕 参见奚玮、沈鹏：《论被追诉人辩护权的宪法保障》，载《广东社会科学》2015年第3期，第234页。

〔2〕 葛同山：《论刑事辩护律师的真实义务》，载《扬州大学学报（人文社会科学版）》2010年第1期，第54页。

特别精确的"法律"为依据，才能严格地约束权力的使用，尽可能地减少因为取证权力的行使而给律师执业空间以及当事人的合法权益所带来的伤害。

（一）确定基于律师职业的保密权

由"辩护律师"转为"律师"，扩大现行《刑事诉讼法》第48条权利主体的范围。如此，面对侦查机关的搜查与扣押，律师即可通过行使保密权以拒绝提供执业中获悉的相关材料和信息。

首先，将保密权赋予整个律师职业更符合立法目的。2012年《刑事诉讼法》第46条首次规定辩护律师保密权，全国人民代表大会常务委员会法制工作委员会在介绍立法背景时指出，赋予辩护律师保密权的理由之一是为妥善处理好律师作为公民的举报作证义务和作为提供法律服务的执业人员的保密义务之间的关系。[1]从这一层面来讲，保密权的设置应该是针对整个律师群体的，旨在确保律师能够真正履行其职业保密义务。而《刑事诉讼法》第46条采用"辩护律师"的表述，"意味着在法律上免除了辩护律师的举报作证义务"，[2]没有获得过辩护人身份的律师却要继续面临作为公民的举报作证义务和作为律师的保密义务之间的冲突，显然仅解决了一半问题。如果能将现行《刑事诉讼法》第48条中的"辩护律师"扩展为"律师"，就能较为妥帖地处理好律师执业中面临的上述义务冲突。

其次，将保密权赋予整个律师职业更符合人权保障需求。对律师的搜查与扣押存在着利益冲突，一方面是国家为惩治犯罪而发现真实的利益，另一方面则是公民能够自由地获得律师

---

〔1〕 参见王尚新、李寿伟主编，全国人大常委会法制工作委员会刑法室编著：《〈关于修改刑事诉讼法的决定〉释解与适用》，人民法院出版社2012年版，第37页。

〔2〕 参见王尚新、李寿伟主编，全国人大常委会法制工作委员会刑法室编著：《〈关于修改刑事诉讼法的决定〉释解与适用》，人民法院出版社2012年版，第37页。

帮助以维护基本权利的利益。在这一利益权衡上，域外律师保密制度往往选择后者，认为保证任何人都能自由地获得法律上的帮助和建议的社会利益要重于因律师披露有关信息而帮助司法机关发现真实的社会利益。[1]"在一个尊重个人尊严的社会中，我们赋予查明真相的重要价值并不是绝对的，在有些情况下可能得服从那些更高的价值。"[2]在现代刑事法理念的倡导下，控制国家权力，保障公民个人的权利，用权利制约权力是平衡控辩双方地位、实现人权保障的重要途径。[3]以人民基本权利保障为本位，以规范权力运作为主线，也是当今法治建设的应有之义。[4]面对纷繁复杂的法律，律师在保障公民基本权利方面发挥着重要作用。而保密是律师与委托人维系信任关系以便向委托人提供法律服务的重要基础。如果不能确保律师不会被动泄密，那么设置律师保密义务以要求律师保密也丧失了旨趣。如法律伦理学家门罗所言：如果律师被要求泄露委托人罪行，那么保守秘密的义务就会被毁灭，一同被毁灭的，还有对抗制本身。只有彻底打消律师和委托人对于被动泄密的担忧，才能切实发挥律师这一职业在法治社会中的积极作用。

最后，域外律师保密权的设置往往是针对律师这一职业。比如，1984年《英国警察与刑事证据法》确立的法律职业特权（legal professional privilege）被适用于所有案件，强调"律师"

---

[1] 参见王进喜：《法律职业伦理》，中国人民大学出版社2020年版，第76页。

[2] [美]门罗·弗里德曼：《对抗制下的法律职业伦理》，吴洪淇译，中国人民大学出版社2017年版，第6页。

[3] 参见奚玮、沈鹏：《论被追诉人辩护权的宪法保障》，载《广东社会科学》2015年第3期，第234页。

[4] 参见张文显：《习近平法治思想的理论体系》，载《法制与社会发展》2021年第1期，第9页。

可就受特权保护的信息或文件拒绝作证或提交书面证据；[1]《德国刑事诉讼法》第53条第1款第2项在单独赋予"被告之辩护人"拒绝作证权之外，又在该款第3项规定"律师及律师公会之其他成员、专利师、公证人、法定审计师、已宣誓之查账员、税务顾问及税务代理人……对于其以此身份被信赖告知或所知悉事项，有权拒绝提供证言"，意即又针对"律师"的特殊身份赋予律师职业拒绝作证权；[2]《日本刑事诉讼法》第149条亦规定：医师、牙科医师、助产师、护士、律师（包括外国法事务律师）、代办人、公证人、宗教在职人士或担任过上述职务之人，对由于受业务上之委托而得知之有关他人秘密之事项，得拒绝证言。[3]此外，域外部分国家直接赋予辩护律师就执业中形成的文件拒绝搜查与扣押的权利。比如，《德国刑事诉讼法》第97条规定了与律师职业秘密有关的文件不受搜查和扣押。[4]《日本刑事诉讼法》第105条也规定律师有权拒绝侦查机关扣押其在履行辩护职责过程中形成的关涉委托人秘密的文件。[5]《美国联邦民事诉讼规则》第26条b项和《美国联邦刑事诉讼规则》第16条第2款承认律师为将要进行的诉讼而为委托人所制作的文件可以免于披露，并在实际判例中沿用此精神，不仅不允许办案机关扣押此类文件，还要避免办案机关在搜查中看见文件中的内容。他山之石可以攻玉，域外针对律师职业设置保密权的做法的确有利于律师保守职业秘密，更好地发挥律师在

---

〔1〕　齐树洁主编：《英国证据法》（第2版），厦门大学出版社2014年版，第167页。

〔2〕　连孟琦译：《德国刑事诉讼法》，元照出版有限公司2016年版，第33页。

〔3〕　[日] 田口守一：《刑事诉讼法》（第7版），张凌、于秀峰译，法律出版社2019年版，第457页。

〔4〕　连孟琦译：《德国刑事诉讼法》，元照出版有限公司2016年版，第66页。

〔5〕　[日] 田口守一：《刑事诉讼法》（第7版），张凌、于秀峰译，法律出版社2019年版，第110页。

法治社会中的积极作用。而在完善的律师保密制度之下，针对律师展开的搜查与扣押就变得容易规制。

（二）严格考察搜查的必要性

对律师或其住所、律师事务所进行搜查应当有客观的、合理的理由。此处的搜查理由应当是基于客观证据的合理怀疑，并且在搜查证中能够体现搜查的必要性。

如上文所言，对律师及其住所、律师事务所进行搜查是对包括通信自由在内的公民基本权利的限制，这要求侦查机关在行使搜查权力时应当有充分的理由。尤其是律师事务所，域外国家对其搜查理由的考察会更加严格。在《美国联邦隐私保护法》的授权下，对律师事务所的搜查应当有更为严谨的理由：一是要求律师直接提供其持有的文书资料"将明显危害该文书之可取得性或可用性（availability or usefulness）"；二是该文书资料包含的内容对犯罪的侦查或起诉有明显的重要性。[1] 并且在形式上，一般执法人员无权申请对律师事务所的搜查令，只有在联邦检察官的建议下，适格的联邦检察总长的副助理检察官（Deputy Assistant Atormey General）才有权授权办案人员向法院申请搜查令。欧洲人权法院处理此类案件时则是要求各成员国侦查人员应当具备令人信服的充分理由，搜查令发布者应该排除合理怀疑地相信搜查的开展能够满足紧迫的社会需要，能够与展开搜查所追求的合法目标相称。[2]《芬兰强制措施法》则有更具体的要求：一是有证据证明有犯罪发生，并且可能判处 6 个月以上刑罚；二是从律师事务所查获的涉密或者私人文件只能由调查

---

[1] 参见王兆鹏：《美国刑事诉讼法》（第 2 版），北京大学出版社 2014 年版，第 103 页。

[2] ECHR2020, Kruglov and Others v. Russia, nos. 11264/04, §129.

负责人、检察官或法官打开。[1]

但是一方面，侦查认识活动具有逆向性和模糊性，这决定了侦查措施的采取不可能总是基于充分的客观理由。[2]"警察在现实世界的执法，不可能永远正确无误，法律及社会必须容忍警察'一定程度'的错误。"[3]另一方面，侦查活动的进行有及时性的要求，因为时间越久，犯罪留下的物品或痕迹越不容易获得。所以，不宜对搜查理由提出过于苛刻的要求。而实践中仅在搜查理由一栏填写"侦查犯罪需要""依照第××条"等的做法也不可取，应当防止搜查权力的滥用。因为职业的特殊性，对律师的搜查应当符合必要性的要求。因此，侦查人员应当在申请搜查证时进行说理，阐明基于客观证据所产生的合理怀疑，公安司法机关认为有必要对律师或其住所、律师事务所予以搜查的，才能签发搜查证。

（三）限制搜查与扣押的对象

对于针对律师或其住所、律师事务所的搜查，应当在搜查证中限制搜查对象的范围，明确搜查对象的涉案范围、性质、种类、数量等。如此，一方面可以防止侦查人员接触与案件侦查无关的材料，减少不必要的搜查行为；另一方面可以在一定程度上为外界监督侦查人员的搜查行为提供标尺。（比如，搜查证中写明是张三案的某文件，侦查人员就没有必要搜查与张三案无关的案件的相关材料。）

前文已述，对律师的搜查极易伤害律师与委托人之间的信赖关系，影响律师执业的质量。律师从事法律服务，可能随身

[1]　ECHR2006, Petri SALLINEN and Others v. Finland, no. 50882/99, §31-33.
[2]　任惠华主编：《侦查学原理》，法律出版社2012年版，第230~231页。
[3]　参见王兆鹏：《美国刑事诉讼法》（第2版），北京大学出版社2014年版，第53页。

携带，也可能在律师事务所、住所甚至交通工具中存放承办业务的案卷材料。此外，按照《律师法》的规定，律师在案件办结后也要根据相应规则的要求在律师事务所完成归档工作。而律师承办业务时会面对形形色色的当事人，其所持有的材料当然也分属不同案件，其中必然不乏当事人不愿泄露的证据、材料。因此，侦查人员在对律师或其住所、律师事务所进行搜查时非常容易接触到与案件侦查目的无关的证据材料。如果不对搜查对象作出限制，将难以避免搜查中泄密情形的发生。

美国司法实践中，为确保将办案人员在搜查律师事务所时阅览到秘密信息的可能性降至最低，尽可能保护律师与委托人之间的信赖关系，要求法院在签发对律师事务所的搜查令时应当坚持"特定明确原则"（the Requirement of Particularity），应在搜查令上清楚、具体地写明搜查对象，将搜查范围与扣押对象具体化。在此原则的基础上又确立了"提出命令优先原则"，当办案机关准备对律师事务所进行搜查时，法院应当先对律师发出提出命令（subpoena duces tecum），命令律师事先提出搜查对象之外的应受律师—委托人特权保护的证据材料。在提出命令优先原则之下，办案人员原则上不能直接搜查律师事务所，除非其能够证明律师有毁灭、隐藏证据的嫌疑。[1]相对于美国司法实践中的严格要求，《日本刑事诉讼法》则允许针对犯罪嫌疑人的搜查令中记载的物品"有一个宽泛的幅度"。虽然也要求搜查令中必须记载特定的"应当搜查的场所、人身或物品"，但是此处的"物品"是指"被认为是实施犯罪的资料"，即在搜查令中写明物品时不要

---

〔1〕 参见王兆鹏：《美国刑事诉讼法》（第2版），北京大学出版社2014年版，第102页。

求特别具体，只是原则上不允许搜查其他犯罪的证据。[1]而对于犯罪嫌疑人以外的第三人的搜查，则只要"足以证明存在应扣押的物品"即可。[2]德国律师协会则进一步指出：被搜查和扣押的材料应当由一名第三方律师审查，以确定哪些材料与侦查人员正在进行的调查有关，哪些则无关。[3]反观我国刑事司法实践，搜查证中往往没有搜查对象一栏。进行从无到有的转变应循序渐进。因此，应当对搜查对象的范围进行适当限制，如能明确搜查对象的性质、种类、数量等最好，如不能，至少也要在涉案范围上作出限制，以防止律师执业信息的不必要泄露。

（四）规范搜查程序

首先，对于针对律师或其住所、律师事务所的搜查，应当由律师本人或者律师协会推荐的律师作为见证人。之所以要求对此类搜查行为进行限制，主要是考虑到律师职业的特殊性。律师在执业中获取的信息以及律师的工作成果具有专业性，监督侦查人员搜查与扣押行为的见证人当然应当具备相应的专业知识，如此才能有效地识别侦查人员搜查与扣押的对象是否与搜查证中要求的一致。日本刑事诉讼实践为保障被搜查人的防御权，往往倾向于允许被搜查人及其代理人在场见证。美国的司法实践中，为防止搜查律师事务所导致的不必要的泄密，法院会指派"特别执行官"（Special Master）参与搜查。特别执行官由本地声誉良好的律师担任，以政府公务员的身份参与搜查。特别执行官可以要求律师将卷宗提出并进行秘密审查，由特别行政官决定相关文件是否

---

〔1〕 ［日］田口守一：《刑事诉讼法》（第7版），张凌、于秀峰译，法律出版社2019年版，第111~112页。

〔2〕 ［日］田口守一：《刑事诉讼法》（第7版），张凌、于秀峰译，法律出版社2019年版，第116页。

〔3〕 ECHR2020, Niemietz v. Germany, no. 13710/88, §21.

可以交予办案人员。如果律师或者办案人员不服特别执行官的决定，那么法院应就此问题在 3 日内召开听证会，听取双方意见，判断是否保护相关信息免于披露。[1]更有甚者，通过邀请具有特殊身份与职位的人作为见证人，以监督办案人员的搜查行为。比如，在欧洲人权法院的 Michaud v. France 案中，法国办案人员在搜查时邀请了时任律师协会主席在现场见证，来督促办案人员尽可能减少搜查带来的负面影响。此举被称为"特殊的保护措施"。[2]本书认为，从兼顾公平和效率的角度出发，由律师本人或者律师协会推荐的律师作为特殊的见证人最为适宜。

其次，应赋予律师和律师事务所提出异议的权利。现行《刑事诉讼法》及司法解释仅规定单位和个人配合搜查的义务，却没有明确单位和个人提出异议的权利。此处律师提出异议的权利应当包含两方面的内容：一是侦查人员向律师或者律师事务所出示搜查证时，对于搜查理由不成立的，律师或者律师事务所有权提出异议。从公民基本权利不受侵犯的角度而言，搜查合法性和合理性的证明责任应由侦查机关承担。搜查证上应当注明搜查的理由，如果律师或者律师事务所提出合理怀疑，侦查机关应在充分回应后再决定是否展开搜查行为。二是搜查行为明显不当时，律师或者律师事务所有权提出异议。前文已述，对律师或其住所、律师事务所的搜查应当限制搜查对象。如果侦查人员在搜查中明显在接触与案件侦破无关的证据材料，律师或者律师事务所有权及时提出异议，制止正在进行的或者防止即将进行的搜查行为。如此，既可以有效减少搜查中产生的不必要的泄密后果，又可以减少事后申诉或被追诉人程序异

---

〔1〕 参见王兆鹏：《美国刑事诉讼法》（第 2 版），北京大学出版社 2014 年版，第 103 页。

〔2〕 ECHR2012, Michaud v. France, no. 12323/11, §40.

议情形的发生，提高诉讼效率。

第二节　对电子通讯与书信固有弊端的应对

委托人与辩护律师既可能面对面交流，也可能借助电子通讯手段、书信等异地交流，也即非面对面交流（not face—to—face）。所谓借助电子通讯手段进行交流，主要表现为委托人与辩护律师打电话、发邮件等。书信交流则主要表现为在押委托人与辩护律师的通信。随着通信技术的发展以及看守所会见空间等客观条件的限制，辩护律师与委托人在面对面交流之外还可能会运用到电子通讯设备或者书信。但是书信可能会被开启、电话可能会被窃听、传真与邮件可能会被第三方中途截获，这些都影响着委托人与律师交流所涉信息的保密。要想克服电子通讯与书信交流在信息保密上的固有弊端，应当注重为辩护律师与委托人营造良好交流环境。

一、辩护律师与委托人进行电子通讯与书信交流的实践考察

前文已述，在对资深律师的调研中发现，律师更倾向于与委托人进行面对面的交流，这对于保证双方交流的充分性以及交流信息的保密性都非常重要。但是实际情况显示律师不能总是与委托人进行面对面的交流。近年来，在一些羁押人数众多、会见需求量大的看守所，硬件设施落后导致的会见困难使律师不堪其累，为辩护律师执业增添了新问题。[1]这种情况下，辩护律师可能需

---

〔1〕　参见郝春莉：《刑事辩护律师"会见难"的成因与对策建议》，载 https://mp.weixin.qq.com/s/OHxwl0KQfYx5Tv FxC2Xx2A，最后访问时间：2024 年 12 月 1 日。

要适当借助电子通讯手段或者通过书信实现与委托人的交流。很明显，由于技术上的原因，使用电子通讯手段进行交流存在着信息被窃听、监听、拦截、修改等风险，如果委托人采用电子通讯手段与辩护律师交流，那么双方交流的信息就有被披露的风险。同样，书信可能被拦截、丢失，看守所在押人员与外界的通信还要被"例行检查"，[1]如果委托人采用写信的方式与辩护律师交流，那么双方交流的信息同样容易被第三方知悉。

关于辩护律师与委托人采用电子通讯手段、书信进行交流的情况，笔者设置了三个问题：第一，"由于会见室少、配套设施不足、会见时间有限等原因，辩护律师到看守所会见在押委托人仍存在困难。您认为是否可以在当面会见之外，鼓励辩护律师与委托人使用电话、远程视频等电子通讯手段或者使用书信进行交流？"第二，"如果委托人通过电话、远程视频等电子通讯手段与您交流，您认为这会影响到您对委托人向您披露的信息的保密性的评价吗？"第三，"如果委托人通过书信与您交流，您认为这会影响到您对委托人向您披露的信息的保密性的评价吗？"对于第一个问题，问卷结果如表8，不鼓励使用电子通讯手段、书信进行交流的仅占参与问卷总人数的19.47%，但认为应当区分情况，不建议涉及对委托人不利的信息的却占参与问卷总人数的

---

〔1〕 根据《看守所条例》第31条：看守所接受办案机关的委托，对人犯发收的信件可以进行检查。如果发现有碍侦查、起诉、审判的，可以扣留，并移送办案机关处理。这意味着无论从当事人角度，还是辩护人角度，犯罪嫌疑人在押期间的通信，均需接受看守所的检查。"我国相关法规中，无论是对辩护人通信权的规定，还是对在押犯罪嫌疑人通信权利限制的规定，均没有明确信件检查的正当性理由；信件扣押的理由也脱离宪法规定的事由，从而使在押犯罪嫌疑人通信权无从落实。"参见任学强：《论在押犯罪嫌疑人通信权限制的正当化事由》，载《兰州学刊》2018年第9期，第151页。曹红星律师也曾发文称"律师可以与被羁押的犯罪嫌疑人通信的法律规定不具有可操作性"。

55.75%。这说明多数被调查者认为，使用电子通讯手段、书信进行交流会影响到交流内容的保密性，交流所涉信息被泄露的可能性较大，因此使用此类手段进行交流不应涉及对委托人不利的信息。同时也说明，辩护律师与委托人可以采用电子通讯手段、书信进行交流，但是此种交流方式存在着固有弊端，我们有必要针对其特殊性寻找相应的判断"委托人秘密"的方法。

对于第二个与第三个问题，问卷结果如表9、表10，不出所料，多数被调查者认为使用电子通讯手段、书信交流会影响到其对委托人披露之信息的保密性的评价。但需要指出的是，相较于使用电子通讯手段，被调查者似乎对书信方式意见更大，第二个问题中认为会影响的仅占参与问卷总人数的65.04%，第三个问题中认为会影响的却高达84.96%。这可能与现今在押委托人与辩护律师秘密通信的权利得不到有效保障有关，但通信权是刑事诉讼中委托人的基本权利，辩护律师与委托人采用通讯手段进行交流虽不能成为主流的交流方式，却不能被完全摒弃，因此我们也有必要为如何实现辩护律师与委托人之间的秘密通信做出努力。

表8

选项	小计	比例
A. 鼓励使用，缓解当面会见难题	56人	24.78%
B. 不鼓励使用，减少信息泄露风险	44人	19.47%
C. 区分情况，如果不涉及对委托人不利的信息，则可以使用电子通讯手段或者书信交流	126人	55.75%

续表

选项	小计	比例
本题有效填写人次	226 人	

表 9

选项	小计	比例
A 会	147 人	65. 04%
B 不会	79 人	34. 96%
本题有效填写人次	226 人	

表 10

选项	小计	比例
A. 会	192 人	84. 96%
B. 不会	34 人	15. 04%
本题有效填写人次	226 人	

二、使用电子通讯设备、书信交流时实现信息保密的域外实践

不管出于何种原因，委托人与律师都有进行非面对面交流的需要，所以美国判例法在面对此类交流的保密性问题时，也有一套特殊的处理规则。但是不管具体如何操作，原则上不鼓励委托人与辩护律师通过电子通讯设备交流关于案件的敏感信息（Particularly sensitive information）。[1]而关于在押委托人与辩护律师之间的通信，《美国联邦看守所管理局特殊邮件规则》

---

〔1〕 See Chase v. City of Portsmouth, 236 F. R. D. 263, p. 268（D. C. Va. 2006）.

（以下简称《规则》）确立了专门的管理规则，并督促各州根据该规则的授权和建议为在押人员建立相应的通信规则。原则上，对于在押委托人与辩护律师之间为寻求法律服务或提供法律服务而产生的法律信件（legal mail），看守人员不应刻意破坏通信内容的保密性，[1]但是辩护律师与委托人应当承担特殊的责任，如此才能认定委托人对通信内容的保密性存有合理期待。

　　关于律师与在押被追诉人的通信特权，在美国有深厚的宪法基础。首先，《美国宪法第一修正案》规定了公民的言论自由权，即使在押被追诉人身处监狱，其宪法权利也不能被课减，即与外界的正当交流通信应当得到保障。其次，《美国宪法第十四修正案》确立了"正当程序"原则，要求"任何一州，都不得制定或实施限制合众国公民的特权或豁免权的法律；不经正当法律程序，不得剥夺任何人的生命、自由或财产"，这一方面为律师与在押被追诉人通信特权的行使提供了宪法保护，要求监狱方不能随意限制此特权；另一方面又以正当审判程序为契机，强调在押被追诉人与律师的交流通信是服务于法庭审判的，应当留有充分空间。最后，最有针对性的宪法权利，即《美国宪法第六修正案》赋予刑事被告的"获得律师帮助权"。在该权利之下，刑事被告与律师进行坦率和秘密沟通的能力对于有效辩护至关重要。如果在押被追诉人认为监狱工作人员可能会知道他写给律师的信件的内容，那么他就不会将本案或者其他案

---

〔1〕　但根据已有调查，目前美国有三个州的看守所规则允许监狱工作人员获取律师与在押人员通信的实质内容。其中，亚利桑那州的政策是允许监狱工作人员阅读或浏览外发法律邮件的内容；明尼苏达州的政策是允许监狱工作人员"浏览邮件内容以确保其合法/官方性质"；北卡罗来纳州的政策授权监狱工作人员在必要情况下阅读邮件内容。See Gregory C. Sisk et al., "Reading the Prisoner's Letter: Attorney—Client Confidentiality in Inmate Correspondence", *Journal of Criminal Law and Criminology*, 2019（3），pp. 577~580.

件的犯罪事实，又或者是进行答辩交易的诉求等内容写入信中，这显然意味着在押被追诉人通过通信与律师充分沟通的能力受到了限制。在美国刑事司法中，刑事被告与律师进行秘密交流的权利几乎是神圣不可侵犯的，而赋予并保障律师与在押被追诉人通信特权也就具有了正当性和必要性。

（一）使用电子通讯设备交流时委托人应承担谨慎义务

如果委托人与辩护律师使用电子通讯手段交流，那么委托人应当承担谨慎义务，如此才能对此次交流中所披露信息的保密性产生合理期待。具体而言，委托人应当谨慎对待通过电子通讯手段向辩护律师发送的信息或文件。委托人不得以"粗心大意的态度（Careless treatment）对待有争议的文件，从而导致外界据此否定其保密意图"。[1]在此基础上，委托人才能对信息或文件的保密性存在合理期待，即委托人有合理理由相信其通过电子通讯手段传送给辩护律师的信息或文件不会被泄露。对于此，较为经典的案例是美国诉菲纳佐案（U. S. v. Finazzo）。在该案中，美国联邦第二巡回法庭支持了地区法院驳回菲纳佐（Finazzo）主张律师—委托人特权的裁定，原因是菲纳佐在向辩护律师发送电子邮件时使用了其所在公司的通讯系统（Company Systems），而公司已经明确表态将对该系统进行监控，公司员工不应对使用公司系统进行的通信存在任何隐私期待（No expectation of privacy）。[2]此时，法院就不能承认委托人对其通过公司通讯系统传送给律师的信息的保密性存有合理期待。通过确保交流信息不被泄露以促使委托人愿意坦诚地与律师沟通是律师—委托人特权的工具性原理（Instrumental rationale），如果委托人

---

〔1〕 See United States v. Finazzo, 850 F. 3d 94 (2d Cir. 2017), for additional opinion, see, 682 Fed. Appx. 6 (2d Cir. 2017).

〔2〕 See United States v. Finazzo, 850 F. 3d 94 (2d Cir. 2017).

能够接受律师以外的第三方对其信息的知悉，那就无需借助律师—委托人特权来鼓励委托人与律师交流。[1]当然，这并不意味着公司员工不能使用公司的计算机设备与律师交流。如果公司员工采取了合理的措施来保护通过公司的计算机设备与律师之间的通信，那么也可以认定该员工对与其律师通信的保密性存有合理期待。比如，公司员工使用了自己的受密码保护的电子通讯账户，而不是公司的电子通讯系统，并且没有将私人账户密码存储在公司计算机设备上。此时，公司员工的上述行为就表现出其在与律师通信时的谨慎。[2]

（二）使用电子通讯设备交流时辩护律师应承担谨慎义务

在使用电子通讯设备与委托人交流时，辩护律师同样应承担谨慎义务，并且应当对双方交流的保密性存有合理期待。在使用电子通讯手段与委托人交流时，部分法院认为辩护律师应当采取合理的措施来确保交流的保密性免受破坏。这要求辩护律师在与委托人使用电子通讯设备进行交流时，应当确信双方交流的信息不会被窃取。辩护律师在与委托人签订合同时应当在合同里要求委托人授权律师在使用各种形式的通讯手段时向客户发出适当的警告。当涉及特别敏感的委托人信息时，辩护律师应当避免使用电子通讯手段或者在使用电子通讯手段时采取额外的预防措施。[3]

具体而言，其一，在使用移动电话设备与委托人交流时，

---

〔1〕　See Rice, "Attorney—Client Privilege: The Eroding Concept of Confidentiality Should Be Abolished", *Duke Law Journal*, 1998（47）, pp. 853, 859.

〔2〕　See Stengart v. Loving Care Agency, 990 A. 2d 650, p. 663（2010）.

〔3〕　See Laethem Equipment Company v. Deere Company, 261 F. R. D. 127, p. 141 （E. D. Mich. 2009）; Article see Amy M. Fulmer Stevenson, "Making a Wrong Turn on the Information Superhighway: Electronic Mail, the Attorney—Client Privilege and Inadvertent Disclosure", *Capital University Law Review*, 1997（2）, p. 375.

辩护律师应当对委托人作出适当提醒，必要时可采用防干扰设备。由于可以拦截移动电话传送的无线电波的设备在商业上可用，并且未经授权拦截移动通信的情况并不罕见，所以委托人通过移动电话向辩护律师披露的信息的保密性并不稳定，委托人能否对此类信息的保密性产生合理期待一度遭受质疑。部分法院认为委托人与辩护律师不应使用此类设备进行秘密通信，一旦使用了此类设备，就应当认定委托人对所披露信息之保密性予以放弃。[1]但是多数法院认为在使用移动电话与辩护律师交流时，委托人可以产生对所披露信息之保密性的合理期待。当然，委托人之合理期待主要基于辩护律师的谨慎，辩护律师应当警惕通信被窃听或拦截的风险，并且提醒委托人谨慎发言，避免提及特别敏感的信息。在必要时，辩护律师也可以使用防干扰设备以确保双方交流的保密性。其二，在使用电子邮件与委托人交流时，辩护律师应向委托人发送保密声明，并避免在邮件中涉及特别敏感的委托人信息。美国律师协会道德与职业责任委员会（ABA Committee on Ethics and Professional Responsibility）曾讨论了电子邮件传输手段的特点，认为所有形式的电子邮件都有未经授权被拦截的风险，并且通过在线服务提供商或互联网发送的电子邮件也会受到服务提供商的监控（这种监控受法律严格限制）。但是这些风险并不足以否定委托人对向辩护律师披露信息的保密性的合理期待，并且使用电子通讯手段与委托人进行交流也不会影响外界对律师专业性的判断。所以，辩护律师完全可以使用电子邮件与委托人交流，也不需要如外界要求的一般对邮件加密或者进行某种技术性处理。但是为表

---

[1] See Anthony Biondo, "Confidentiality and Attorney Client Privilege in the Internet Age: How to Handle Employer Monitoring of Employee Email", *St. John's Law Review*, 2016（2），pp. 463~465.

明对交流内容存有保密意图，律师在向委托人发送传真或电子邮件时应附加保密声明。为减少委托人秘密被泄露的风险，当涉及特别敏感的委托人信息时，律师应当避免使用电子邮件，或者对电子邮件进行加密处理。

此外，只要委托人与律师对于使用电子通讯手段进行交流是谨慎的且对交流的保密性存在合理期待，那么即使通信中信息被拦截或者窃听，委托人与律师交流所涉信息的保密性也不会被影响。《美国联邦窃听法案》《美国电子通信隐私法》以两种方式支持委托人与律师对交流保密性的合理期待：一是使对电子通信的恶意拦截成为一种犯罪行为，并规定了相应的刑事和民事责任，除非通信方同意通信被拦截；二是通过非法拦截获取的信息不得在法庭上作为证据使用。[1]

（三）书信交流时在押委托人可以现场监督

一方面，对于在押委托人写给辩护律师的信件，在押委托人应确保信件在未被看守人员阅读的情况下发出。《规则》第540条第18款c项规定，对于在押委托人写给辩护律师的信件，信件可以在在押委托人自行密封后直接发出，看守人员不得打开并检查。但是在押委托人应当表明信件是写给自己的辩护律师的，并且看守人员应在该类信件背面作出以下声明："所附信件是通过特殊邮寄程序处理的，这封信既没有被打开也没有被检查过。如果发件人对本机构的管辖存在疑问，您可能会被要求返还该信件以澄清相关事项。如果信件内有需要转发给其他收件人的信件，请将附件退回到寄件地址。"虽然《规则》如此规定，但是美国很多州仍坚持在在押委托人在场时打开并检查信件，以排除信件中的违禁品。比如，亚利桑那州看守所要求：

---

〔1〕　See Seacoast Builders Corp. v. Rutgers, 818 A. 2d 455, p. 473（2003）.

在押人员向律师发出的法律信件不得被阅读，但应在在押人员在场的情况下检查（inspect）信件内是否藏有违禁品，并于检查后在在押人员面前将信件密封。[1]此时，在押委托人就应当在检查现场监督看守人员的检查行为。

另一方面，对于辩护律师写给在押委托人的信件，在押人员应监督看守人员仅对信件进行物理检查。对于辩护律师写给在押委托人的法律信件，《规则》确立了看守人员应当在在押人员面前打开并进行物理检查的处理原则。《规则》第540条第18款a项规定，看守人员出于检查违禁品的目的，可以在收件人（在押委托人）在场的情况下打开并检查收到的信件。如果根据信封上的标记能够确定该信件是由律师发送给在押委托人的应受律师—委托人特权保护的信件，那么看守人员不得阅读或复制该信件的内容。如果没有足够信息证明信件应受律师—委托人特权保护的属性，看守人员则可将信件视为一般通信，将信件打开后检查和阅读。

之所以要求在押委托人在场，是为了确保看守人员在打开信件进行检查时不会阅读信件的内容，意在使在押委托人相信信件内容仍处于保密状态，自始未被泄露。这背后更深层次的法理是，只有确保交流信息不被泄露，才能促使委托人与律师进行坦诚且充分的沟通，使委托人的各项合法权益得以实现。在沃尔夫诉麦当劳案（Wolff v. McDonnell）中，[2]美国联邦最高法院对此作出了详细且具有标杆性的解释：看守人员以搜查违禁品为由，在在押委托人在场的情况下打开并检查辩护律师

---

〔1〕 See Gregory C. Sisk et al., "Reading the Prisoner's Letter: Attorney—Client Confidentiality in Inmate Correspondence", *Journal of Criminal Law and Criminology*, 2019 (3), p. 585.

〔2〕 See Wolff v. McDonnell, 418 U. S. 539, pp. 576~577 (1974).

写给在押委托人的法律信件的行为并无不妥。但允许看守人员
打开和检查信件并不等于允许其获悉信件的内容。保障辩护律
师与委托人之间的秘密通信免受不法侵害是《美国宪法第六修
正案》的应有之义。且不说信件内容被看守人员获悉，仅仅是
信封被打开就可能威胁到辩护律师与在押委托人之间的信赖利
益，导致在押委托人对通信内容的保密性失去期待，进而有损
辩护律师与在押委托人之间的充分交流。在信封被打开不可避
免的情况下，为防止信件内容被看守人员获悉，就有必要安排
在押委托人在场，如此，便可以监督看守人员不在必要的检查
之外窥探信件内容，确保在押委托人对信件内容的保密性存有
合理期待，并进一步打消在押委托人与辩护律师进行坦率、充
分交流的顾虑。[1]

（四）辩护律师在书信中应妥善标记

辩护律师给在押委托人发送信件时，应当在信封表面做特
殊标记，以表明信件为受律师—委托人特权保护的信件。《规
则》第 540 条第 19 款要求看守人员准确记录此类信件的收发信
息，同时规定了在押委托人的告知义务，即在押委托人有责任
告知其律师：只有在信封上注明了律师的姓名及其律师身份时，
信件才会被作为受律师—委托人特权保护的信件处理，并且信
封的正面应当署明"特权信件（privilege mail）——仅在收件人
面前打开""法律信件（legal mail）——仅在收件人面前打开"
"律师—委托人特权——仅在收件人面前打开"等字样。对于具
体如何操作，实践中也有相关案例。2009 年的梅里韦瑟诉萨莫
拉案（Merriweather v. Zamora）是关于如何认定律师发送给在押
委托人的信件属于应受律师—委托人特权保护的信件的首个典

---

[1] See Williams v. Woodford, 384 F. 3d 567, pp. 584~585 (9th Cir. 2004).

型案例。[1]在该案中，美国联邦法院第六巡回法庭指出，关于如何实践《规则》第 540 条第 19 款的规定，具体只需做到一点，即信封上的标记只要能证明该信件属于律师发送给在押委托人的信件，并且表达了仅在收件人在场的情况下打开的需求即可，不一定必须写明发件人的律师身份。本案中，被打开的信封上有"特权信件""法律信件""仅在收件人在场情况下打开""律师—委托人"的字样，但没有写明发件人的身份是律师，即没有在发件人姓名后注明"lawyer"。被告据此声称该信件没有被正确标记，其有合理理由认为发件人不具有律师身份，此信件不属于应受律师—委托人特权保护的特殊信件。据此，其有权将信件视为一般通信，可以在收件人不在场的情况下打开并检查信件内容。美国联邦上诉法院第六巡回法庭认为，《规则》并未明确要求信封上应当出现"律师"二字，只是要求在信封上的信息能够证明信件是由律师发送给在押委托人的。虽然发件人未直接注明其律师身份，但是信封上的"律师—委托人"标记已经足以表明信件是由律师发送给在押委托人的。据此，该信件应当被作为受律师—委托人特权保护的特殊信件处理。此外，美国联邦上诉法院第六巡回法庭进一步指出，如果信封上既未直接注明发件人的律师身份，也没有"律师—委托人"字样，[2]而只是标记了信件来自于美国律师协会，或者信件来自于某一所法学院校，那么已有标记便不能证明信件是

---

〔1〕 See Merriweather v. Zamora, 569 F. 3d 307, pp. 317~319 (6th Cir. 2009)

〔2〕 此处可能要提到 1975 年的 Morgan v. Montanye 案，此案中，虽然摩根（Morgan）声称监狱工作人员连续四次在他不在场的情况下打开并检查了律师发送给他的邮件，但因为前三次通信的信封上只写了发件人所在学校的地址，没有明确这是律师发给 Morgan 的法律信件，美国联邦上诉法院第二巡回法庭认为监狱工作人员有合理理由将邮件做普通处理，所以监狱工作人员在摩根不在场的情况下打开并检查信件被认为是合理的。

由律师发送给在押委托人的，看守人员有权将信件做一般处理。

（五）看守人员对书信的特殊检查

为确保看守人员不会在检查中刻意获悉在押委托人与辩护律师的法律信件的内容，美国部分法院提出了规范看守人员"检查"行为的建议。具体而言，虽然《规则》认为看守人员只需检查辩护律师发送给在押委托人的法律信件，无需检查在押委托人发送给辩护律师的信件，但是出于排查违禁品等目的，部分州看守所要求打开并检查在押委托人与辩护律师往来信件的做法也无可厚非。但是，看守人员的检查行为不应成为信件内容被泄露的来源。在诺德斯特龙诉赖安案（Nordstrom v. Ryan）中，法院对看守人员应当如何检查在押委托人与辩护律师的往来信件作出了解释：对信件的检查应该是针对其"可疑表象"（suspicious features），即可以在不阅读页面上的文字的情况下轻松识别信件中是否包含看守所地图、卫兵班次变化等信息，及时排除隐藏在信件中的可能造成安全隐患的非法物品。这种层次的检查是一种"粗略的视觉检查"（cursory visual inspection）。[1]此外，法院进一步指出，如果看守人员不能秉持合理的检查规则，使在押委托人不能确信信件内容未被泄露，那么看守人员检查在押委托人信件的行为将会带来寒蝉效应（chilling effect）：在押

---

〔1〕　See Nordstrom v. Ryan, 762 F. 3d 903 (9th Cir. 2014). 在该案中，原告因谋杀罪被判处死刑，他针对上诉问题向律师写了信。在信件拿到监狱管理处准备投递时，监狱工作人员并不仅仅是出于排查违禁品的目的对信件进行检查和扫描，而是在原告面前阅读了信的内容。原告据此声称，其基于《美国宪法第六修正案》"获得律师帮助的权利"遭到了损害。本案中，法院肯定了监狱工作人员对外发邮件进行检查的必要性。因为谁也不能完全保证外发邮件中不存在包括监狱地图、监狱内守卫换班时间、越狱计划或其他诸多违禁品。但检查不同于阅读，宪法并不允许监狱工作人员阅读外发的受律师—委托人特权保护的信件。

委托人会认为，他写给律师的每一个字都有可能被看守人员拦截和阅读，并可能被拿来对付他。如此，所谓的"保密通信"（confidencial communication）便不复存在，在押委托人借助书信向律师寻求法律帮助的能力将大大受限，这在一定程度上有损在押委托人与律师交流的充分性，进而使得在押委托人在诉讼中的合法权益遭受不必要的损害。

三、谨慎对待委托人与辩护律师使用电子通讯设备交流的情形

当委托人与辩护律师使用电子通讯设备交流时，由于电子通讯设备自身在信息保密方面的固有弊端，我们无法忽视信息被泄露的风险。但是在如今社会背景下，我们也不能否定对电子通讯设备的使用。当委托人与辩护律师使用电子通讯设备进行交流时，可以考虑遵循特定的规则。

（一）谨慎看待委托人对信息保密性的合理期待

在确保委托人向辩护律师披露的信息的保密性问题上，委托人与辩护律师应当尽量避免使用电子通讯设备交流。美国的经验显示，委托人与辩护律师可以使用移动电话、电子邮箱或者传真等电子通讯手段交流，因为即使信息有被拦截的可能性，但是不能否定委托人在正常使用此类设备时对向辩护律师披露的信息的保密性的合理期待。同时，美国成文法与判例法也已经形成处理被截获信息的成熟经验，通常情况下，委托人与辩护律师使用电子通讯手段交流的信息即使被截获，也不得作为对委托人不利的证据使用。应该承认，现今电子通讯手段已经是我们正常生活中交流的必备手段，与我们的生活息息相关。并且，在我国，在押委托人与辩护律师视频远程会见已经成真：由于会见需求量日益增大，看守所会见室及警力有限等客观因

素，单纯采取面对面会见方式已经不能满足实践需求。自 2018 年起，全国多个省市的看守所开始开展视频远程会见试点，辩护律师通过公安机关远程视频会见系统会见在押委托人成为可能。并且官方认为，"通过远程视频会见的方式，能够打破地域限制，有效节约时间，大幅提升律师工作效率，切实保障在押犯罪嫌疑人的合法权益"。[1]

但是，我们也不能否认，使用电子通讯手段进行交流所面临的信息泄露风险是客观存在的。不管是被监听也好，被拦截信息也罢，最后的结果都是委托人不愿被第三人知悉的信息恰恰被第三人获悉。即使被拦截的信息不得作为对委托人不利的证据使用，但是信息终究已经泄露。此外，我国尚未形成一套成熟的、富有针对性的证据排除规则。由于我国《刑事诉讼法》并未将电子证据作为单独的证据类型，实践中电子证据往往被归类为实物证据。而我国针对实物证据确立了"可补正的排除规则"，导致办案机关违法获取实物证据的后果很模糊。有学者甚至指出，"如此规定，可能会导致非法实物证据在实践中难以排除，甚至使非法实物证据排除规则沦为'非法实物证据不排除规则'"。[2]在如此背景下，当委托人与辩护律师交流的信息被截获时，我们无法使委托人对被截获信息的证据能力的排除产生合理期待。所以，委托人与辩护律师应当尽可能不使用电子通讯设备进行交流，否则委托人可能要承担信息被泄露所

---

〔1〕 北京市律师协会：《速来围观｜律师会见新举措 远程会见更高效》，载 https://mp.weixin.qq.com/s? src = 11&timestamp = 1572903160&ver = 1955&signature = aSlpHbRKSaa 8kGATjQ1S3iOBbjvloxtbpmQ5SQCUzx4Pn81sjf9−XWF8Qhf8TY4r5sDL1DeXf6iIpNTRTFp＊HTb00rUXi8jqRl6qWP2l8CxbY9CuYypuMd4OK＊PeyYrx&new = 1，最后访问时间：2024 年 11 月 5 日。

〔2〕 参见陈光中主编：《中华人民共和国刑事诉讼法专家拟制稿（条文、释义与论证）》，中国法制出版社 2004 年版，第 73 页。

带来的不利后果。

（二）谨慎使用电子通讯设备交流

如果不得不使用电子通讯手段进行交流，应当坚持两个原则：第一，不涉及对委托人不利的信息。如果不得不使用电子通讯手段进行交流，那么应当尽可能避免谈及对委托人不利的信息。包括办案机关未掌握的委托人的犯罪事实，能够证明委托人有罪、罪重的证据材料等。对于我国正在试点的视频远程会见系统，建议将这种会见方式更多适用于委托人认罪认罚的案件。因为采用视频会见的方式进行会见时，相较于可以肉眼分辨的会见室，委托人与辩护律师实际上是在一个相对开放的环境中进行交流，交流内容被第三方知晓的风险实际上在增加。对于委托人不认罪认罚的案件，辩护律师有必要在绝对保密的情况下与委托人核实证据、讨论辩护策略、进行相关庭审辅导等，双方交流中既可能涉及对委托人有利的信息，也可能涉及对委托人不利的信息，以切实助益委托人在平等武装的基础上与控诉机关对抗。此时，不论是出于会见效果考虑，还是针对辩护律师勤勉执业的态度而言，都不建议辩护律师选择远程视频这种相对而言并不严谨的会见方式与委托人交流。

第二，鼓励技术支持。如果使用电子通讯手段进行交流，不建议如美国一般单纯强调辩护律师的谨慎义务，建议委托人与辩护律师都要主动采用防干扰设备，对邮件、传真进行加密等，以减少交流所涉信息被泄露的风险。委托人与辩护律师采用技术手段防止交流所涉信息泄露是一种明示的表达委托人对交流之保密意图的手段。此外，对于辩护律师远程视频会见在押委托人，由于视频会见系统由看守所配置，委托人与辩护律师均无法采用技术手段影响视频会见系统的运行，二者会见中难以排除被监听、录像等风险。但是我们仍建议委托人与辩护律师均能佩戴耳机与随身麦克风，以尽可能减少交流所涉信息泄露的可能性。

四、规范在押委托人与辩护律师使用书信交流的情形

当在押委托人与辩护律师以书信交流时，书信内容可以被认为是"委托人秘密"，但应设置新的检查规则，要求看守人员特殊对待委托人与辩护律师的往来信件，并且委托人与辩护律师应承担证明该信件属于特殊信件的责任。

（一）特殊对待委托人与辩护律师的往来信件

谈及在押委托人与辩护律师通信的保密性问题，应当先确立一套既能满足看守所管理需要，又能确保委托人与辩护律师之间通信保密性的检查规则。根据我国《刑事诉讼法》的规定，在押委托人可以与辩护律师会见或通信。而实际上，辩护律师与在押委托人进行交流的方式只有会见。《看守所条例》发布于1990年，滞后性明显，其关于检查在押委托人与辩护律师信件的规定带有浓厚的职权主义色彩，并且已经不能满足我国当今"打击犯罪与尊重人权并重"的刑事司法理念的要求。在看守所针对在押委托人往来信件的"例行检查"制度之下，辩护律师与在押委托人借助通讯手段交流案情、沟通辩护策略并不能实现，这无疑减少了辩护律师获取案件信息的渠道，压缩了辩护律师与在押委托人信息交换的空间。但是，仅靠会见方式已经不能满足辩护律师与在押委托人交流的需要。虽然除特别重大贿赂案件，辩护律师凭"三证"会见委托人已经没有障碍，但是会见室少、配套设施不足、会见时间有限等客观因素又增加了双方会见交流的时间与经济成本。虽然为缓解当面会见的问题，多个省市已经在试点视频远程会见，但是如前文所述，以远程视频的方式进行会见不利于保障委托人与辩护律师交流的

保密性，辩护律师应当克制对视频会见方式的使用。

出于尽可能满足辩护律师与在押委托人交流需要的目的，我国有必要在一定程度上激活并运用在押委托人与辩护律师的通信制度。美国针对辩护律师与在押委托人的通信，有一套特殊的保护标准。多年来判例的累积，也为法官提供了丰富的裁判经验，对规范看守人员对在押委托人与辩护律师之间通信的检查提供了行为准则。在这个问题上，我国可以在比较研究的基础上借鉴美国经验。具体而言，应当明确看守所保障在押委托人与辩护律师秘密通信权利的义务，规定看守所可以对在押委托人与辩护律师的往来信件进行检查，但是仅限于确认书信页数以及检查信封内除书信以外是否有不利于看守所安全与管理的物品。为防止书信内容泄露，应要求看守人员在在押委托人在场的情况下打开信封进行检查，并采取将信封内书信倒置（upside down）的方式，以确保看守人员无法阅读书信内容。[1] 在对信件检查无误后，如在押委托人是收件人，应立即将信件交给在押委托人，如在押委托人是发件人，应由在押委托人在现场亲自密封后投递。

（二）委托人与辩护律师承担证明责任

为确保通信的保密性，辩护律师与委托人应当承担相应的证明责任。如果我们要求看守所对在押委托人与辩护律师的往来信件进行特殊处理，那么首先应当解决的问题是证明该信件属于在押委托人与辩护律师之间的往来信件。毫无疑问，该证

---

〔1〕 作为全美在押人员总数排名第二的州，加利福尼亚州要求看守人员在检查在押委托人的外发邮件时应当将信封内的东西倒置（upside down）以防止看守人员阅读信件内容。笔者认为这种方式既能有效避免看守人员借检查之名阅读信件内容，又能满足看守人员对信件进行物理检查的需要，并且易于操作，实为良方。See Gregory C. Sisk et al., "Reading the Prisoner's Letter: Attorney—Client Confidentiality in Inmate Correspondence", *Journal of Criminal Law and Criminology*, 2019 (3), p. 574.

明责任应当由发件人承担。具体而言，当在押委托人作为发件人时，其应当在收件人信息处注明收件人的身份为本人的辩护律师，在信封上写明写信目的为"寻求法律服务"，并注明通信性质为"保密通信"；当辩护律师作为发件人时，其应当在发件人处标明自己的执业律师身份和辩护律师身份，并在信封表面写明写信的目的为"提供法律服务""仅在收件人在场时打开"，同时注明通信性质为"保密通信"。如此，看守人员在看到信封上的"寻求法律服务""提供法律服务""仅在收件人在场时打开""保密通信"字样以及确认发件人或者收件人的辩护律师身份时，便可将该信件进行特殊处理，采取不破坏信件保密性的手段进行检查。如果发件人未按以上要求在信封表面注明，导致看守人员根据信封上的信息不能确定该信件为在押委托人与辩护律师的往来信件，就意味着发件人对于信件内容不存在保密意图，那么看守人员可以将信件视为一般信件进行检查。如此设计的最终目的即为保障在押委托人与辩护律师之间交流的保密性，要求看守所予以贯彻也不存在法理上的障碍：为切实保障在押委托人之辩护权，《刑事诉讼法》规定辩护律师可以与在押委托人会见或者通信。在委托人与辩护律师当面会见时，看守所要保障会见交流的秘密性，不能故意探知辩护律师与委托人交流的内容。相应地，面对委托人与辩护律师的通信，其不能也没有必要去探知信件的内容。此外，看守所也不必担心委托人通过书信与辩护律师开展违法行为，因为如果委托人欲利用辩护律师的服务进行违法犯罪，那么辩护律师便可不再对其承担保密义务，在押委托人也不可就此类通信要求辩护律师保密。

第三节　对委托人伪证信息的应对

当明知委托人提供虚假证据与虚假信息时，辩护律师要如何兼顾保守委托人秘密、规避执业风险以及不阻碍法庭发现真实三重利益的问题应得到关注。前有律师冯某德、黄某江因明知委托人及其近亲属伪造证据却不作为而被控包庇罪，现有律师熊某因委托人在会见后被怀疑提供虚假信息而涉嫌律师伪证罪。面对委托人提供的虚假证据与虚假信息，辩护律师一味保密极易触发法律及行业惩罚，也与律师职业的真实义务要求相左；而一律揭发又是对委托人的严重背叛，损害律师与委托人之间的信赖关系。此时，如何引导和规范辩护律师的执业行为是我们不能回避的技术性难题。

一、辩护律师应对委托人伪证的立法与实践

当明知委托人提供虚假证据时，辩护律师的妥善应对既是辩护律师规避执业风险的需要，也是辩护律师有效执业的需要。

具体而言，第一，当明知委托人提供虚假证据时，辩护律师有避免涉嫌妨害作证的需要。保密义务以其私益性著称，要求辩护律师将委托人利益置于首位。辩护律师对委托人承担保密义务是双方展开合作关系的基础，而这种私益性质的委托关系将委托人权益作为首要价值，要求辩护律师以委托人合法权益最大化为目标，提出委托人无罪、罪轻或者减轻、免除其刑事责任的材料和意见，即使明知委托人的犯罪事实，也应以合法手段予以隐瞒，不得向公安司法机关披露。这也是理论界与实务界的主流观点。但是当辩护律师明知委托人将要或已经向法庭提交虚假证据时，辩护律师如何既对委托人履行保密义务，

又不至于被认为参与委托人伪证行为中，从而面临妨害作证的指控成为我们需要解决的问题。因为实践中，像"冯某德律师被控包庇罪案""黄某江律师被控包庇罪案"等，辩护律师都因为明知委托人及其亲属提供虚假证据却不揭露而遭遇刑事追诉。[1]虽然近年来律师保密义务、保密权利依次得以确立，辩护律师单纯知悉委托人伪证信息并予以保密在理论上并不会带来不利后果，但是也应预防被指控为帮助委托人伪证情况的发生。比如在明知委托人提供的证据为虚假的情况下，辩护律师是配合委托人提交还是要求委托人自行提交？如果辩护律师配合委托人提交，那么就存在着参与委托人伪证行为的嫌疑，而如果辩护律师不配合委托人提交，又有损双方的信任关系。

　　第二，当明知委托人提供虚假证据时，辩护律师进行有质量的辩护面临着技术与职业道德难题。在明知委托人将要或已经向法庭提供虚假证据时，辩护律师应当如何对待该虚假证据仍然亟待明晰：辩护律师应当装作不知道还是有所作为？所谓的"有所作为"指的是什么？是拒绝辩护还是劝说委托人放弃

---

〔1〕　在冯某德律师被控包庇罪案中，冯某德律师原本为刑事被告人王某生的辩护律师。王某生在看守所羁押期间，通过一名看守人员非法向其家人传递信件，并且信件内容为要求其家人证明案发时其在家。此后，王某生之家人推翻了原先的在案笔录，重新制作证明王某生案发时在家的证词，并将该证词交给冯某德律师。冯某德律师认为应以原始调查获取的证言为准，未采纳这份材料的内容，也没有将其写进辩护意见之中。但因为冯某德律师已被告知委托人王某生从非法途径写信要求其父母作伪证，但未揭发检举，公安机关仍以包庇罪将冯某德律师逮捕。在黄某江律师被控包庇罪案中，黄某江律师原本为刑事被告人兰某华之辩护律师。兰某华被控受贿、挪用公款罪，为使兰某华顺利脱罪，兰某华的姨妈黄某秀伙同陈某庆、郭某与兰某华内外串供，声称涉案款项为借款。黄某江律师在询问证人陈某庆时，为证明自己所言属实，陈某庆向黄某江律师出示了兰某华写的"借条"，但黄某江律师根据阅卷情况与询问被告人和证人的情况，推断出陈某庆所示"借条"为假，故未将此"借条"作为证据使用。但因为黄某江律师已经推断出"借条"为假却未向办案机关检举揭发，公安机关以包庇罪将黄某江律师逮捕。

伪证意图？动辄以职业道德为由拒绝辩护既容易增加委托人的精神和经济风险，[1]又有损社会公众以及司法机关对辩护律师专业性的评价，劝说委托人放弃伪证意图也可能僵化辩护律师与委托人之间的关系。面对委托人已经提交给法庭的虚假证据，辩护律师又应当如何自处？是不闻不问还是将此虚假证据作为真实证据正常质证？即使不质证，是否可以将此虚假证据直接作为论据发表辩护意见？辩护律师单纯的沉默行为可能既招致委托人不满，又引起办案机关对委托人提供的证据或供述的怀疑；但对委托人的行为稍加附和又可能成为委托人作伪证的"帮凶"，直接违背其对法庭的真实义务。如何处理这些难题，都有待我们深入研究。单纯强调保密义务的履行并不足以指导实践。

二、辩护律师应对委托人伪证的域外实践

关于辩护律师如何看待委托人伪证问题，考察国外已有研究，美国对于如何解决该问题一直争议不止，并且经历了漫长的发展，立场也发生了从辩护律师应当揭发委托人之不法意图或行为到辩护律师应坚守保密义务的要求，但应当劝说委托人停止不法行为，再到辩护律师应当在保密义务与真实义务之间寻求平衡，并适当向真实义务倾斜的三次转换。对于辩护律师如何应对委托人之伪证行为，美国学术界与实务界共产生了九种解决思路。

（一）充分代理

充分代理（Full representation）指辩护律师可以忽略委托人之伪证意图与行为，即当作不知道委托人之伪证意图或行为，

---

〔1〕 参见［美］德博拉·L·罗德：《为了司法/正义：法律职业改革》，张群、温珍奎、丁见民译，中国政法大学出版社 2009 年版，第 113 页。

继续根据现有证据寻求委托人利益最大化。具体如弗里德曼
（Monroe Freedman）教授所言，刑事案件中，如果委托人坚持作
伪证，那么辩护律师应当尊重委托人的意愿，既不应拒绝辩护，
也不应将委托人的伪证意图通知法院，当然也不应以任何明示
或暗示的方式向陪审团披露该信息。总结而言，即使知道委托
人的陈述是虚假的，辩护律师在法庭上也应当像平常一样，进行
正常的举证和发问，并根据委托人的陈述内容正常得出结论。[1]
之所以得出上述结论，主要原因是弗里德曼教授认为应当充分
尊重"个人在自由社会中的尊严"（dignity of the individual in a
free society），委托人的宪法性权利，例如正当法律程序、获得
律师帮助权、反对自证其罪权等都基于"个人在自由社会中的
尊严"这一基本价值。律师与委托人交流信息的保密性是这些
权利的核心，因为没有委托人的信任和完整的信息，律师不能
充分捍卫委托人的权利。[2]

（二）避免知悉伪证信息

有一部分实务人员认为，辩护律师应当从源头上避免遭遇
保密义务与真实义务的冲突问题，即避免知悉委托人之伪证信
息（Avoidance of knowledge）。具体而言，辩护律师处理委托人
伪证问题的最实际方法是避免知道委托人之伪证意图或行为。
辩护律师可以通过一些特殊发问技巧来使自己免于知晓委托人
的伪证意图。具体而言，在与委托人的交流中，辩护律师可以

---

〔1〕 See Monroe H. Freedman, "Professional Responsibility of the Crimina Defense
Lawyer: The Three Hardest Questions", *Michigan Law Review*, (1966), pp. 1469, 1475~
1478.

〔2〕 See Monroe H. Freedman, *Understanding Lawyers' Ethics*, Carolina: Carolina
Academic Press, 2016, pp. 13~17. Also see Jay S. Silver, "Truth, Justice, and the Ameri-
can Way: The Case Against the Client Perjury Rules", *Vanderbilt Law Review*, 1994,
p. 339.

询问委托人"你认为控方可能会说什么""告诉我你对已经发生事情的记忆"，而不是直接问"发生了什么"。如此，辩护律师可以在不需要判断委托人所言内容之真假的情况下获悉所有事实。弗里德曼教授将此描述为"诡辩"和"虚伪的逃避"，认为此方案在本质上与"充分代理"（full representation）一致，都旨在维护"个人在自由社会中的尊严"。[1]但是此方法存在明显的不足，一是辩护律师要避免知悉委托人之伪证意图或者行为仍需很多交流技巧，这在实践中不容易操作；二是辩护律师将精力放在避免知悉委托人之伪证意图或者行为上是不尽职辩护的表现，必然会影响辩护律师的辩护质量；三是如果辩护律师在努力避免知悉委托人伪证意图或行为的情况下仍知悉了这些内容，那么辩护律师同样面临伦理困境，该问题仍然有待解决。

（三）拒绝辩护

该观点认为面对一名正计划作伪证或者已经作伪证的委托人，辩护律师可以选择拒绝辩护并继续对在与委托人交流中获取的信息保密。[2]但是如此做法存在着明显的漏洞：其一，如果法院批准律师的退出申请，那么问题还会转嫁给继任的律师，继任的律师同样面临着是向法院披露还是为委托人保密的伦理困境。但也有可能继任的律师不会知晓委托人是否作伪证，因为委托人在前任律师退出辩护后可能已经学会什么该告诉律师，什么不该告诉律师。当后一种情况发生时，前任律师的退出便毫无意义，因为不仅委托人作伪证之行为得不到阻拦，而且司

---

[1] See Monroe H. Freedman, *Understanding Lawyers' Ethics*, Carolina：Carolina Academic Press, 2016, pp. 119, 141.

[2] See Manfredi & Levine v. Superior Court（Barles），78 Cal. Rptr. 2d 494（Ct. App. 1998）；Lawyer Disciplinary Board v. Farber, 488 S. E. 2d 460（W. Va. 1997）.

法资源也在一定程度上被浪费。其二，如果律师在审判前夕或审判期间拒绝辩护，那么法官很有可能不予准许。此时，律师仍处于进退两难的矛盾中。其三，如果律师表示拒绝辩护，法院可能命令律师说明原因，此时委托人欲作伪证或者已经作伪证的信息可能会被披露，辩护律师就会违背对委托人的保密义务。此外，如果律师为了退出辩护确实透露了委托人欲作伪证或者已经作伪证的信息，那么法官可能会基于此对委托人加重量刑。[1]

（四）劝说无效后拒绝辩护

该观点认为在知悉委托人将要或已经作伪证时，辩护律师应当劝说委托人放弃伪证意图，如果劝说无效，并且辩护律师继续辩护会助长委托人之伪证行为时，辩护律师应当拒绝辩护。1958年，当一名离婚案件代理律师从委托人处得知委托人通过作假证获得离婚判决，以及当一名辩护律师在委托人处得知委托人有犯罪前科，而毫不知情的法官准备基于委托人没有犯罪前科而从宽量刑时，美国律师又一次陷入职业伦理冲突的困境，并开始质疑律师职业的社会价值。此后，美国律师协会道德与职业责任常务委员会（ABA standing committee on ethics and professional responsibility）为解决真实义务与保密义务之间的冲突提供了解决方案：律师的义务是劝说委托人放弃伪证意图，而不是在委托人准备向法庭提供虚假证据时仍保持沉默。但当律师劝说委托人放弃不法意图失败时，面对委托人之伪证行为，律师原则上应当保持沉默，选择保守委托人秘密。有原则自然有例外，如果律师的沉默发挥着肯定委托人提供虚假证据之行

---

〔1〕See United States v. Dunnigan, 507 U. S. 87（1993）; United States v. CGrayson, 438 U. S. 41（1978）.（因为被告在审判中作了伪证，法官根据《美国联邦量刑指南》提高了被告的刑期。）

为的作用，那么律师就应当考虑拒绝辩护。但是如果其拒绝辩护行为间接表明委托人在提供虚假证据，那么拒绝辩护行为无效。[1]

（五）向法院披露伪证信息

此观点要求辩护律师向法庭披露委托人之伪证行为。美国联邦最高法院前首席大法官沃伦·伯格（Warren Burger）认为，律师在任何情况下都不应在法庭上参与欺诈行为，并且在明知委托人是虚假陈述的情况下仍向委托人发问以引出或确认委托人证词的行为是不恰当的。[2]弗里德曼教授和伯格大法官对刑事被告作伪证问题的看法正好是两个极端。弗里德曼教授更看重信息保密对维护个人自由的价值，伯格大法官却选择维护对抗式刑事司法的完整性，强调实体公正。事实上，早在1908年，《美国律师协会律师职业道德准则》（以下简称《律师职业道德准则》）在规定保护委托人之私密（secret）与机密（confidence）之外，明确要求禁止"任何欺骗或欺诈的行为"，律师若知悉委托人提供虚假证据，应当向法庭坦白，或者向检察机关揭露委托人之罪行。[3]但《律师职业道德准则》被美国联邦法院或者州法院采用的概率较小，所以并未出现法院支持此立场的法院判例。并且，《律师职业道德准则》对律师保密义务的例外规定很快便遭受质疑，因为对真实义务的坚持必然有损律师与委托人之间的信赖关系，委托人因为担心遭受律师的背叛而不愿向律师坦诚地交代案件事实，律师在无法知悉案件事实的情况下自然也

---

〔1〕 ABA committee on professional ethics and grievance, formal opinion. 314 (1965).

〔2〕 See Warren E. Burger, "Standards of Conduct for Prosecution and Defense Personnel: A Judge's Viewpoint", *American Criminical Legal Qualitas*, 1966 (5), pp. 11, 13.

〔3〕 *See* 348, Monroe H. Freedman, p. 138.

就难以为委托人提供更好的法律帮助。[1]根据《律师职业道德准则》之规定，委托人向法庭提供虚假证据的，律师应当予以揭露。这种对真实义务的坚持无疑违背了设置保密义务的初衷。美国律师协会道德与职业责任常务委员会至今认为，面对委托人伪证问题，律师应坚持保护委托人之私密（secret）信息。当有合理理由相信有人在法庭上作假（fraud）时，律师当然有义务向法庭揭露此行为，但是律师的揭露义务不应超越律师保守委托人秘密的义务。

（六）劝说无效后披露信息

该观点认为在知悉委托人作伪证时，辩护律师应当劝说委托人放弃伪证意图，如果劝说无效，那么辩护律师可以对伪证行为导致的利益受损方披露该信息。1969年《美国律师协会职业责任示范守则》认识到了辩护律师保守委托人秘密对于其全面了解案件事实的重要性，但同时也明确了辩护律师应当披露委托人伪证行为的情况。[2]该守则第7-102条B项规定，如果律师明知委托人已经向法庭提交虚假证据，应当劝说委托人放弃不法意图，改正伪证行为。如果委托人拒绝改正，那么律师应当向受伪证影响一方或者法庭揭露委托人之伪证行为，但是受律师—委托

---

〔1〕　质疑的声音首先是如果委托人是一名逃犯，或者保释后潜逃，律师应当如何自处？按照《律师职业道德准则》的要求，律师应当禁止"任何欺骗或欺诈行为"，但是如果律师向检察院或法院披露委托人的下落，即是对委托人的背叛，无异于剥夺了作为逃犯的委托人获得律师帮助的权利。美国律师协会道德与职业责任常务委员会在1930年发布的《formal opinion 23》中认为律师不应公开委托人的藏身之处，即使该信息并非来自于委托人。"基于公共利益，即使是最可恶的罪犯也应当获得帮助，帮助者只有知道真实情况才能更好地提供帮助。"但是1936年发布的《formal opinion 155》与《formal opinion 156》认为如果委托人在保释或假释后逃脱，那么律师必须公开委托人的下落。

〔2〕　The Model Code of Professional Responsibility, EC4-1（1969）.

人特权保护的交流内容除外。[1]需要说明的是，该守则出台不久，所谓的信息披露条款便在实质上遭遇了否定。因为美国律师协会道德与职业责任常务委员会对"受特权保护的交流内容"（privileged communication）作出扩大解释，认为其内容既包括委托人"私密"也包括"机密"，即如果律师揭露委托人的伪证行为会使委托人陷入困境，则律师不应再为揭露之行为。[2]此解释表现出美国律师协会要求律师坚持保密义务的倾向。[3]

（七）回避委托人虚假供述

该观点认为，如果确定委托人将向法庭作虚假供述，那么辩护律师可以在举证时回避委托人供述。首先，如果在审判活动开始之前发现委托人欲作虚假供述，那么辩护律师可以考虑拒绝辩护；如果拒绝辩护申请被法院驳回，或者不宜采取拒绝辩护的方式，再或者辩护律师在审判即将开始时抑或审判进行中发现委托人坚持以自己名义作虚假供述，此时辩护律师既不应助力委托人作虚假供述，也不应使用委托人的虚假供述。在委托人向法庭上作虚假供述之前，辩护律师应当以适当的口吻书面记录委托人与辩护律师发生观点冲突的情况，但应避免向法庭披露与委托人交流的信息。在确定委托人陈述的内容为真的情况下，辩护律师可以组织问题向委托人正常发问。当确定

---

〔1〕 The Model Code of Professional Responsibility, 7-102（B）（1）（1974）.

〔2〕 美国哈泽德（Hazard）教授认为，揭露委托人的伪证行为通常都会使委托人陷入尴尬境地，按照美国律师协会道德与职业责任常务委员会的解读，《美国律师协会职业责任示范守则》第7-102条B项对于"受特权保护的交流内容除外"的规定实际上免除了律师揭露委托人之伪证行为的义务。See Goeffrey C. Hazard, *Ethics in the Practice of Law*, Carolina：Carolina Academic Press, 2019, p. 27.

〔3〕 此外，1971年，《美国律师协会关于辩护功能的标准》第18条直接免除了刑事案件中辩护律师揭露委托人伪证之义务。这表达出美国律师协会对刑事案件中辩护律师能够充分了解案情、为委托人提供更好法律帮助的重视。

委托人将进行虚假陈述时，辩护律师应避免以传统方式对委托人进行直接审查（direct examination），而是询问委托人对于案件事实或者案件的审理是否还要进行其他陈述。简而言之，辩护律师既不能向陪审团揭露委托人之伪证行为，也不能帮助引出或者使用委托人之虚假供述。[1]

此方案虽不像充分代理和向法院披露伪证信息两种方法如此极端，既解决了辩护律师可能涉嫌伪证的问题，又保全了辩护律师与委托人之间的信赖利益，但是同样存在较大弊端。具体而言，一是该方案并不能防止或阻止委托人作伪证，这不利于陪审团作出公正裁判；二是该方案在一定程度上使辩护律师与委托人交流信息的保密性受损，虽然辩护律师没有以明显的方式披露委托人的伪证行为，但是辩护律师避免使用委托人供述的行为容易引起法官和陪审团对委托人供述真实性的怀疑；三是该方案将"辩护律师明知且确定委托人将进行虚假供述"作为前提，但是当辩护律师在委托人陈述完毕才知道委托人作虚假供述时，该方案并未就辩护律师应当如何处理给出解决思路。尽管如此，该方案已经被很多法院采用，并已被纳入《哥伦比亚特区职业行为规则》。[2]此外，该方案也获得大量评议员的支持。[3]

---

〔1〕　See Monroe H. Freedman, *Lawyers' Ethics in an Adversary System*, Indianapolis: Bobbs—Merrill, 1975, pp. 117~119.

〔2〕　See People v. Gturman, 755 P. 2d 917（1988）; Shockley v. State, 565 A. 2d 1373（Del. 1989）; Commonwealth v. Jermyn, 620 A. 2d 1128（Pa. 1993）, cert. denied, 510 U. S. 1049（1994）; People v. Johnson, 72 Cal. Rptr. 2d 805（1998）.

〔3〕　See Norman Lefstein, "Client Perjury in Criminal Cases: Still in Search of an Answer", *Georgetown Journal of Legal Ethics*, 1988（3）, p. 521; Crystal, "Confidentiality Under the Model Rules of Professional Conduct", *University of Kansas Law Review*, 1982（2）, pp. 236~244.

（八）拒绝提交虚假证据

如果有合理理由怀疑本方证人将要作伪证，辩护律师有权决定证人是否出庭作证，以及是否对证人发问。《美国律师协会辩护行为准则》第 4-5.2 条 b 项即规定：辩护策略的选择应当由辩护律师主导，其中便包括由辩护律师决定应当向法庭提交哪些证据、向法庭申请哪些证人出庭作证、是否对证人进行交叉询问等。现行《美国律师协会职业行为示范规则》第 3.3 条 c 项规定，对于有合理理由相信证据为假的，辩护律师可以拒绝向法庭提交。当发现证人将要提供虚假证词时，辩护律师有权利也有义务拒绝该证人出庭作证。此外，《美国律师协会职业行为示范规则》第 3.3 条 a 项规定，如果明知辩方证人已经作伪证，辩护律师有义务采取必要的补救措施（reasonable remedial measures），包括在必要的情况下向法庭披露辩护证人提供虚假证言。[1]当然，如果辩护律师拒绝本方证人出庭作证，委托人也可能因此而拒绝辩护律师继续为其辩护。此时问题就回到了法院：是允许辩护律师退出案件辩护还是指示辩护律师向法庭提交辩方证人，抑或在不允许辩方证人出庭作证的情况下要求辩护律师继续辩护？

（九）采取补救措施

该观点认为，面对委托人之伪证行为，辩护律师应当采取必要的补救措施以减少委托人之伪证行为对司法公正造成的影响。20 世纪 80 年代之前，要求律师坚持保密义务、禁止律师揭露委托人基于信赖利益向律师坦诚的伪证意图的观点一直占上风。但是随着社会大众对律师形象的评价越来越低，为了改善

---

〔1〕 See ABA Model Rules of Professional Conduct. 3.3 （a）（4）, 3.3 （c）（2012）.

律师职业形象，同时促进社会公平正义，在律师真实义务与保密义务的角逐中，美国律师协会以及联邦和州法院的立场开始向真实义务倾斜。《美国律师协会职业行为示范规则》第3.3条a项规定，律师不得故意向法庭提交明知是伪证的证据。[1]如在证据被提交后才发现是伪证，律师应当采取必要的补救措施，必要时可以向法庭揭露。[2]此外，在明知委托人有伪证意图时，辩护律师应进行劝阻，如劝阻无效，可向法庭申请拒绝辩护。如法院驳回辩护律师拒绝辩护之请求，辩护律师可以向法院揭露伪证。[3]很快，在尼克斯案（Nix v. Whiteside）中，美国联邦最高法院以判例的形式将辩护律师揭露委托人伪证之义务确定下来。此后，对于委托人之伪证行为，如果辩护律师采取补救措施不能有效改正或减少错误，那么辩护律师拒绝辩护或者向法庭揭露委托人之伪证行为的做法将会得到支持。[4]

---

〔1〕 律师的真实义务并不会强制律师揭露他们无法确知的当事人伪证问题。"明知"会产生漏洞。身为律师的人都熟知这些游戏规则，知道如何避免碰触委托人不希望碰触的策略方法，甚至可以说服自己这世界上并没有所谓的"真相"，或者发现事情的真相并非律师的工作。律师不能也不应扮演事实调查者的角色。Stephen D. Easton, "The Truth About Ethics and Ethics About the Truth: An Open letter to Trial Attorney", *Gonzaga Law Review*, 1997—1998 (3), pp. 463, 465.

〔2〕 The Model Rules of Professional Conduct. 3.3 (a) (3) (2012).

〔3〕 The Model Rules of Professional Conduct. 3.3 cmts. 7-10 (2012).

〔4〕 See Nix v. Whiteside, 475 U.S. 157 (1986). 在尼克斯案中，美国联邦最高法院梳理了委托人作伪证与委托人获得律师有效帮助权利之间的关系。美国联邦最高法院认为，根据斯特里克兰（Strickland v. Washington）确立的双重检验标准，判断案件是否构成无效辩护需要证明两点：一是行为标准，即证明律师的辩护行为存在缺陷；二是损害标准，即证明律师的工作缺陷对案件结果产生不利影响。首先在行为标准上，罗宾逊（Robinson）的辩护行为并不存在缺陷，在知悉委托人将要提供虚假证词的情况下，罗宾逊的回应既专业又得体。此外，根据《美国律师协会职业行为示范规则》第3.3条之规定，在明知委托人将要作伪证的情况下，律师可以拒绝辩护或向法庭披露此行为。罗宾逊的行为被认为是劝阻委托人放弃伪证意图也好，被解读为以"拒绝辩护"或"向法庭披露"为由威胁委托人放弃伪证意图也

三、辩护律师应对委托人伪证的路径与可行性

我们知道，趋利避害是人的本能。在许多文化中，人们认为作为冲突一方的当事人会为了自己的利益而撒谎，并且不会对当事人向法庭说真话产生期望。[1]委托人不仅会对法庭撒谎，也会对自己的律师撒谎。"许多案件被告人是既气愤又害怕，辩护律师通常又是陌生人，所以被告错误地推测律师只对委托人是无罪的案件努力工作，结果被告人向自己的律师提供一个与给警察的一模一样的故事。这些叙述可能删掉了许多重要事实，被告人认为删掉事实或隐瞒事实真相是获得律师同情和投入的一种办法。"[2]对此，应当坦然面对委托人伪证问题。

上述九种解决措施中，在明知委托人将要或正在作伪证时，要求辩护律师当作不知道或者直接向法院披露都过于极端。而认为辩护律师可以避免知悉委托人伪证意图的观点其实相当于要求辩护律师当作不知道。这三种方案要么将辩护律师真实义务完全抛弃，要么将辩护律师保密义务完全抛弃，与辩护律师的职业定位都不匹配。要求辩护律师劝说无效后向法院披露的方案则是表现出真实义务优先，兼顾保密义务的价值取向，并不

（接上页）罢，都符合其职业行为准则的要求。其次，罗宾逊在法庭上通过举证、质证为怀特塞德（Whiteside）提供了很好的辩护，怀特塞德并未获得不公正的审判，所以本案也不符合斯特里克兰损害标准。总之，罗宾逊提供的辩护并非无效辩护，怀特塞德获得律师有效帮助的权利并未受到损害。但是，这一切都建立在罗宾逊确信委托人将要作伪证的基础上，如果罗宾逊只是怀疑委托人将为伪证行为，则其所为行为并不合理。

〔1〕 Goeffrey C. Hazard, *Ethics in the Practice of Law*, Carolina：Carolina Academic Press, 2019, pp. 127~135.

〔2〕 ［美］爱伦·豪切斯泰勒·斯黛丽、南希·弗兰克：《美国刑事法院诉讼程序》，陈卫东、徐美君译，何家弘校，中国人民大学出版社2002年版，第241~243页。

利于保密制度发挥作用。即使知道委托人的伪证事实，坚持不对外披露也被认为是辩护律师职业的首要价值选择。这要求辩护律师将维护委托人正当利益置于工作首位，在此限度内，协助办案机关查明案件事实，即"为发现真实而协作"。[1]这从委托人与辩护律师之间的关系看是维护二者信赖关系的需要，从保障人权的角度看，又是委托人在刑事诉讼中获得平等武装的需要。如果辩护律师不履行保密义务，将在执业中知悉的不利于委托人的信息告知办案机关，那么辩护律师不再是协助委托人行使辩护权的"法律服务提供者"，辩护就成了委托人一个人的战役。委托人在刑事诉讼中本就处于弱势，辩护律师的"倒戈"更加剧其劣势，委托人寻求辩护律师帮助的初衷便难以实现，刑事诉讼中所谓的双方主体间平等、理性对话便成为虚谈。因此，要求辩护律师保持沉默、拒绝辩护、在劝说无效后保持沉默或者拒绝辩护、拒绝提交虚假证据、回避委托人虚假供述以及采取必要补救措施的方案目前而言都较为合理。但是各个国家有各个国家的国情，美国的方案只是为我们提供参考，我们仍应确立符合我国主流价值观与司法实践的标准。在明知委托人将要或正在作伪证时，笔者认为辩护律师应当坚持如下标准：

（一）积极劝说委托人放弃伪证意图

当辩护律师明知委托人将要作伪证时，既不违反保密义务，也不违反真实义务的做法即为积极劝说委托人放弃伪证意图，如实供述或者不再提交虚假证据。但决定权在委托人手中，辩护律师无权强迫委托人接受自己意愿。并且，辩护律师的规劝

───────

〔1〕　参见龙宗智：《律师法庭辩护涉及义务冲突的几个问题》，载《四川大学学报（哲学社会科学版）》2002年第5期，第129页。

行为可能招致委托人不满，不利于委托人与辩护律师信赖关系的形成。面对此情况，辩护律师可以对委托人作出详细解释，以求获得委托人理解。如日本学者松尾浩也所言，委托人意愿应当被尊重，辩护人应尽可能让其理解自己只能在法律以及职业伦理的框架内进行辩护，必须尽力维持双方的信赖关系。[1]

之所以要求辩护律师劝说委托人放弃伪证意图，是兼顾真实义务的要求。辩护律师的真实义务是辩护律师必须尊重事实与法律，向司法机关陈述事实的义务。我国《律师法》明确规定了辩护律师的真实义务。《律师法》第 3 条第 2 款规定："律师执业必须以事实为根据，以法律为准绳。"第 31 条也要求辩护律师应当根据事实和法律展开辩护活动。[2]其中，"以事实为依据"即要求辩护律师在执业中承担真实义务，履行其"维护法律正确实施、维护社会公平正义"的职责。《律师办理刑事案件规范》第 258 条更是要求"律师对案件公开发表言论，应当依法、客观、公正、审慎"。有学者指出，辩护律师真实义务的理论基础有三，即发现真实是刑事司法之灵魂；诚信为律师职业之根基；尊重法庭是司法权威之要求。[3]

从世界范围来讲，一定程度的真实义务是辩护律师作为律师必须承担的职业义务。辩护律师承担真实义务，"是法律打击

---

〔1〕 参见〔日〕松尾浩也：《日本刑事诉讼法》（上卷·新版），丁相顺译，金光旭校，中国人民大学出版社 2005 年版，第 249~251 页。

〔2〕《律师法》第 31 条规定："律师担任辩护人的，应当根据事实和法律，提出犯罪嫌疑人、被告人无罪、罪轻或者减轻、免除其刑事责任的材料和意见，维护犯罪嫌疑人、被告人的诉讼权利和其他合法权益。"

〔3〕 李宝岳、陈学权：《辩护律师对法庭的真实义务》，载《中国司法》2005年第 9 期，第 39~42 页。

犯罪、维护社会公信力、司法公信力的需要"。[1]作为对司法公正负有特殊责任的专业人员，辩护律师不得为委托人利益不择手段，刻意阻碍法庭发现案件事实。"不考虑程序制度上的差异，无论英美法系国家还是大陆法系国家，都要求律师陈述事实，在法律界限内执业，并对法庭诚实和尊重。"[2]比如，以当事人主义著称的英美法系国家中，《美国律师协会职业行为示范规则》第3.3条a项规定了律师的真实义务：律师不得对法庭就有关事实或法律问题作虚假陈述；对于以前向法庭作出的关于重要事实或法律问题的虚假陈述应当及时作出修正；不得向法庭提交明知虚假的证据。《英格兰及威尔士大律师行为守则》第302条也规定了大律师（出庭律师）的真实义务："大律师对法庭承担的首要职责就是为了司法的利益而独立行事；律师应当帮助法庭进行司法管理工作，不得欺骗法庭，也不得故意地或者放任地误导法庭。"[3]而多采用职权主义模式的大陆法系国家更加强调律师的公益身份，也对律师履行真实义务提出要求。比如，德国将律师定位为"独立的司法机关"，"依多数说之见解，辩护人并非单方面为被告人利益之代理人，其亦有义务促成一运作完备的刑事司法"。[4]《德国刑事诉讼法》第138条a规定：辩护律师有隐瞒资讯、包庇犯罪利益、妨害司法等行为的，应当禁止参与司法程序。间接传达出辩护律师在刑事诉讼中应

---

〔1〕 张曙、司现静：《中国辩护律师的真实义务范围研究》，载《辽宁大学学报（哲学社会科学版）》2013年第2期，第131页。

〔2〕 ［美］迪特里希·鲁施迈耶：《律师与社会：美德两国法律职业比较研究》（第2版），于霄译，上海三联书店2014年版，第140页。

〔3〕 陈卫东主编：《"3R"视角下的律师法制建设》，中国检察出版社2004年版，第574页。

〔4〕 ［德］克劳思·罗科信：《刑事诉讼法》（第24版），吴丽琪译，法律出版社2003年版，第149页。

当向法庭为真实之陈述的要求。日本也认为"律师作为一种'自由职业'具有公法的性质"，[1]《日本律师联合会章程》第11条规定"律师应当注意法令是否得到正确适用，如果发现违法不正当的行为应努力纠正"，[2]实际上如我国一般，赋予律师维护法律正确实施的职责。《日本律师职务基本准则》第5条要求律师应"尊重事实、遵从信义、诚实并且公正地履行职务"，[3]第20条要求律师在受理及处理案件时，"应努力保持自由且独立的立场"，[4]总结而言是要求律师尊重事实，不得为维护委托人利益不择手段。俄罗斯更是强调律师的"独立司法人员"身份，要求律师践行更高的职业道德。比如，《俄罗斯律师职业伦理规范》第10条第1款要求"律师职业的法律和道德，高于委托人的意志。委托人任何违背法律或违反本规范规定的愿望、请求和指示，律师不得执行"。[5]

虽然通说认为，辩护律师承担着消极真实义务，即不得积极实施歪曲真实的行为。[6]但是以事实为依据、以法律为准绳是我国刑事诉讼法的基本原则之一，打击犯罪与保障人权并重是我国当今提倡贯彻的政法观，强调对委托人各项权利的保护

---

〔1〕 葛同山：《论刑事辩护律师的真实义务》，载《扬州大学学报（人文社会科学版）》2010年第1期，第52页。

〔2〕 北京市律师协会组编：《境外律师行业规范汇编》，中国政法大学出版社2012年版，第770页。

〔3〕 北京市律师协会组编：《境外律师行业规范汇编》，中国政法大学出版社2012年版，第785页。

〔4〕 北京市律师协会组编：《境外律师行业规范汇编》，中国政法大学出版社2012年版，第786页。

〔5〕 北京市律师协会组编：《境外律师行业规范汇编》，中国政法大学出版社2012年版，第892页。

〔6〕 ［日］佐藤博史：《刑事辩护的技术与伦理：刑事辩护的心境、技巧和体魄》，于秀峰、张凌译，法律出版社2012年版，第38页。

并不意味着对实体公正的忽视。并且，辩护律师的执业要求并非只有维护委托人合法权益，其同样承担着"维护法律正确实施""维护社会公平正义"的职责，当得知委托人欲向法庭作伪证或者正在作伪证时，劝说委托人放弃伪证意图正迎合了后两项职责的要求。辩护律师承担消极真实义务，但是此处的"消极"不应是无关痛痒的简单照顾。林钰雄教授曾指出："冲突的解决之道，在于谋求调和而非片面牺牲，亦即，解决冲突并不必然意味着牺牲其一而成就其他，而是在尽可能的范围之内，谋求并存的方案，并且，在迫不得已时，仅容许最小限度牺牲。""以上目的的冲突，无法泛泛导出何者必然优于何者的简单铁律，而应针对具体层面之运用。"〔1〕虽然立法设置保密义务为律师避免职业义务冲突提供了路径，但是要求辩护律师履行保密义务并非彻底牺牲真实义务，而是应当在利益权衡之下，选择对真实义务损害最小的方案。如此，才能最大程度上"符合诉讼中的利益权衡原则，有利于刑事诉讼多元价值的均衡实现"。〔2〕在明知委托人将要作伪证时，不予揭露表现出辩护律师对保密义务的坚守，积极劝说委托人放弃伪证意图又体现了辩护律师尽可能阻止或减少对真实义务所代表利益之损害的努力。不管委托人是否接受辩护律师的意见，辩护律师积极劝说委托人放弃伪证意图的做法都是平衡保密义务与真实义务的最优方案。

（二）劝说无效后不宜拒绝辩护

如果辩护律师无法劝阻委托人放弃保密意图，那么辩护律师既不应披露委托人之伪证意图，也不宜轻易拒绝辩护。之所

---

〔1〕　林钰雄：《刑事诉讼法》（上册　总论编），中国人民大学出版社 2005 年版，第 12 页。

〔2〕　陈学权：《论刑事诉讼中实体公正与程序公正的并重》，载《法学评论》2013 年第 4 期，第 112 页。

以要求辩护律师不予披露委托人伪证信息，前文已述，笔者建议在面临义务冲突时，辩护律师应当优先履行保密义务，并在不违背保密义务要求的基础上兼顾真实义务，具体原因此处不再赘述。之所以认为辩护律师不宜拒绝辩护，主要有以下两点原因：

第一，辩护律师拒绝辩护容易引起法院对委托人的偏见。我国《律师法》第 32 条第 2 款规定了律师可以拒绝辩护的情形。[1] 其中，不管辩护律师拒绝辩护的理由是"委托事项违法""委托人利用律师提供的服务从事违法活动"还是"委托人故意隐瞒与案件有关的重要事实"，都表现出委托人归案后的不配合，尤其前两项，对于法院认定委托人的主观恶性更是有害无利。并且，如果辩护律师以"委托人利用律师提供的服务从事违法活动"为由拒绝辩护，必然或多或少地泄露不利于委托人的信息，这并不符合保密义务的要求，也与笔者建议的解决义务冲突的基本原则相左。虽然根据中华全国律师协会印发的《律师办理刑事案件规范》第 12 条第 2 款的规定，[2]"辩护方案难以达成一致"也可以成为辩护律师拒绝辩护的理由，但是这也存在着为委托人招致不利评价的可能性。因为如果委托人对辩护律师提供的法律服务不满意，委托人大可主动拒绝辩护，无需等待辩护律师来与其解除委托关系。并且，委托人与辩护律师委托关系确立与存续的背后是相应的经济支持，作为法律服务提供者，一名成熟的辩护律师一般不会因为与委托人

---

[1] 《律师法》第 32 条第 2 款规定："律师接受委托后，无正当理由的，不得拒绝辩护或者代理。但是，委托事项违法、委托人利用律师提供的服务从事违法活动或者委托人故意隐瞒与案件有关的重要事实的，律师有权拒绝辩护或者代理。"

[2] 《律师办理刑事案件规范》第 12 条第 2 款规定："律师与当事人或者委托人就辩护或代理方案产生严重分歧，不能达成一致的，可以代表律师事务所与委托人协商解除委托关系。"

在辩护方案的选择上意见相左而主动要求解除委托关系。所以，"辩护方案难以达成一致"不能算是辩护律师据以主动退出辩护的充分且合理的理由，辩护律师以此拒绝辩护可能为将来的偏见留下隐患。

第二，完善和发展我国律师保密制度的需要。我国律师制度仅仅发展了四十年，其中律师保密制度发展不足十年，尚处制度建立阶段，亟须保护和发展。为确保律师保密制度不会因为委托人与律师间的信任危机而在发展初期遭到抵制，我国强调拒绝强加给辩护律师公开或向特殊主体披露委托人伪证信息的责任。但是这些不是律师保密制度的全部，保密制度应当贯穿刑事诉讼始终，能够指导辩护律师妥当地完成辩护职责。拒绝辩护是辩护律师应对义务冲突的可行方案，却不是值得提倡的方案，因为拒绝辩护行为只是在诉讼的某一个节点缓解了单个律师的职业困境。不管是委托人基于信赖利益主动告知还是辩护律师通过观察获知，如果辩护律师一旦确定委托人之伪证意图便选择拒绝辩护，表面上看是辩护律师既不违反保密义务、又不挑战真实义务的良策，但是带来的结果难免不尽如人意。在可能为委托人招致不利评价之外，这种直接选择退出辩护的做法实际上只是将辩护律师置身事外，对于解决现有问题毫无益处。委托人仍会坚持其伪证意图，法律的正确实施仍面临阻挠，新接手的律师同样要面临这种义务冲突的执业困境。如果新接手的律师仍然选择拒绝辩护，那么这个问题就陷入了死循环。所以，即使明知委托人将作伪证，笔者仍然不建议辩护律师轻易选择拒绝辩护。

（三）不得提交虚假证据或引出虚假证言

如果辩护律师明知实物证据为假，但是委托人执意要求辩护律师向法庭提交，辩护律师应当拒绝提交。如果明知委托人供述或证人证言为假，辩护律师不应采取发问的形式引导委托人进行虚假供述或者证人发表虚假证言。辩护律师可以拒绝由本人提交虚假证据或引出委托人的虚假供述。具体有如下两点原因：

第一，辩护律师故意向法庭提交虚假证据于法不容。"律师的真实义务在诉讼中主要涉及律师对证据的态度。其中一些问题属于基本界限，各国法律规定比较一致。如律师不得毁灭证据、制造伪证和教唆伪证。违背这一要求，律师就应承担相应的法律责任。"[1]我国《律师法》第40条第6项明确规定，律师在执业活动中不得"故意提供虚假证据或者威胁、利诱他人提供虚假证据"；此外，该法第49条第1款第4项也规定了律师故意提供虚假证据的惩戒手段。[2]虽然委托人与辩护律师之合作关系始于契约，忠诚于委托人利益是辩护律师执业的基本要求，但这不代表辩护律师应当完全听从委托人指挥。此外，有一点应当提及，证人证言以证人在法庭陈述、接受控辩双方交叉询问、接受法官询问的形式形成，如果辩护律师以发问的方式引导证人发表虚假证言，行为性质与"引诱证人作伪证"

---

〔1〕 参见龙宗智：《律师法庭辩护涉及义务冲突的几个问题》，载《四川大学学报（哲学社会科学版）》2002年第5期，第129~130页。

〔2〕 根据《律师法》第49条第1款第4项的规定：律师故意提供虚假证据或者威胁、利诱他人提供虚假证据，妨碍对方当事人合法取得证据的，由设区的市级或者直辖市的区人民政府司法行政部门给予停止执业6个月以上1年以下的处罚，可以处5万元以下的罚款；有违法所得的，没收违法所得；情节严重的，由省、自治区、直辖市人民政府司法行政部门吊销其律师执业证书；构成犯罪的，依法追究刑事责任。当然，不止我国，国外法治国家也不允许律师向法庭提交虚假证据。比如，《德国刑法典》第257条规定，辩护律师不得故意向法庭提供虚假证据，也不得直接伪造证据或劝诱他人作虚伪的证言，否则即违反了职业道德，甚至构成犯罪；英国将"为了提起没有法律根据的诉讼而在法院令状上加上不真实的说明；为了进行诉讼而编造案件事实；在法庭辩护时加进诽谤性的材料"纳入藐视法庭罪范畴。

无异，辩护律师可能因此触犯《刑法》第 306 条 "律师伪证罪"。当然，如果辩护律师无法确定委托人提供的证据材料之真实性，但此证据材料对委托人有利的，辩护律师可以直接将此证据材料提交给法庭，或者从证据线索角度提请法院进行核实或重新取证。《律师法》要求辩护律师不得 "故意提供虚假证据"，其中的 "故意" 指辩护律师应当明知或确信所提交证据为虚假证据。但如果辩护律师不能确定证据为假，那么其将证据或证据线索提交给法庭的做法便不构成 "故意提供虚假证据"。

第二，辩护律师承担着消极真实义务。辩护律师担负着忠实于法律和事实的义务，这决定了辩护律师既不能向法庭作出明知是虚假的陈述，也不得向法庭提供明知是不可靠的证据。"当然，这种对事实真相的尊重最多属于一种 '消极的发现真实义务'，也就是禁止律师以积极的作为来引导司法机关作出错误的事实认定。"[1]任何理性的诉讼制度都以追求客观真实为其基本使命，因此，任何诉讼参与者，在不同角度和不同意义上均负有真实性义务，辩护律师也不例外。[2]而且，即便是坚持正当程序至上，以 "程序正义比发现真实更重要" 著称的美国，现阶段也未表现出要求律师履行真实义务的松懈。[3]此外，明知证据有假，仍基于热忱辩护的考虑向法庭提交的行为，将有损律师职业形象，使辩护业务 "沦落为一门生意"，丧失良好的尊严感。在美国，虽然 20 世纪 80 年代之前，要求律师坚持保密义务、禁止律师揭露委托人基于信赖利益向律师坦诚的伪证意

---

〔1〕 [日] 佐藤博史：《刑事辩护的技术与伦理：刑事辩护的心境、技巧和体魄》，于秀峰、张凌译，法律出版社 2012 年版，第 37 页。

〔2〕 李宝岳、陈学权：《辩护律师对法庭的真实义务》，载《中国司法》2005 年第 9 期，第 40 页。

〔3〕 参见高其才：《多元司法：中国社会的纠纷解决方式及其变革》，法律出版社 2009 年版，第 412 页。

图的观点一直占上风。但是随着社会大众对律师形象的评价越来越低，为了改善律师职业形象，同时促进社会公平正义，在律师真实义务与保密义务的角逐中，美国律师协会以及联邦和州法院的立场开始向真实义务倾斜。我国在现阶段虽然有发展保密义务的需要，但是也应警惕发生像美国那样的职业信任危机。辩护律师始终承担"维护法律正确实施"的真实义务，不得为实现委托人利益最大化而不择手段。

（四）不得使用虚假证据或证人证言

在明知委托人提供的实物证据或证人证言虚假的情况下，辩护律师不得使用此类证据。具体而言，如果明知委托人提供的实物证据为假，那么辩护律师不应参与对该实物证据的质证过程，一切交由法庭裁判；如果明知证人证言为假，那么辩护律师不应对此进行总结，也不应将此运用到辩护意见中。在明知委托人提交的证人证言或者委托人提交的证据为假的情况下，辩护律师使用此类证言或者证据的行为与律师本人提交虚假证据并进行论证并无差异，同样可能招致律师伪证罪、包庇罪的指控。积极、热忱为委托人辩护并不意味着律师要丧失独立判断的精神，彻底背弃对法治及司法体系的责任，损害自身职业的诚实性和可信性。并且，律师的独立辩护人地位也决定了"其不能纯粹作为犯罪嫌疑人、被告人的代理人，应遵守较之被告更高标准的行事准则，践行对正义的坚持和信仰"。[1] 在明知委托人之伪证行为的情况下，辩护律师选择保密已经有悖真实义务的要求。但是出于维系委托人与辩护律师信赖关系的需要，辩护律师可以选择不披露委托人之伪证信息。这种情况下，保

---

[1] 参见陈瑞华：《论辩护律师的忠诚义务》，载《吉林大学社会科学学报》2016年第3期，第9页。

密义务已经优先于真实义务，如果辩护律师再运用虚假证据积极误导法庭，则是对真实义务的彻底违背。

但是，要求辩护律师不能使用委托人提供的虚假证据或供述来积极误导法庭并不意味着辩护律师不能误导法庭。真实义务要求辩护律师不得为维护委托人利益不择手段，但是并不排斥辩护律师在明知委托人之犯罪事实的情况下，以合法手段掩盖非法事实。我们知道，为维护委托人的合法权益，辩护律师可以进行证据辩护。"所谓证据辩护，是指根据证据规则对单个证据能否转化为定案根据以及现有证据是否达到法定证明标准所作的辩护活动。"[1]证据辩护以证据裁判规则为背景，辩护律师选择证据辩护即通过辩护对裁判者进行证据裁判施加影响。"认定案件事实，必须以证据为根据"是最高人民法院《关于适用〈中华人民共和国刑事诉讼法〉的解释》第 69 条明确规定的裁判规则。党的十八届四中全会也对全面贯彻证据裁判规则提出要求。证据裁判规则之下，"事实仅指证据能够且已经证明的事实"。[2]辩护律师在影响裁判者进行证据裁判的过程中，可以做到两点：一是否定控方证据，不管是从证据能力还是证明力着手，达到控方证据不能作为定案依据的效果，使"定罪量刑的事实都有证据证明；据以定案的证据均经法定程序查证属实"标准难以实现；二是指出控方证据未达法定证明标准，意即虽然控方证据可以作为定案依据，但是由于控方证据体系自身逻辑、证明力等存在问题，难以支持裁判者"对所认定事实排除

---

〔1〕　陈瑞华：《论刑事辩护的理论分类》，载《法学》2016 年第 7 期，第 62 页。

〔2〕　张中：《法官眼里无事实：证据裁判原则下的事实、证据与事实认定》，载《浙江工商大学学报》2017 年第 5 期，第 24 页。

合理怀疑"。[1]

为更好展开对本节内容的研究，笔者制作并在网络上开展问卷调查。调查结果显示，当保密义务与真实义务发生冲突时，法律实务工作者普遍认为辩护律师应当优先履行保密义务，同时兼顾真实义务。具体而言，针对辩护律师保密义务与真实义务冲突的解决，问卷主要涉及三个问题：一是"辩护律师对当事人承担保密义务，同时又承担维护法律正确实施的真实义务，您认为律师在执业中应当优先履行保密义务还是优先履行真实义务？抑或两者兼顾？"二是"在明知道当事人准备向法庭提交虚假证据的情况下，您认为辩护律师应当向法庭揭发？劝说当事人放弃？当作不知道？还是拒绝辩护？"三是"在明知道当事人提交的证据虚假的情况下，您认为辩护律师应当选择不使用该证据还是和其他证据一样运用，向法庭揭发还是拒绝辩护？"截至2022年12月8日，共有160位律师、67位法官、53位检察官参与此次网络问卷调查，其中，在参与调查的律师中，有近二分之一从业时间在5年以上；在参与调查的法官中，有近三分之一从业时间在5年以上；在参与调查的检察官中，有近二分之一从业时间在5年以上。针对第一个问题，所有参与调查的人员中有36%选择"优先履行保密义务"，有55%选择"两者兼顾"。针对第二个问题，参与调查人员中有41%选择"当作不知道"，有22%选择"拒绝辩护"，有28%选择"劝说当事人放弃"，而只有9%选择"向法庭揭发"。针对第三个问题，参与调查人员中有57%选择"不使用该证据"，有29%选择"拒绝辩护"，还是只有9%选择"向法庭揭发"。

---

[1] 参见门植渊：《完善证据体系贯彻证据裁判规则》，载《检察日报》2018年5月4日。

首先，根据第一个问题的问卷结果，当保密义务与真实义务发生冲突时，我们既不能得出优先履行保密义务的答案，也不能得出优先履行真实义务的答案。多数参与调查人员选择了辩护律师应当兼顾保密义务与真实义务，这表现出多数参与调查人员认为真实义务与保密义务同样重要。其次，在辩护律师明知委托人准备向法庭提交虚假证据时，有41%的参与调查人员认为辩护律师可以当作不知道，这表现出参与调查人员对辩护律师履行保密义务，不泄露对委托人不利信息的支持。22%的参与调查人员选择"拒绝辩护"、28%的参与调查人员选择辩护律师应当"劝说当事人放弃"，则表现出这些参与调查人员对辩护律师兼顾保密义务与真实义务的期盼：辩护律师劝说委托人放弃伪证意图，一方面没有泄露对委托人不利的信息，一方面又阻止了有碍法庭查明案件事实情况的发生，既履行了对委托人的保密义务，又不违背对法庭的真实义务，二者兼得。虽然拒绝辩护并不会阻止有碍法庭查明案件事实情况的发生，但是也表现出辩护律师既不违反保密义务，也不违背真实义务的主观愿望。再次，在辩护律师明知委托人提交的证据虚假时，仅有9%的参与调查人员认为辩护律师应当揭发委托人的伪证行为，这表现出要求辩护律师优先履行真实义务已经不合时宜。有86%的参与调查人员认为辩护律师应该不使用该虚假证据或者拒绝辩护，仍然表现出参与调查人员对辩护律师能够兼顾保密义务与真实义务的期盼。此次问卷结果虽不能完全意义上代表法律实务工作者的想法，但是却能在一定程度上反映法律实务工作者主流的价值倾向。综上所述，当保密义务与真实义务发生冲突时，要求辩护律师优先履行保密义务，同时兼顾真实义务更符合法律实务工作者的价值选择。

结　语

保障公民获得律师帮助的权利被视为法治社会不可缺少的特征，律师在捍卫人权方面所发挥的作用在法治社会中不可替代，也是公众信任国家司法的重要因素。为发挥律师在法治现代化方面的积极作用，《法治中国建设规划（2020—2025 年）》提出加快发展律师队伍、完善律师执业权利保障制度机制、完善律师代理刑事申诉制度、健全落实法律援助值班律师制度、实现刑事案件律师辩护、法律帮助全覆盖等要求。具体到中国式法治现代化，在诉讼过程中彰显人权保障更是离不开律师的参与。"律师只要站在辩护人的角度，忠诚于被告人的利益，最大限度地提供有效的辩护，就足以对检察机关的指控构成强有力的制衡，对法院的裁判施加积极有效的影响。"[1]在律师正常执业中，保密问题无法回避。我国虽然确立了辩护律师保密制度，但是这种原则性的规定并不利于制度功能的发挥。若不对制度加以改变，孤立强调通过文化建设、相关主体的自律等推

---

〔1〕　陈瑞华：《论辩护律师的忠诚义务》，载《吉林大学社会科学学报》2016年第 3 期，第 7 页。

进律师保守职业秘密将会面临诸多局限。[1]

有学者言，法律文化有三个层次：一是表层结构。具体表现为现实的法学理论、观念、法律制度及制度的实施情况，是法律文化要求的行为准则。二是中层结构。表现为法律规范、法律关系、法律经验、法律技术在整体上的联系，带有对法律概念的理解和评判。三是深层结构。即民族文化沉积而成的法律思维模式、法律价值观念，是驱动人们对法律理解接受和采取行为方式的内在因素，通常表现为潜意识。[2]我国传统的"重实体、轻程序"的法律文化即为这种深层的潜意识，选择、引导着法律制度的创制和实施。"基于传统观念的固有惯性，长期以来实体公正优先论在我国司法实践中还颇有市场，甚至在很大的程度上影响着案件的处理。"[3]在这种"潜意识"下，律师保密制度的确立和发展必然受到影响。一方面，在法律的创制上，保密制度姗姗而来，在 2007 年立法确立完整意义上的律师保密义务后，[4]2012 年《刑事诉讼法》确立辩护律师保密权，并延续至今。律师保密制度虽经设立却又较为原则，历经数年未见发展。另一方面，在法律的实施上，律师保密制度的运行并不顺畅，公安司法机关办案人员与律师群体对律师保密制度的认知存在明显分歧。保密与发现案件真实之间的矛盾是

〔1〕　参见吴洪淇：《法律职业的危机与改革》，中国政法大学出版社 2017 年版，第 29 页。

〔2〕　陈晓枫主编：《中国法律文化研究》，河南人民出版社 1993 年版，第 18 页。

〔3〕　陈学权：《论刑事诉讼中实体公正与程序公正的并重》，载《法学评论》2013 年第 4 期，第 106 页。

〔4〕　1980 年《律师暂行条例》第 7 条第 3 款规定"律师对于业务活动中接触的国家机密和个人隐私，有保守秘密的责任"；1996 年《律师法》第 33 条规定"律师应当保守在执业活动中知悉的国家秘密和当事人的商业秘密，不得泄露当事人的隐私"。就律师保守委托人秘密而言，仅要求律师将委托人隐私予以保密，并不能算是完全意义上的律师保密义务。

律师保密制度良性运行和发展的核心阻碍。

但是，"主导与法律工作有关的社会框架的这些趋势，随着社会的政治进程、权力的分配和与政府、司法有关的主导价值观性质的变化而变化"。[1]律师制度的不断完善和发展是"在法治轨道上全面建设社会主义现代化国家"的必然选择，[2]律师保密规则的深度激活与持续构建当然也值得期待。

对于辩护律师而言，保守委托人秘密既是义务，也是权利，但是权利的行使应该服务于义务的履行。自然人犯罪中的犯罪嫌疑人、被告人，单位犯罪中的单位与单位员工都可以成为要求辩护律师保守秘密的委托人，辩护律师以及辩护律师聘请的辅助人员、同一律师事务所的其他工作人员均应当对委托人承担保密义务。辩护律师对委托人的保密义务应形成于潜在委托人向辩护律师寻求法律帮助时期，并且保密义务一经确立即无终止期限。并非委托人向辩护律师披露的一切信息都是"委托人秘密"，这需要具体问题具体分析，考察具体环境下委托人的具体表现。委托人与辩护律师在有第三人的情况下交流，以及委托人与辩护律师使用电子通讯手段、书信等进行交流时，如何认定委托人向辩护律师披露的信息属于"委托人秘密"均有不同的要求。对于委托人提供的虚假证据，辩护律师原则上应保密，但不得代为提交或引出虚假证言，也不得使用。辩护律师不承担将所办理案件的全部案卷材料保密的义务，但应遵守妥善保管与谨慎使用的职业规范。公安司法机关在进行取证时，

---

〔1〕〔美〕迪特里希·鲁施迈耶：《律师与社会：美德两国法律职业比较研究》（第2版），于霄译，上海三联书店2014年版，第21页。

〔2〕习近平：《高举中国特色社会主义伟大旗帜 为全面建设社会主义现代化国家而团结奋斗——在中国共产党第二十次全国代表大会上的报告》（2022年10月16日），人民出版社2022年版，第25页。

应在不影响案件办理的基础上，给予律师及律师事务所特殊关照，以明确的规则防止取证权力的滥用，保障辩护律师保守职业秘密。考虑到电子通讯与书信交流的固有弊端，辩护律师与委托人也应承担审慎义务。保密与信息的披露都应当有限度，辩护律师应兼顾保密义务与真实义务。

　　总之，本书研究必然存在诸多不足，但是问题的产生均来自实证考察，希望对解决辩护律师保密问题有所助益。

参考文献

一、中文类

（一）中文著作

1. 北京市辩护律师协会：《境外辩护律师行业规范汇编》，中国政法大学出版社 2012 年版。

2. 陈光中主编：《中华人民共和国刑事证据法专家拟制稿（条文、释义与论证）》，中国法制出版社 2004 年版。

3. 陈光中主编：《〈中华人民共和国刑事诉讼法〉修改条文释义与点评》，人民法院出版社 2012 年版。

4. 陈瑞华：《比较刑事诉讼法》，中国人民大学出版社 2021 年版。

5. 陈瑞华：《看得见的正义》，法律出版社 2019 年版。

6. 陈瑞华主编：《刑事辩护制度的实证考察》，北京大学出版社 2005 年版。

7. 陈卫东主编：《司法公正与辩护律师辩护》，中国检察出版社 2002 年版。

8. 邓子滨：《刑事诉讼原理》，北京大学出版社 2019 年版。

9. 高其才：《多元司法：中国社会的纠纷解决方式及其变革》，法律出版社 2009 年版。

10. 顾永忠等：《刑事辩护国际标准与中国实践》，北京大学出版社 2012 年版。

11. 衡静：《辩护律师拒证特免权研究》，法律出版社 2011 年版。

12. 姜世明：《律师伦理法》，新学林出版股份有限公司 2008 年版。

13. 李少平主编:《最高人民法院关于适用〈中华人民共和国刑事诉讼法〉的解释理解与适用》,人民法院出版社 2021 年版。

14. 林钰雄:《刑事诉讼法》,元照出版有限公司 2015 年版。

15. 龙宗智等:《司法改革与中国刑事证据制度的完善》,中国民主法制出版社 2016 年版。

16. 罗文禄:《委托人与辩护律师交流权研究》,法律出版社 2017 年版。

17. 齐树洁主编:《英国证据法》(第 2 版),厦门大学出版社 2014 年版。

18. 全国人大常委会法制工作委员会刑法室编:《关于修改中华人民共和国刑事诉讼法的决定:条文说明、立法理由及相关规定》,北京大学出版社 2012 年版。

19. 强世功:《惩罚与法治》,法律出版社 2009 年版。

20. 施鹏鹏:《意大利刑事诉讼与证据制度专论》,中国政法大学出版社 2020 年版。

21. 施鹏鹏:《法律改革,走向新的程序平衡?》,中国政法大学出版社 2013 年版。

22. 宋英辉等:《刑事诉讼原理》,北京大学出版社 2014 年版。

23. 宋远升、闵银龙编著:《最新国外刑事司法制度研究》,东南大学出版社 2007 年版。

24. 孙长永:《探索正当程序——比较刑事诉讼法专论》,中国法制出版社 2005 年版。

25. 孙长永等:《犯罪嫌疑人的权利保障研究》,法律出版社 2011 年版。

26. 石毅主编:《中外辩护律师制度综观》,群众出版社 2000 年版。

27. 田文昌、陈瑞华:《刑事辩护的中国经验》,北京大学出版社 2013 年版。

28. 王爱立、雷建斌主编:《中华人民共和国刑事诉讼法释义》,法律出版社 2018 年版。

29. 王惠光:《法律伦理学讲义》(第 2 版),元照出版有限公司 2012 年版。

30. 王进喜译:《澳大利亚联邦证据法》,中国法制出版社 2013 年版。

31. 王进喜主编:《刑事证据法的新发展》,法律出版社 2013 年版。

32. 王进喜:《法律职业伦理》,中国人民大学出版社 2020 年版。

33. 王尚新、李寿伟主编，全国人大常委会法制工作委员会刑法室编著：《〈关于修改刑事诉讼法的决定〉释解与适用》，人民法院出版社 2012 年版。

34. 王颂勃：《刑事诉讼法庭质证规则研究》，中国人民公安大学出版社 2015 年版。

35. 王兆鹏：《辩护权与诘问权》，华中科技大学出版社 2010 年版。

36. 王兆鹏：《美国刑事诉讼法》（第 2 版），北京大学出版社 2014 年版。

37. 吴丹红：《免证权制度研究》，北京大学出版社 2008 年版。

38. 谢佑平：《社会秩序与辩护律师职业——辩护律师角色的社会定位》，法律出版社 1998 年版。

39. 杨仁寿：《法学方法论》，中国政法大学出版社 2013 年版。

40. 易延友：《证据法学——原则、规则、案例》，法律出版社 2017 年版。

41. 张军、姜伟、田文昌：《新控辩审三人谈》，北京大学出版社 2020 年版。

42. 中华全国律师协会编：《律师职业伦理》，北京大学出版社 2017 年版。

（二）外文著作中译本

1. ［德］哈贝马斯：《在事实与规范之间：关于法律和民主法治国的商谈理论》，童世俊译，三联书店 2014 年版。

2. ［德］克劳思·罗科信：《刑事诉讼法》（第 24 版），吴丽琪译，法律出版社 2003 年版。

3. 连孟琦译：《德国刑事诉讼法》，元照出版有限公司 2016 年版。

4. ［德］托马斯·魏根特：《德国刑事程序法原理》，江溯等译，中国法制出版社 2021 年版。

5. ［俄］尤·彼·加尔马耶夫：《俄罗斯刑事诉讼辩护律师违法活动面面观》，刘鹏、丛凤玲译，中国政法大学出版社 2013 年版。

6. ［法］爱弥尔·涂尔干：《职业伦理与公民道德》，梁敬东、付德根译，梅非、渠东校，上海人民出版社 2001 年版。

7. ［法］埃米尔·涂尔干：《社会分工论》，渠敬东译，生活·读书·新知三联书店 2017 年版。

8. ［法］贝尔纳·布洛克：《法国刑事诉讼法》，罗结珍译，中国政法大学出版社 2007 年版。

9. ［美］艾伦·德肖维茨：《最好的辩护》，唐交东译，法律出版社 2014 年版。

10. ［美］爱伦·豪切斯泰勒·斯黛丽、南希·弗兰克：《美国刑事法院诉讼程序》，陈卫东、徐美君译，何家弘校，中国人民大学出版社 2002 年版。

11. ［美］德博拉·L. 罗德、小杰弗瑞·C. 海泽德：《辩护律师职业伦理与行业管理》（第 2 版），许身健等译，知识产权出版社 2015 年版。

12. ［美］Ed Cape 等主编：《欧洲四国有效刑事辩护研究——人权的视角》，丁鹏等编译，法律出版社 2012 年版。

13. ［美］霍菲尔德：《基本法律概念》，张书友编译，中国法制出版社 2009 年版。

14. ［美］兰博约：《对抗式刑事审判的起源》，王志强译，复旦大学出版社 2010 年版。

15. ［美］理查德·A. 波斯纳：《证据法的经济分析》（第 2 版），徐昕、徐昀译，中国法制出版社 2004 年版。

16. ［美］米尔伊安·R. 达玛什卡：《司法和国家权力的多种面孔——比较视野中的法律程序》，郑戈译，中国政法大学出版社 2015 年版。

17. ［美］蒙罗·H. 弗里德曼、阿贝·史密斯：《辩护律师职业道德的底线》，王卫东译，北京大学出版社 2009 年版。

18. ［美］蒙罗·H. 弗里德曼：《对抗制下的律师职业伦理》，吴洪淇译，中国人民公安大学出版社 2017 年版。

19. ［美］莫理斯：《法律发达史》，王学文译，中国政法大学出版社 2003 年版。

20. ［美］乔恩·R. 华尔兹：《刑事证据大全》（第 2 版），何家弘等译，中国人民公安大学出版社 2004 年版。

21. ［美］威廉·B. 埃瓦尔德：《比较法哲学》，于庆生、郭宪功译，中国法制出版社 2016 年版。

22. ［美］迪特里希·鲁施迈耶：《辩护律师与社会：美德两国法律职业比较研究》（第2版），于霄译，上海三联书店2014年版。

23. ［美］约翰·W. 斯特龙主编，［美］肯尼斯·S. 布荣等编著：《麦考密克论证据》，汤维建等译，中国政法大学出版社2004年版。

24. ［美］约书亚·德雷斯勒等：《美国刑事诉讼法精解》（第1卷），吴宏耀译，北京大学出版社2009年版。

25. ［日］河合弘之：《律师职业》，康树华译，法律出版社1987年版。

26. ［日］田口守一：《刑事诉讼法》（第7版），张凌、于秀峰译，法律出版社2019年版。

27. ［英］丹宁：《法律的正当程序》，李克强等译，法律出版社1999年版。

28. ［英］理查德·梅：《刑事证据》，王丽等译，法律出版社2007年版。

（三）中文论文

1. 蔡杰、汪容：《职业特权从辩护律师开始》，载《法制日报》2003年8月6日。

2. 柴鹏：《法律职业伦理现状及其培育——以实证调研数据为基础》，载《证据科学》2015年第2期。

3. 陈光中：《略谈司法公信力问题》，载《法制与社会发展》2015年第5期。

4. 陈瑞华：《论被告人的阅卷权》，载《当代法学》2013年第3期。

5. 陈瑞华：《论辩护律师的忠诚义务》，载《吉林大学社会科学学报》2016年第3期。

6. 陈瑞华：《有效辩护问题的再思考》，载《当代法学》2017年第6期。

7. 陈瑞华：《论被告人的自主性辩护权——以"被告人会见权"为切入的分析》，载《法学家》2013年第6期。

8. 陈瑞华：《论协同性辩护》，载《浙江工商大学学报》2018年第3期。

9. 陈效：《"律师—委托人"免证特权之理论探析》，载《西部法学评论》2011年第3期。

10. 陈兴良：《为辩护权辩护——刑事法治视野中的辩护权》，载《法学》

2004 年第 1 期。

11. 陈忠林：《"常识、常理、常情"：一种法治观与法学教育观》，载《太平洋学报》2007 年第 6 期。

12. 董林涛：《论辩护律师的角色定位与伦理义务——兼谈四种"伦理困境"的破解对策》，载《广东行政学院学报》2021 年第 2 期。

13. 董红民、麻伟静：《构建法律援助值班辩护律师制度实证探析》，载《中国司法》2016 年第 10 期。

14. 樊崇义：《认罪认罚从宽协商程序的独立地位与保障机制》，载《国家检察官学院学报》2018 年第 1 期。

15. 韩旭：《辩护律师核实证据问题研究》，载《法学家》2016 年第 2 期。

16. 何家弘：《如何提升司法公信力》，载《国家检察官学院学报》2014 年第 5 期。

17. 胡铭：《司法公信力的理性解释与建构》，载《中国社会科学》2015 年第 4 期。

18. 冀祥德：《刑事辩护准入制度与有效辩护及普遍辩护》，载《清华法学》2012 年第 4 期。

19. 韩旭：《庭审实质化背景下律师庭外言论的规制——兼谈律师庭外声明的谨慎发布》，载《法学杂志》2023 年第 1 期。

20. 亢晶晶：《协同主义诉讼模式在刑事诉讼中的导入——兼谈我国控辩审关系的反思与重构》，载《法律科学》2015 年第 3 期。

21. 李宝岳、陈学权：《辩护律师对法庭的真实义务》，载《中国司法》2005 年第 9 期。

22. 李昌林：《刑事程序法治的发展路径》，载《理论探索》2016 年第 1 期。

23. 李奋飞：《"作证却免于强制出庭"抑或"免于强制作证"？——〈刑事诉讼法〉第 188 条第 1 款的法教义学分》，载《中外法学》2015 年第 2 期。

24. 刘蕾：《保密义务与真实义务之间的较量——兼论我国辩护律师保密特权制度的完善》，载《西北大学学报（哲学社会科学版）》2014 年第

1 期。

25. 刘思达：《职业自主性与国家干预》，载《社会学研究》2006 年第 1 期。

26. 龙宗智：《动态平衡诉讼观的几点思考》，载《中国检察官》2018 年第 13 期。

27. 龙宗智：《律师法庭辩护涉及义务冲突的几个问题》，载《四川大学学报（哲学社会科学版）》2002 年第 5 期。

28. 刘少军：《保密与泄密：我国律师保密制度的完善——以 "吹哨人运动" 下的美国律师保密伦理危机为视角》，载《法学杂志》2019 年第 2 期。

29. 罗翔：《刑法第 306 条辨正》，载《政法论坛》2013 年第 3 期。

30. 门植渊：《完善证据体系贯彻证据裁判规则》，载《检察日报》2018 年 5 月 4 日。

31. 倪春乐：《确立辩护律师免证特权的法律思考》，载《社科纵横》2011 年第 3 期。

32. 欧卫安：《辩护律师的伦理：以忠诚义务为视点》，载《西南师范大学学报（人文社会科学版）》2005 年第 6 期。

33. 祁建建：《美国辩诉交易中的有效辩护权》，载《比较法研究》2015 年第 6 期。

34. 任学强：《论在押犯罪嫌疑人通信权限制的正当化事由》，载《兰州学刊》2018 年第 9 期。

35. 司莉：《律师保密义务有关理论问题探讨》，载《河南财经政法大学学报》2015 年第 2 期。

36. 孙长永：《认罪认罚案件的证明标准》，载《法学研究》2018 年第 1 期。

37. 万毅：《刑事诉讼权利的类型分析——以分析实证主义法学为视角》，载《政法论坛》2014 年第 2 期。

38. 汪海燕：《辩护律师伪证刑事责任问题研究》，载《中国法学》2011 年第 6 期。

39. 汪建成、杨雄：《重塑辩护律师与当事人关系》，载《中国律师》2004
年第 10 期。

40. 王剑虹：《律师—委托人特权研究》，载潘金贵主编：《证据法学论丛》
（第 1 卷），中国检察出版社 2012 年版。

41. 王进喜：《律师职业秘密问题研究》，载陈光中、江伟主编：《诉讼法论
丛》（第 3 卷），法律出版社 1999 年版。

42. 王俊民：《辩护律师庭审言论豁免权问题探究》，载《政治与法律》
2001 年第 2 期。

43. 王永杰：《辩护律师伪证罪的存废之争》，载《复旦学报（社会科学
版）》2011 年第 4 期。

44. 王永杰：《论辩护权法律关系的冲突与协调》，载《政治与法律》2018
年第 10 期。

45. 王涌：《寻找法律概念的"最小公分母"——霍菲尔德法律概念分析思
想研究》，载《比较法研究》1998 年第 2 期。

46. 魏晓娜：《审判中心视角下的有效辩护问题》，载《当代法学》2017 年
第 3 期。

47. 吴洪淇：《美国法律职业危机：制度变迁与理论解说》，载《环球法律
评论》2010 年第 1 期。

48. 奚玮、沈鹏：《论被追诉人辩护权的宪法保障》，载《广东社会科学》
2015 年第 3 期。

49. 熊秋红：《有效辩护、无效辩护的国际标准和本土化思考》，载《中国
刑事法杂志》2014 年第 6 期。

50. 薛潮平：《在亮点与盲点之间——论"不证实自己有罪"的规范对比与
冲突》，载《证据科学》2012 年第 2 期。

51. 张曙、司现静：《中国辩护律师的真实义务范围研究》，载《辽宁大学
学报（哲学社会科学版）》2013 年第 2 期。

52. 张中：《论侦查阶段的有效辩护》，载《当代法学》2017 年第 6 期。

53. 张中：《法官眼里无事实：证据裁判原则下的事实、证据与事实认定》，
载《浙江工商大学学报》2017 年第 5 期。

54. 庄永生、王伟韬、赵力：《对我国辩护律师职业保密制度现状的若干思考》，载《中国司法》2017 年第 4 期。

55. 张文显：《习近平法治思想的理论体系》，载《法制与社会发展》2021 年第 1 期。

（四）学位论文

1. 葛同山：《辩护律师保密特权研究》，上海交通大学 2009 年博士学位论文。

2. 简铭显：《论扣押辩护人所持有之物件——以辩护人之"交流与拒绝证言"二权与"禁止扣押"之关联为核心》，东吴大学 2007 年硕士学位论文。

3. 王媛：《美国宪法上的正当法律程序研究》，山东大学 2014 年博士学位论文。

二、外文类

（一）英文著作

1. Andrew L-T Choo, *Evidence*, Oxford：Oxford University Press, 2012.

2. Bankim Thanki, *The Law Of Privilege*, Oxford：Oxford University Press, 2011.

3. Elizabeth A. Martin （ed）, *Oxford Dictionary of Law*, Oxford：Oxford University Press, 2009.

4. Goeffrey C. Hazard, *Ethics in the Practice of Law*, Carolina：Carolina Academic Press, 2019.

5. Gregory C. Sisk, *Legal Ethics and the Practice of Law*, Windsor：Butterworths, 2018.

6. Gregory Durston, *Evidence*, Oxford：Oxford University Press, 2011.

7. Jodie Blackstock et al., *Inside Police Custody——An Empirical Account of Suspects' Rights in Four Jurisdictions*, Intersentia：Intersentia Ltd, 2014.

8. John Henry Wigmore, *Evidence in Trials at Common Law*, Boston：Little, Brown, 1961.

9. Mary Bosworth, *Encyclopedia of prisons and correctional facilities*, New York：

Sage Publications, 2005.

10. Monroe H. Freedman, *Understanding Lawyers' Ethics*, Carolina: Carolina Academic Press, 2016.

11. Mortimer D. Schwartz, Richard C. Wydick and Rex R. Perschbacher, *Problems in Legal Ethics*, West Group, 2001.

12. Regina E Rauxloh, *Plea Bargaining in National and International law*, Abingdon: Routledge, 2012.

13. Richard A. Zitrin and Carol M. Langford, *Legal Ethics in The Practice of Law*, Carolina: Carolina Academic Press, 2019.

14. Robert D. Kaplan, *The revenge of geography*, Slate Group, LLC, 2009.

15. Ronald. J. Desiatnik, *Legal Professional Privilege in Australia*, Windsor: Butterworths, 2003.

(二) 英文论文

1. Abraham Dash, "Lawyer—Client Privilege—Exceptions Swallowing the Principle", *Maryland Bar Journal*, 2015 (2).

2. Amy M. Fulmer Stevenson, "Making a Wrong Turn on the Information Superhighway: Electronic Mail, the Attorney—Client Privilege and Inadvertent Disclosure", *Capital University Law Review*, 1997 (2).

3. Anthony Biondo, "Confidentiality and Attorney—Client Privilege in the Internet Age: How to Handle Employer Monitoring of Employee Email", *St. John's Law Review*, 2019 (2).

4. B. Delsa, "E-mail and the Attorney—Client Privilege: Simple E-mail in Confidence", *Louisiana Law Review*, 2019 (3).

5. Barbara Belbot, "Report on the Prison Litigation Reform Act: What Have the Courts Decided So Far?", *Prison Journalist*, 2004 (3).

6. Bruce A. Green, "The Lawyer as Lover: Are Courts Romanticizing the Lawyer—Client Relationship", *Billy Joel & the Law Touro Law Review*, 2016 (1).

7. Bruce H. Hanley, "Lawyer—Client Relationship", *Hennepin Lawyer*, 1998 (8).

8. Catherine T. Struve, "Attorney—Client and Work Product Protection in a Utilitarian World: An Argument for Recomparison", *Faculty Scholarship*, 1995.

9. Clark D. Cunningham, "Evaluating Effective Lawyer—Client Communication: An International Project Moving from Research to Reform", *Fordham Law Review*, 1999 (5).

10. Daniel J. Capra, "Deterring the formation of attorney client relation: disclosure of client identity, payment of fees, and communications by fiduciaries", *Geo. J. Legal Ethics*, 1990—1991.

11. David A. Drachsler, "Use of Lawyer—Client Privileged Information by in-House Counsel Whistleblowers in Their Own Retaliatory Discharge Actions under the Environmental Laws", *Duke Environmental Law & Policy Forum*, 2014 (1).

12. Falk, Jack A. Jr, "Fiduciary's Lawyer—Client Privilege—Does It Protect Communications from Discovery by a Beneficiary", *Florida Bar Journal*, 2003 (3).

13. Freedman, "Where The Bodies Are Buried: The Adversary System and The Obligation of Confidentiality", *Criminal Law Bulletin*, 1974 (10).

14. Grace M. Giesel, "Upjohn Warnings, the Attorney—Client Privilege, and Principles of Lawyer Ethics: Achieving Harmony", *University of Miami Law Review*, 2011 (1).

15. Grace M. Giesel, "Alternative Litigation Finance and the Attorney—Client Privilege", *Denver University Law Review*, 2014 (1).

16. Grace M. Giesel, "Duty of Confidentiality and the Attorney—Client Privilege: Sorting out the Concepts", *Bench & Bar*, 2015 (1).

17. Grace M. Giesel, "End the Experiment: The Attorney—Client Privilege Should Not Protect Communications in the Allied Lawyer Setting", *Marquette Law Review*, 2011 (2).

18. Gregory C. Sisk et al., "Reading the Prisoner's Letter: Attorney—Client Confidentiality in Inmate Correspondence", *Journal of Criminal Law and Crimi-*

nology, 2019（3）.

19. Gregory C. Sisk and Nicholas Halbur, "A Ticking Time Bomb-University Data Privacy Policies and Attorney—Client Confidentiality in Law School Settings", *Utah Law Review*, 2010（4）.

20. H. M. Gnuber, "E-mail: The Attorney—Client Privilege Applied", *Feorge Washingion Law Review*, 1998（3）.

21. Henry D. Levine, "Self-Interest or Self-Defense: Lawyer Disregard of the Attorney—Client Privilege for Profit and Protection", *Hofstra Law Review*, 1977（4）.

22. Jack A. Jr. Falk, "Fiduciary's Lawyer—Client Privilege——Does It Protect Communications from Discovery by a Beneficiary", *Florida Bar Journal*, 2003（3）.

23. Jay S. Silver, "Truth, Justice, and the AmericanWay: The Case Against the Client Perjury Rules", *Vanderbilt Law Review*, 1994.

24. John Basten, "Control and the Lawyer—Client Relationship", *Journal of the Legal Profession*, 1981（7）.

25. John Flood, "Corporate Lawyer—Client Relationships: Bankers, Lawyers, Clients and Enduring Connections", *Legal Ethics*, 2016（1）.

26. M. L. Nunez, "The Altorney, Client and the Govermment? A New Dimension to the Attomey—Client Privilege and Work Product Protection in the Post-Enron Era", *Notre Dame Law Review*, 2007（3）.

27. Margaret McCallum, "Manadatory Child Abuse Reporting and Confidentiality in the Lawyer—Client Relationship", *Legal Ethics University of New Brunswick Law Journal*, 2013（4）.

28. Mary Sue Backus and Paul Markus, "The Right to Counsel in Criminal Cases", *A National Crisis*, 1982（3）.

29. Max Radin, "The Privilege of Confidential Communications Betwen Lawyer and Client", *California Law Review*, 1928（16）

30. Monroe H. Freedman, "Lawyer—Client Confidences under the A. B. A. Mod-

el Rules: Ethical Rules without Ethical Reason", *Exchange Criminal Justice Ethics*, 1984 (2).

31. Monroe H. Freedman, "Lawyer—Client Confidentiality: Rethinking the Trilemma", *Hofstra Law Review*, 2015 (4).

32. Monroe H. Freedman, "Lawyer—Client Confidences and the Constitution", *Yale Law Journal*, 1981 (6).

33. Monroe H. Freedman, "Lawyer—Client Confidences: The Kutak Commission's Radical Assault on Tradition", *Boston Bar Journal*, 1999 (4).

34. Monroe H. Freedman, "Lawyer—Client Confidences: The Model Rules' Radical Assault on Tradition", *American Bar Association Journal*, 2015 (4).

35. Monroe H. Freedman, "Professional Responsibility of the Crimina Defense Lawyer: The Three Hardest Questions," *Michigan Law Review*, 1966.

36. Paul R. Rice, "Attorney—Client Privilege: The Eroding Concept of Confidentiality Should Be Abolished", *Duke Law Jounal*, 1982 (5).

37. Paula Schaefer, "Technology's Triple Threat to the Attorney—Client Privilege", *Journal of the Professional Lawyer*, 2013 (1).

38. Phillip S. Figa et al. , "Lawyer—Client Relationship as Autonomous", *Colorado Lawyer*, 1980 (12).

39. Richard S. Fike, "The English Law of Legal Professional Privilege: A Guide for Amrican Atomeys", *Loyola Uninersity Chicago International Law Review*, 2016 (4).

40. Robert Dinerstein, Stephen Ellmann, Isabelle Gunning and Ann Shalleck, "Connection, Capacity and Morality in Lawyer—Client Relationships: Dialogues and Commentary", *Clinical Law Review*, 2004 (2).

41. Robert F. Drinan, "Lawyer—Client Confidentiality in the Campus Setting", *Journal of College and University Law*, 1993 (4).

42. Robert M Gordon, "Lawyer—Client Privilege and Abuse of Seniors: A Comment", *Trusts & Pensions Journal*, 2012 (2).

43. Samuel J. Levine, "Legal Services Lawyers and the Influence of Third Parties

on the Lawyer—Client Relationship: Some Thoughts from Scholars, Practitioners, and Courts", *Fordham Law Review*, 1999 (5).

44. Sasha Lallouz, "A Call for Ethical Accountability: The Necessity for Lawyer—Client Ethical Dialogue in a One-Sided Adversarial System", *Windsor Review of Legal and Social Issues*, 2011 (2).

45. Stephen C. Thaman, "Confidentiality of attorney—client communications in the united states", Fukuoka: the 20th General Congress of the Academy, July 26, 2018.

46. Thomas L. Shaffer, "Human Nature and Moral Responsibility in Lawyer—Client Relationships", *American Journal of Jurisprudence*, 2010 (2).

47. W. R. McLucas, H. M. Shapiro and J. J. Song, "The Decline of the Atorney—Client Privilege in the CorporateSeting", *Joumal of Criminal Lanw & Criminology*, 2006 (2).

48. Warren E. Burger, "Standards of Conduct for Prosecution and Defense Personnel: A Judge's Viewpoint", *American Criminical Legal Qualitas*, 1966 (5).

49. William W. Horton, "A Transactional Lawyer's Perspective on the Attorney—Client Privilege: A Jeremiad for Upjohn", *Business Lawyer* (ABA), 2005 (1).

(三) 判例

1. Advanced Cardiovascular Systems v. C. R. Bard, Inc., 144 F. R. D. 372 (D. C. Cal. 1992).

2. Bailey v. State, 469 S. W. 3d 762 (Tex. App. Houston 1st Dist. 2015).

3. Barton v. U. S. Dist. Court for the Cent. Dist. of Cal., 410 F. 3d 1104 (9th Cir. 2005).

4. Bevill, Bresler & Schulman Asset Management Corporation, a New Jersey Corporation, Debtor—In—Possession v. City of Allentown, 805 F. 2d 120 (3d Cir. 1986).

5. Calcraft v. Guest, 1QB 759 (CA. 1898).

6. Catskill Development v. Park Place Entertainment, 206 F. R. D. 78 (D. C. N. Y. 2002).

7. Chase v. City of Portsmouth, 236 F. R. D. 263 (D. C. Va. 2006).

8. Diaz v. Devlin, 327 F. R. D. 26 (D. Mass. 2018).

9. ECHR 2015, Morice v. France, no. 29369/10.

10. ECHR 2020, Kruglov and Others v. Russia, nos. 11264/04.

11. ECHR 2006, Petri SALLINEN and Others v. Finland, no. 50882/99.

12. ECHR 2020, Niemietz v. Germany, no. 13710/88.

13. ECHR 2012, Michaud v. France, no. 12323/11.

14. ECHR 2001, Ilijkov v. Bulgaria, no. 33977/96.

15. ECHR 1990, Fox, Campbell and Hartley v. the United Kingdom, no. 12244/86; 12245/86; 12383/86.

16. ECHR 1981, X v. the United Kingdom, no. 7215/75.

17. ECHR 2009, Pishchalnikov v. Russian, no. 7025/04.

18. ECHR 2015, Morice v. France, no. 29369/10.

19. ECHR 2018, Correia de Matos v. Portugal, no. 56402/12.

20. ECHR 2008, Galstyan v. Armenia, no. 26986/03, § 91.

21. ECHR 2016, Ibrahim and Others v. The United Kingdom, nos. 50541/08, 50571/08, 50573/08 and 40351/09.

22. ECHR 2012, X v. Finland, no. 34806/04.

23. Falise v. American Tobacco Co. , 193 F. R. D. 73 (D. C. N. Y. 2000).

24. Grand Jury Investigation, 445 F3d 266 (3rd Cir. 2006).

25. Grand Jury Proceedings (The Corporation), 87 F3d 377 (9th Cir. 1996).

26. Grand Jury Proceedings, G. S. & F. S. 609 F3d 909 (8th Cir. 2010).

27. Grand Jury Subpoena (Mr. S.), 662 F. 3d 65 (1st Cir. 2011).

28. Grand Jury Subpoena, 419 F3d 329, (5th Cir. 2005).

29. Griffith exrel. Smith v. Davis, 161 F. R. D. 687 (C. D. Cal. 1995).

30. Haines v. Liggett Group Inc. , 975 F2d 81, (3rd Cir. 1992).

31. Hickman v. Taylor, 329 U. S. 495 (1947).

32. Holmes v. Petrovich Development Co. , 191 Cal. App. 4th 1047, 119 Cal. Rptr. 3d 878 (3d Dist. 2011).

33. HSH Nordbank AG New York Branch v. Swerdlow, 259 FRD 64 (SD NY 2009).

34. Loughrin v. United States, 573 US 351, (2014).

35. Maine v. U. S. Dept. of Interior, 285 F. 3d 126 (C. A. 1st, 2002).

36. Mansur v. Podhurst Orseck, PA , 994 So. 2d 435 (2008).

37. Merriweather v. Zamora, 569 F. 3d 307 (6th Cir. 2009).

38. Micron Tech. , Inc. v. Rambus Inc. , 645 F3d 1311 (Fed. Cir. 2011).

39. Mohawk Indus. , Inc. v. Carpenter, 558 US 100, (2009).

40. Montgomery Academy v. Kohn, 82 F. Supp. 2d 312 (D. N. J. 1999).

41. NCK Organization, Ltd. v. Bregman, 542 F. 2d 128 (C. A. 2d, 1976).

42. Neighborhood Development Collaborative v. Murphy, 233 F. R. D. 436 (D. C. Md. 2005).

43. Niceforo v. UBS Global Asset Management Americas, Inc. , 20 F. Supp. 3d 428 (S. D. N. Y. 2014).

44. Nordstrom v. Ryan, 762 F. 3d 903 (9th Cir. 2014).

45. People v. Belge, 372 N. Y. S. 2d 798 (1975).

46. People v. Gionis, 892 P. 2d 1199 (1995).

47. Factory Mut. Ins. Co v. APComPower, Inc. , 662 F. Supp. 2d 896 (W. D. Mich. 2009).

48. People v. Kahley, 169 A. D. 3d 1464, 93 N. Y. S. 3d 509 (4th Dep't 2019).

49. People v. Meredith , 29 Cal. 3d 682 (Cal. 1981).

50. People v. Meredith, 459 Mich. 62 (1998).

51. Pucket v. Hot Springs Sch. Dist. No. 23—2, 239 F. R. D. 572 (D. S. D. 2006).

52. Seacoast Builders Corp. v. Rutgers, 818 A. 2d 455, 358 N. J. Super. 524 (2003).

53. State ex rel. Ash v. Swope, 232 W. Va. 231, 751 S. E. 2d 751 (2013).

54. State v. Aquino—Cervantes, 945 P. 2d 767, 88 Wash. App. 699 (1997).

55. Stengart v. Loving Care Agency, Inc., 201 N. J. 300, 990 A. 2d 650 (2010).

56. Swidler & Berlin v. United States, 524 US 399 (1998).

57. U. S. E. E. O. C. v. ABM Industries Inc., 261 F. R. D. 503 (E. D. Cal. 2009).

58. U. S. ex rel. Fisher v. Network Software Associates, 217 F. R. D. 240 (D. C. D. C. 2003).

59. U. S. v. BDO Seidman, 337 F. 3d 802 (C. A. 7th, 2003).

60. Levy v. Senate of Pennsylvania, 619 Pa. 586, 65 A. 3d 361 (2013).

61. U. S. v. Bump, 605 F. 2d 548 (C. A. 10th, 1979).

62. U. S. v. Davis, 583 F. 3d 1081 (8th Cir. 2009).

63. U. S. v. Gumbaytay, 276 F. R. D. 671 (M. D. Ala. 2011).

64. U. S. v. Noriega, , 917 F. 2d 1543 (C. A. 11th, 1990).

65. U. S. v. Schaltenbrand, 930 F. 2d 1554 (C. A. 11th, 1991).

66. U. S. v. Schussel, 291 Fed. Appx. 336 (1st Cir. 2008).

67. U. S. v. Tyerman, 701 F. 3d 552 (8th Cir. 2012).

68. U. S. C. A. Const. Amend. 6. Youkers v. State, 400 S. W. 3d 200 (Tex. App. Dallas 2013).

69. Under Seal v. United States, 415 F. 3d 333 (4th Cir. 2005).

70. United States v. Ballard, 779 F2d 287 (5th Cir. 1986).

71. United States v. Bay State Ambulance & Hosp. Rental Service, 874 F2d 20 (1st Cir. 1989).

72. United States v. Boender, 649 F3d 650 (7th Cir. 2011).

73. United States v. Boffa, 513 F. Supp. 517 (D. Del. 1981).

74. United States v. Finazzo, 850 F. 3d 94 (2d Cir. 2017).

75. United States v. Gonzalez, 669 F3d 974 (9th Cir. 2012).

76. United States v. Henke, 222 F3d 633 (9th Cir. 2000).

77. United States v. Jacobs, 117 F3d 82 (2nd Cir. 1997).

78. United States v. Jimenez, 265 F. Supp. 3d 1348 (S. D. Ala. 2017).

79. United States v. Lentz, 524 F3d 501 (4th Cir. 2008).

80. United States v. Martin, 278 F3d 988 (9th Cir. 2002).

81. United States v. Moscony, 927 F. 2d 742 (3d Cir. 1991).

82. United States v. Ruehle, 583 F. 3d 600 (9th Cir. 2009).

83. United States v. Sabbeth, 34 F. Supp. 2d 144 (ED NY 1999).

84. United States v. White, 970 F2d 328 (7th Cir. 1992).

85. United States v. Zolin, 491 US 554 (1989).

86. United States v. Dunnigan, 507 U. S. 87 (1993).

87. Upjohn v. United States, 449 U. S. 383 (1981).

88. Westinghouse Electric Corporation v. Kerr-McGee Corporation, 491 F. Supp. 2d 1000 (W. D. Wash. 2007).

89. Williams v. Woodford, 384 F. 3d 567 (9th Cir. 2004).

90. Willy v. Administrative Review Bd. , 423 F3d 483 (5th Cir. 2005).

91. Wilner v. National Sec. Agency, 592 F. 3d 60 (2d Cir. 2009).